[美] 伦迪·班克罗夫特 —— 著
余莉 ——— 译

INSIDE THE MINDS
OF ANGRY AND
CONTROLLING MEN

他为什么打我
家庭暴力的识别与自救

WHY DOES HE
DO THAT?

北京联合出版公司
Beijing United Publishing Co.,Ltd.

雅众文化 出品

目 录

致谢   i
术语解释   iv
前言   vi

第一部分 家暴思想的本质

第一章   谜团   3
第二章   错误的观点   20
第三章   家暴心态   45
第四章   家暴者的类型   69

第二部分 伴侣关系中的家暴者

第五章   家暴是如何开始的   95
第六章   日常生活中的家暴者   119
第七章   家暴者与性   148
第八章   家暴者与"成瘾"   166
第九章   家暴与分手   181

第三部分　世界上的家暴者

第十章　作为家长的家暴者　201

第十一章　家暴者和他们的盟友　233

第十二章　家暴者和法律制度　248

第四部分　改变家暴者

第十三章　家暴者的养成　271

第十四章　改变的过程　286

第十五章　创造一个没有家暴的世界　313

致谢

在理解家暴者心态和行为的路上，我有许许多多的老师。列出他们的名字前，我需要感谢成百上千名女性，她们是我客户的现任或前任伴侣，她们和我分享她们的故事，让我看到那些被我的客户们否认和扭曲的事实。作为家暴的幸存者，她们是我最伟大的老师。如果我们多听听她们的声音，少听家暴者及其盟友的声音，那么，消除如今众多女性在其亲密关系中面临的长期虐待问题就指日可待了。

早年在 Emerge 的这些同事肩负了让我走上如今这条道路的特殊使命：戴维·亚当斯（David Adams）、苏珊·凯洛蒂（Susan Cayouette）、特德·格曼（Ted German）、马格耶·塞克（Magueye Seck）、查克·特纳（Chuck Turner）、查伦·艾伦（Charlene Allen）和吉姆·普塔塞克（Jim Ptacek）。除了愉快的工作氛围外，这群人还给了我必要的智力支持与鼓励。我希望自己有朝一日能回报他们一些。

卡罗尔·苏泽（Carole Sousa）对我了解家暴者，以及他们对伴侣和孩子的影响同样重要，而她同时曾在 Emerge 培训我们，教会了我们保持诚实。她对于一些盲点提出的批评总是令人讨厌，只因为她说得对极了。在我这些观点的背后，她是最大的功臣。我还要再次感谢卡罗尔，帮我修订本书的原稿，还写了几十条重要的评论。她的建议让本书的内容有了关键性的提高。

我对于家暴者及其造成的破坏性结果的观点，还受到了一些人的重要影响，包括郎娜·戴维斯（Lonna Davis）、帕姆·惠特尼（Pam Whitney）、艾莎·沃尔德古伊（Isa Woldeguiorguis）、苏珊·谢克特（Susan Schechter）、萨拉·比尔（Sarah Buel）、吉姆·哈德曼（Jim Hardeman）、珍妮特·芬德（Janet Fender）和布伦达·洛佩斯（Brenda Lopez）。此外，我还要向杰夫·埃德勒森（Jeff Edleson）、克莱尔·伦采蒂（Claire Renzetti）、杰克逊·卡茨（Jackson Katz）、彼得·贾菲（Peter Jaffe）、芭芭拉·哈特（Barbara Hart）、邦尼·齐默（Bonnie Zimmer）、伊莱恩·阿尔珀特（Elaine Alpert）、琼·佐尔扎（Joan Zorza）、珍妮弗·朱赫勒（Jennifer Juhler）、斯蒂芬妮·艾森斯塔特（Stephanie Eisenstat）、兰吉·赫特森（Range Hutson）、斯科特·哈什巴格（Scott Harshbarger）和莫琳·希兰（Maureen Sheeran）表示感谢，感谢他们增进了我对家暴和压迫的了解，感谢他们对我的专业支持和鼓励。还有凯特·奥凯恩（Kate O'Kane），她给我提供了一个美丽的、令人放松的地方，方便我自大写作。

另外，我还得承认，过去这些年来，我从客户们身上也学到不少东西，但我不该感谢他们，因为如果没有他们对女性的虐待，我就没必要写这本书了。

我要感谢吉莉恩·安德鲁斯（Gillian Andrews）、卡林·帕夫洛斯（Carlene Pavlos）、杰伊·西尔弗曼（Jay Silverman）、史蒂夫·霍姆斯（Steve Holmes）、凯瑟琳·贝内迪克特（Catherine Benedict）、盖尔·丹斯（Gail Dines）、卡丽·卡思伯特（Carrie Cuthbert）和金·斯洛特（Kim Slote），感谢他们多年以来给予我的个人支持和职业鼓励与帮助。尤其是吉莉恩和盖尔，她们数年来一再要求我写这本书，走到这一步，离不开她们的鼓励。吉莉恩也对原稿提供了宝贵的评论和建议。同时，在耗时冗长，有时还倍感压力的写作过程中，我的家人也给予了我爱与支持（还有包容），我爱你们，感谢你们的一路陪伴。

十分感谢我的代理温迪·舍曼（Wendy Sherman），他不仅为这本书找到了归宿、指引了方向，还在最初的观点构思上帮了大忙。一个作家最得力的助手不过如此了。我要感谢双日出版社的德布·富特（Deb

Futter），是他让我找到了温迪。此外，我的编辑，普特南出版集团的杰里米·卡茨（Jeremy Katz），从一开始就对这个计划抱有坚定的信念，是他帮助我度过了一些焦虑和犹豫的时刻。我将大堆大堆的文字倾倒给杰里米，他将它们整理得规规矩矩。另外，我还想向普特南出版集团其他支持这本书和为这本书出过力的人表示感谢，其中包括安·玛丽·哈里斯（Ann Marie Harris）、丹尼丝·西尔维斯特罗（Denise Silvestro）、玛丽莲·达克斯沃斯（Marilyn Ducksworth）和布伦达·戈德堡（Brenda Goldberg）。

最后，我要向以下三位致以最深的感谢：布鲁斯·科伯恩（Bruce Cockburn）、梅塞德丝·索萨（Mercedes Sosa）和琳达·霍根（Linda Hogan）。他们并不认识我，但多年以来，他们的作品一直激励和支撑着我。也许我们的道路会有交叉。

伦迪·班克罗夫特

2002 年冬

术语解释

在本书中，我大多数时候都将易怒型和控制型的男人简称为家暴男或施虐者。这样做，只是为了读起来更顺口，并不是我认为所有易怒和有控制性行为的男人都是家暴者。我需要挑选一个简单的词，用在那些一再不尊重、控制、侮辱和贬低伴侣的人身上，无论他的行为是否可以用口头虐待、身体威胁或性虐待等更为准确的词来表述。任何一种这样的行为都可能对女性的生活造成严重影响，导致她困惑、抑郁、焦虑和害怕。因此，即便你的伴侣不是家暴者，开篇的这些内容也有助于你认清你们之间的问题，有助于你提前采取措施，走向更令人满意、更能获得支持和更不可侵犯的方向。如果你不确定伴侣的行为是否可以称作家暴，请看第五章，里面的内容会帮助你区分。

与此同时，要记住，即便你伴侣的行为不符合家暴的定义，它仍会对你产生严重影响。伴侣的任何强制性或不尊重的行为都属于重大问题。控制型男人的行为有一定的区间，他们有的只施展了我在本书中描述的少部分手段，而有的则使用了大部分手段。同样，他们的态度也有一定的范围，有的人愿意接受别人对他们行为的批评、并努力改变这些行为，而有的人根本不会站在女性的角度看问题、不愿听反对意见，他们觉得自己的行为理所应当，而且如果女性试图维护自己的权利，他们就会实施报复。（事实上，如第五章所讲，判断一个人的控制欲有多强，最好的方法之一，就是看当你要求他对你好点时他的反应。如果他接受你的不满,而且真正着手改变,那么未来就会变得光明一些。)控制型的男人所表现出来的愤怒程度也是会变的,但遗憾的是,正如我们所见,它本身并未告诉我们,他可能造成的心理伤害有多大,或者他改变的可能性有多少。

此外,我选择用"他"来表示实施家暴的一方,"她"则表示被家暴的伴侣。之所以这样,一是为了方便,再则因为这代表了大多数情况。然而,控制和家暴在同性恋关系中也普遍存在。而且我书中描述的大部分内容也与同性恋家暴者有关。

前言

我和易怒型与控制型的男人打交道已有十五年了，在此期间，我的身份是咨询顾问、评估员和调查者。经手的两千多个案例，让我积累了大量的知识。我了解了女性在一段关系的早期需要注意的家暴预警信号。我掌握了控制型男人的真正想法，即他隐藏在话语背后的意思。我能从言语和情感挑衅中找出家暴的线索。我有办法区分假装改变的家暴者和真正作出改变的家暴者。我还知道，家暴问题与男人的感觉没多大关系——实际上，我客户们的情绪体验与那些没有家暴倾向的男人并无二致，却与他的想法大有关联。答案就在他们的内心深处。

虽然很高兴自己有机会知道这些，但我不是最需要它们的人。最需要了解家暴者及其想法的是广大女性。她们可以运用我学到的这些，去判断自己在一段关系中是否被控制或贬低、想办法逃离家暴，以及避免再次遇到家暴者——或控制狂，又或者瘾君子。这本书的目的是赋予女性保护自己的能力——包括身体上的能力和心理上的能力，让她们远离易怒型或控制型的伴侣。

在准备写这本书的时候，我列出了二十一个女性最常问我的、关于家暴者的问题：

  "他真的会感到抱歉吗？"

  "为什么很多朋友都站到他那边？"

"他有朝一日会动手打我吗?"

等等,等等。然后,我针对这些问题给出了解释,确保女同胞能在这里找到她们迫切需要的信息。在读这本书的过程中,你会发现这二十一个问题是被突出显示的,你甚至一度想快速浏览一遍,看看我把你最关心的问题放在了哪里。

我的另一个核心目标是,向每一个不知道自己是否正在被虐待的女性提供帮助,不管她们会给伴侣的行为贴上什么标签。像"控制"和"虐待"这样的词有些言重了,你可能觉得它们不适合你的特殊情况。我选择用"家暴者"这个词来指代那些有控制、贬低或恐吓行为的人。在某些情况下,我指的是身体虐待者,而在其他情况下,我指的是那些会利用或侮辱伴侣,但从不吓唬或恐吓她们的人。我在书中描述的一些人,他们的情绪变化如此剧烈、频繁,以至于伴侣永远无法确定他们到底是什么样的人,更不用说给他们贴标签了。你的伴侣可能会有些傲慢,可能跟你玩心理游戏,也可能一次又一次地表现自私,但他的优点可能会让你觉得他离"家暴者"还很远。请不要让我的话影响你。我选择"家暴者"这个词,只是为了方便描述那些"长期让伴侣感到不受尊重或被贬低的人"。如果你知道哪个词更适合你的伴侣,可以换一个。但是,无论你的伴侣用什么方式虐待你,你都可以放心,你会在这些篇页中找到许多困扰你的问题的答案。

如果你交往的对象是同性,也能在这里找到答案。同性恋家暴者的想法、策略和借口与异性恋者大体相同。在这本书里,我把家暴者称为"他",把被家暴者称为"她",只是为了让内容看起来简单明了,但在我看来,同性恋受虐者和异性恋受虐者是一样的。当然,你需要改变你的性别语言,使之符合你们的关系,为此我提前道歉。你还可以在第六章中找到我专门讨论同性家暴者的章节。

同样,这本书也包含了来自不同种族和文化背景的男人的故事。虽然控制型和虐待型男人的态度和行为在不同的文化中有所不同,但我发现他们的相似之处远大于差异。如果你的伴侣是有色人种或移民，或者你自己就是这些群体中的一员，你会发现这本书讨论的大部分内容，或者可能全部内容，都非常符合你的经历。虽然我在本书的案例中没有具体说明是哪一个种族或民族，但我故事中的家暴者，大约有三分之一是有色人种，或是来自北美以外国家的男性。我将在第六章进一步讨论一些具体的种族和文化问题。

我与易怒型和控制型男人打交道的经历

我开始为家暴者提供个人或团体形式的咨询是在 1987 年，当时，我在为一个名为 Emerge 的计划工作。Emerge 是美国第一个为虐待女性的男性提供专门服务的机构。在接下来的五年里，和我打交道的客户，几乎都是自愿来参加这个计划的。通常都是女性伴侣强烈要求他们来这里的，她们要么以分手相威胁，要么已经提出了分手。在很多案例中，她甚至向法院申请了限制令，从法律上禁止他去她家，很多时候还禁止他靠近她。他去咨询主要是希望能挽救他们的关系。他们经常会对自己的虐待行为感到内疚和不安，但同时他们也强烈地相信自己的借口和辩解是对的，所以他们的悔改之心不足以让他们坚持完成我的计划。在最初的几年里，我的客户大多是男性，他们的言语虐待和情感虐待远远多于身体暴力，尽管他们多数人在一些场合有过身体威胁或攻击。

在 20 世纪 90 年代，法律体系在应对家暴问题上比以往介入了更多，结果法院开始将客户委托给我们，一开始人还很少，最后竟像泉涌般来到我们这里。和之前的客户相比，这些人有更大的身体暴力倾向，有时还涉及武器使用和毒打，导致伴侣住进医院。然而，我们通过观察发现，这些人在其他方面和那些口头虐待的客户并没有明显区别：他们的态度和借口几乎相同，他们在身体攻击的同时也连带着精神虐待。同样重要的是，这些人的伴侣描述的生活状况和遭受心理虐待的女性大体相同，这表明，不同形式的虐待会对女性产生相似的破坏性影响。

在与控制型和虐待型男性打交道的这些年里，我和我的同事们一直严格要求，无论这对男女是否还在一起，都必须与被虐待的女性交谈。（如果他已经开始了一段新的关系，我们也会和他的现任伴侣交谈，以便搞清楚家暴者如何将他的家暴模式从一段关系延续到下一段关系。）正是通过与这些女性的交谈，我们对交往过程中的权力和控制有了最深的了解。此外，在和她们交谈后我们还会发现，家暴者在描述的时候，总是会否认、弱化和扭曲自己的行为，所以，如果我们不认真听女方的版本，根本无法准确了解他们之间的关系。

向家暴者提供咨询绝非易事。他们通常很不愿意面对自己给伴侣和子女造成的伤害。他们会抓着各种借口不放，还会责备受害者。接下来你将会看到，他们依赖于通过虐待伴侣而获得的各种特权，他们的思维习惯里没有尊重女性和男女平等。

有时候会有人问我：如果让家暴者改变如此之难，我为什么还要做他们的工作呢？首先，如果一个十人小组中有一个人做出了实质性的、持久的改变，那么我投入的时间和精力就值得，因为他的伴侣和孩子的生活质量将会发生巨大变化。第二，我认为应该让家暴者为自己的行为负责。他们参加家暴者小组课程，至少会被要求为他们给别人造成的伤害承担责任。我希望（而且已经看到了苗头），如果人们发现那些长期虐待和贬低女性的男性会被要求承担责任，长此以往，我们的文化价值观就会发生变化。第三点，可能也是最重要的一点是，我把被我的客户虐待的女性当成主要服务对象，至少每隔几周就会和她联系一次。我的目标是给予她情感上的支持，帮助她了解咨询服务和她所在社区现有的法律服务（通常是免费的），帮助她解开家暴者在她头脑中打的结。我可以让他难以控制她，当他正在计划什么阴谋或者如果他的手段升级了，我还可以提醒她。只要我把注意力集中在受虐女性和她的孩子身上，把他们看作是最值得帮助和最需要我帮助的人，我就能帮上忙，不管我的家暴者客户是否决定严肃地面对自己的问题。（在第十四章中，我描述了家暴者咨询计划的实际情况，并解释了女性如何判断某个家暴者课程是否正规。）

近年来，作为一名儿童虐待调查员和各个法院的监护权评估员，我又以一种新的方式与受家暴者影响的家庭打交道。在第十章，我分享了通过这些经历获得的一些观点。帮助我们了解被家暴者（通常是他们的父亲或继父）影响的孩子们的经历，以及家暴者如何将控制和威胁行为的模式延续到抚养权争夺过程中。

如何阅读本书

易怒型或控制型的伴侣最普遍的特点是，他经常告诉你应该怎么想，并试图让你怀疑或贬低自己的观点和信念。我不希望这本书带给你这种不健康的体验。所以，你在往下读的时候，首先要记住：仔细听我说，但要保持独立思考。如果我所讲述的关于家暴者的任何一部分与你的经历不符，那就把它放到一边，专注于符合你的部分。你甚至可能会时不时地放下书，问问自己，"这要如何运用到我的情感中？对于控制型或残酷伴侣的思考模式和行为，我身上能找出哪些例子来？"如果你遇到一些不感兴趣的部分——比如，你没有孩子，或者你的伴侣从来不会对你进行身体威胁——那就直接跳到对你更有帮助的部分。

有些女性会发现独自看这本书非常困难，因为它唤醒了一些让人难以承受的感觉和意识。因此，我鼓励你向那些你信得过的朋友和家人寻求帮助。读这本书可能会让你清醒，但也可能唤醒一些悲伤和痛苦的觉悟。

如果你找不到人倾诉，可以拨打妇女维权公益服务热线：12338，他们会给你提供有用的信息。再次强调，不要被"家暴"这个词困扰。热线工作人员会倾听你的声音，并帮助你思考。

和你在乎的人谈论你的受虐经历，肯定会很不舒服，这我完全能理解。你可能会因为有这么一个欺负你的伴侣而感到羞耻，可能会害怕别人指责你不立刻离开他。或者相反，你周围的人都非常喜欢你的伴侣，你担心跟他们说他对你不好或有家暴倾向，他们不会相信。尽管如此，你也不要独自面对这些压力与困惑。找一个你能够信任的人，向他倾诉，哪怕你之前从未想过对他敞开心扉。这可能是你远离家暴生活，走出的最重要一步。

如果你伴侣的控制或贬低行为是长期存在的，毫无疑问，你会发现自己有很多时间都在思考如何取悦他、如何防止他出轨、如何让他改变。结果，你可能会发现，你根本没有时间为自己考虑——除了思考你在他眼中有什么问题以外。讽刺的是，我写这本书的主要原因之一，就是让你少想他一些。我希望通过尽可能多地解答问题，消除家暴造成的困惑。我可以让你摆脱过度关注伴侣的陷阱，让你把自己（和你的孩子）置于生活的中心。易怒型或控制型的男人就像一台吸尘器，吸走女人的思想和生活，但总有办法让你的生活回到正轨。第一步是了解你的伴侣在做什么，他为什么这么做，随后的内容会解释这一点。但是，当你已经潜入家暴者的心底、清楚他在想什么（这本书会让你做到这一点）时，就要浮到水面上来，从此尽量待在水面之外。我并不是说你一定要离开你的伴侣——这是只有你才能做的决定。但无论你是走是留，最重要的是不要让你的伴侣扭曲你生活的镜头，强行进入画面的中心。你的生活应该是属于你的，你值得拥有自己的生活。

第一部分
家暴思想的本质

第一章　谜团

让我们来看看下面这些女同胞关于家暴的说法：

我感觉我是和两个完全不同的人生活在一起：一个是杰基尔博士，一个是海德先生[1]。

他确实不想伤害我，只是无法控制自己而已。

大家都觉得他人很好。我不知道我是怎么惹着他了。

他没喝醉的时候还好，可一旦喝醉了，你就得小心再小心。

我觉得不管我做什么他都不满意。

有几次我被他吓到了，但是他从不对孩子动粗。他是个好父亲。

他先是用很难听的话骂我，没过多久却又想和我上床。我不懂他到底在想什么，完全被他搞糊涂了。

关键问题在于，他真的很懂我。

可他为什么要打我呢？

这些话是一些女性在讲到她们有家暴倾向的另一半时说的话，可以看出她们的内心非常矛盾。她们都知道，自己和伴侣的关系出了问题——很严重的问题——但是说不准问题在哪儿。每次她刚刚觉得自己已经搞明白他到底为什么发怒，新的情况就会出现，把好不容易弄清的水又搅浑。

这些女性正试图搞清楚自己和伴侣的关系为什么就像坐过山车一样起伏不定。且来看看克里斯汀的故事：

1　出自英国作家罗伯特·史蒂文森的著名小说《化身博士》(Robert Louis Stevenson, *The Strange Case of Dr.Jekyll and Mr. Hyde*, 1886)，意指双重人格。

我对莫里是一见钟情,刚开始的时候我们的关系感觉就跟做梦一样。他风趣、聪明,很有魅力,最棒的是,他也疯狂地喜欢我。我把近几年来的辛酸苦楚一一向他倾吐,他总会感同身受地安慰我。他是个勇于行动的人——无论我想做什么,他都愿意为我去做。在一起的第一年,我们过得很幸福。

可是,说不清是从什么时候开始,事情有了变化。我觉得是从我们同居开始,他说他需要更多的个人空间。我不懂,因为在此之前,好像是他总想和我腻在一起的。

那之后,他变得越来越挑剔,抱怨不断。又是说我话太多,又是说我太自我——也许吧,我的话确实挺多的。可我以前就这样啊,那时他从来不会这么抱怨。他还说我对自己的人生没想法。我知道他是个有抱负的人,或许他说得没错,我应该更有理想一点儿,但是我对目前的生活已经很满足了啊。还有我的体重,他开始不停地说,我应该减肥,别吃那么多东西。说真的,这个是最伤人的。他越来越不愿意碰我了,我则变成了那个主动的人,算了,不说了。

我们现在仍然在一起,但是我有一种感觉,觉得他要离开我了。我觉得我好像怎么也不能让他满意。我一直在努力,但是他完全不这么认为。现在,只要他一生气,就会说一些让我难以接受的话。就在几天前,他对我说:"你就是个懒虫,贱货,你不过是想找个男人傍着,跟你妈一个德行。"我不懂他为什么这么说,我也为他做了很多啊!尽管我因为生孩子有两年没出去工作,但是我很快就会回去上班了。我觉得他说这话不是有心的,但我还是……

有时候,他似乎会变回那个我深爱的男人,这种情况会持续几天,然后他又会故态复萌,对我发很大的脾气。可能是我在哪里惹了他吧,可我真的不知道自己到底哪里做错了。

克里斯汀的问题可以概括为以下几个：她深爱的男人到底怎么了？为什么他总是不给她好脸色？她怎样才能让他不像吃了炸药一样？为什么他会觉得变了的人是她而不是自己？

除了克里斯汀，其他女性也有她们的故事；尽管这些故事看上去和克里斯汀的完全不同，但她们和克里斯汀一样困惑。比如芭芭拉的故事：

> 弗兰是个挺安静腼腆的男孩，特别可爱，我认识他的第一天就喜欢上他了。当时我费了好大的劲儿追求他，要约他出来真的不容易。我们在一起时总是会聊得很开心，分别之后我恨不得马上能再见他。但是，他总是找各种借口不出来。比如，我等了三个星期，他却跟我说，他身体不舒服，或者他妹妹来了，百般推托。还有几次他干脆忘了和我有约会。
>
> 后来，他终于跟我说心里话了，他说他曾经受过很深的感情创伤，有几个女人对他做过很过分的事。他怕了，不愿再与人亲近。
>
> 那之后，他慢慢地走出来了，但还是我更主动一些。我努力让他明白，我和他以前交往过的那些女人不一样，我是认真的。我不会和别的男人搞暧昧，我不是那样的人。但是弗兰不相信我。他总是说我又给邻桌的男人抛媚眼了，或者我又盯着某个走过去的男生看了。我理解他，知道他没有安全感。而且他小的时候，他妈妈曾经背着他爸爸在外偷腥，我估计这件事让他更没有安全感了。
>
> 我很想结婚，因为我觉得结婚了他就会有安全感，但是他不愿意。后来我们终于订婚了，他一开始变得信任我了许多，但不久他的醋劲儿就又回来了，然后就再没好过。我跟他说过，劝他去看心理医生，他非常生气，说自己心理没有任何问题，不用看医生。
>
> 几天前，我们去参加他一个朋友的生日派对，我和他的一

个朋友聊得挺开心的，但就只是聊天而已——真的，那个男的在我看来一点儿也不帅。可是，弗兰突然过来跟我说，他头疼，我们得回家，现在就走。在开车回家的路上，我发现原来他这么做是因为吃醋。他对我大喊大叫，说他受够了我在别人面前羞辱他的行为，"搔首弄姿"，等等。他用拳头砸车，把我按在车门上。每次我说我没有，他的火气就会更大，我只好不说了。我们的孩子就坐在后面，他们被吓得不轻。

我年纪已经不小了，要我考虑离开他重新开始是很难的。我只是希望有人能帮帮他。

芭芭拉遇到的问题和克里斯汀不同。她纠结的是弗兰为什么不信任她，为什么不让她和别人来往？他怎么就看不到自己的问题，怎么不寻求帮助呢？有一天，他会不会狠狠地伤害她？她的生活还会好起来吗？

乍一看，莫里和弗兰是两个完全不同的人：一个年轻、受欢迎、精力充沛、坚定自信；另一个不擅社交、心态消极、容易受伤。弗兰不时会施展暴力，而莫里则并非如此。可他们真像表面看上去那么不同吗？还是说，在表面之下，有同样的问题驱使着他们的行为？我们会在之后的章节里找到答案。

再来看看劳拉的故事：

保罗是个好男人。我们约会了六个月，目前已经同居了更长时间。我们订婚了。我非常同情他。他的前妻说他虐待她，这纯粹是说谎。他只是犯了一个错——对她不忠，可她非要让他付出代价。为此，她真是不择手段。现在，她甚至说他使用暴力，有几次扇了她巴掌，还弄坏了她的东西。真是荒谬！我和他在一起一年多了，我可以告诉你，他**绝不是**那样的人。保罗从没对我动过手。实际上，他努力帮助我，让我的生活回归正轨，而且非常用心地陪伴我。遇见他的时候，我的状态很不好,情绪低落,总是喝得酩酊大醉,可现在我好多了,这都是因为他。我讨厌那个贱人那么说他。我们会一起抚养他的孩子,因为她疯了。

劳拉想不通,保罗是一个这么好的人,他的前妻为什么会告他虐待呢。为此,她非常生气,以至于忽略了她和保罗关系中的警报信号。

如果克里斯汀、芭芭拉和劳拉坐在一起交换意见,她们会觉得她们的伴侣之间有着天壤之别。三个男人的个性看似相差千里,而且他们的人际关系也大不相同。可是,莫里、弗兰和保罗之间的共同点比表面看上去多得多。他们的喜怒无常、他们的借口和观点,全都出自同一源头。而且他们三个都是家暴者。

家暴引发的悲剧

生活中,遭遇家暴的女性数量超乎我们的想象。不算口头辱骂和精神虐待,光肢体暴力的统计数据就令人震惊:在美国,每年有两百万至四百万妇女遭受另一半的殴打。美国公共卫生事务的首席发言人称,被男性伴侣殴打在15—44岁女性的受伤原因中高居榜首。美国医学协会称,三分之一的女性一生中会遭遇来自丈夫或男友的暴力。此外,在企图自杀的女性中,有超过四分之一的人受到了伴侣暴力的影响。与此同时,伴侣暴力还是导致成年女性滥用药物的主要原因。据政府统计,每年有1500—2000名女性被伴侣或前任杀害,占了女性被害人数的三分之一,而这些杀人行为往往是长期暴力、威胁和骚扰的结果。

此外,家暴还会对儿童的生活造成巨大冲击。专家估计,每年有五百万儿童目睹自己的母亲受虐,这足以使他们的心灵受到创伤。生活在家暴环境下的儿童出现行为和注意力问题、形成攻击性行为、滥用药物和患抑郁症的概率更高,也更容易出现其他童年问题。据了解,在有孩子的离异夫妇中,家暴占了离婚原因的近三分之一;而在有抚养权争议的离异夫妇中,有一半的离婚原因包含了家暴。

这些现象已经够让人忧心了,然而,我们也知道,身体暴力只是妇女受虐的开始。还有数百万女性虽然没挨过打,却生活在反复的言语辱骂、侮辱、性强迫和其他精神虐待之中,还常常连带遭受着经济剥削。精神上的伤痕和身体上的伤痕一样深,一样长久难愈,但往往不那么明显。事实上,在那些遭受伴侣暴力的女性中,有一半甚至更多的人称,**男人的精神虐待才是伤她们最深的。**

其实,不像许多人认为的那样,骂人的男人和打人的男人并没有多大不同。他们的行为有着同样的根源,受同样的想法驱使。这两种男人若想克制暴力行为,也要经历相似的改变过程——如果真的能改变就好了,可不幸的是,这种情况并不常见。而且,这两种类型常常难以区分。喜欢打人的男人常常边打边骂,喜欢骂人的男人骂着骂着也就动起了手。阅读本书,你会遇到一群不同程度的施暴者,这其中,从不使用暴力的到施暴程度令人恐惧的都有。他们的相似程度会让你目瞪口呆。

在一段关系中,阻碍识别慢性虐待的因素之一是:大多数家暴男看起来并不像暴力者。他们身上有许多好的品质,比如体贴、热情、幽默,尤其是在一段关系的早期。身边的朋友们可能很喜欢他们。他们的工作可能很顺利,也没有吸毒和酗酒等问题。别人也许根本想不到他们是残忍、危险的人。所以,当一个女人感觉到她和伴侣之间的关系已经失控的时候,她未必知道他是个家暴男。

施虐有一定的症状,女人们一般都能发现:日渐频繁地贬低她们。最初那个大度的人变得越来越自私。当他被激怒,或者没有达到目的时,就会破口大骂。最开始是她抱怨,后来情况不断发生逆转,于是一切都成了她的错。他比她自己还清楚什么是为她好,这样的态度日益明显。女人们越来越感觉害怕,感觉自己受到了威胁。但有些女人仍然觉得她的伴侣同时也是个体贴、深情的人,而且她爱他。她想弄明白他为什么不高兴,从而帮助他稳定自己的情绪。她想进入他的内心世界,试着寻找线索，来解开一个精心设计的谜题。

施虐者们最是喜怒无常，他们可能一天一个样，甚至一小时前后就判若两人。有时候，他咄咄逼人、令人害怕，他的语气尖酸刻薄，有时候还会破口大骂。每当这些时候，无论她说什么都影响不了他，只会让他更生气。在他的眼里，她的话一点儿道理都没有，一切都是她的错。他曲解她的意思，总令她处于守势。我许多客户的伴侣都曾对我说："好像我做什么都不对。"

有些时候，施虐者们又似乎很容易受伤、很迷茫，他们渴望爱、渴望别人的关心。当他们表现出这一面的时候，往往容易敞开心扉，并且想要得到治愈。他似乎卸下了防备，坚硬的外表变得柔软，就像一个受伤的小孩，沮丧、不易接近，但很可爱。看着这样的他，他的伴侣很难想象住在他身体里的那个施虐者还会回来。那个控制着他的野兽，似乎与她眼前所见的这个脆弱的人毫不相关。

然而，那个影子迟早会回来，好像它自己有生命似的。也许，过了几个星期平静的日子，她最终会发现自己又被施虐了。然后，她开始绞尽脑汁，想解开关于他性格的谜团，直到她开始思考，是否自己才是那个脑子有病的人。

她也曾就他存在的问题和她该如何应对去咨询别人，可糟糕的是，每个人给出的意见都不一样。她的牧师告诉她："爱可以治愈一切困难。只要你全心全意地对他，他终会找到上帝的圣灵。"她的治疗师则另有说法："你对他反应强烈，是因为他让你想到了自己的父亲。他对你发火，缘自他和他母亲的关系。你们俩都要学会不去触碰对方的底线。"一个戒了酒的朋友对她说："他已经愤怒成瘾了，他要控制你，因为他对自己所恐惧的事感到害怕。你要让他加入'十二步计划'[1]。"她的兄弟会对她说："他是个好男人。我知道他偶尔会在你面前发脾气——他确实比较易怒——但你肯定也说得太过了。为了孩子，你们要好好解决问题。"

---

[1] 十二步戒酒法。

可是，母亲、孩子学校校长和闺密的话令她越来越困惑："这个人很坏，像疯了一样，他是永远不会改变的。他只想伤害你。你要在他做出更过分的事之前离开他。"

这些人都是为了她好。他们说的都是同一个人，可是，从不同的角度看到的他都不一样。只有和家暴者一起生活的女人才知道，答案并非如此简单。朋友们说："他坏。"可她知道，在许多方面，他对她很好。朋友们又说："他那样对你，是因为他没有受到惩罚。我是不会让某个人那样对待我的。"可她知道，每当她坚决反对他的时候，他都会愤怒得令人害怕。只要她违抗，他迟早会让她付出代价。朋友们说："离开他吧。"可她知道，没那么容易。他会向她发誓，说自己会改；会博取亲友的同情，让他们向她施压，劝她再给他一次机会；会变得极其沮丧，让她担心。有时候，她如果试图离开，他就会变成危险分子，这要取决于他是哪一种类型的家暴者。有时候，她甚至担心他会将孩子从她身边带走，有些家暴男就是这么做的。

一名受虐的女性要如何走出这团混乱，理智地看待他们的关系？她要如何看清他这些行为的病灶，从而做出选择？这些都是亟待解决的。

五道谜题

专家在研究家暴者和控制型的男人时，也要面临这些问题。我是美国第一个——也许也是世界第一个针对家暴者的咨询课程的执行官。十五年前，当我着手组织家暴者课程小组时，我对家暴者的困惑不亚于和他们一起生活的女人。我和我的同事们要将克里斯汀、芭芭拉和劳拉等人面临的奇怪现象拼凑成一幅完整的画。有几个主题反复出现在客户们的故事中：

1. 他讲述的施虐版本与她的有着天壤之别

这个男人名叫戴尔，三十五岁左右，他加入我的家暴者小组时，这样讲述道：

> 我和妻子莫林在一起十一年了。前十年，我们的婚姻很幸福，打骂之类的现象根本不存在。她是个好女人。可是，一年前，她开始和那个叫埃莉诺的贱人混在一起。而这个埃莉诺总是和我过不去。有些人就是见不得别人生活幸福。埃莉诺是单身，很显然，她嫉妒莫林婚姻美满，所以想搞破坏。埃莉诺和谁都处不好，所以她当然没有长久的朋友。她碰到我妻子，算我倒霉。
>
> 这个贱人开始往莫林脑子里灌输各种我的不好，让我妻子和我作对。她骗莫林说我不在乎妻子、我和别的女人上床，等等。最后还是让她得逞了，我和莫林大吵了几架。过去的一年，我们相处得并不愉快。我让莫林别和她在一起，可莫林偏不听，还背着我偷偷和她见面。我没打算跟你隐瞒什么。坦白说，这一年里，有两三次我实在受不了莫林的指责和大喊大叫，于是我用力拉扯过她，扇了她几巴掌。我不否认自己需要帮助。我得学会处理好压力，不想让她把我告进监狱。也许我还能想办法说服莫林不要操之过急，因为照这个速度，不出半年我们就得分手了。

每当有人加入我的课程，我随之便会采访他的伴侣。戴尔加入几天后，我给莫林去了几次电话，她是这样描述的：

> 我刚认识戴尔时，他是个很不错的人。可当我们结婚后，情况就有些不对了。他总是吹毛求疵，不停地指责我。一件很小的事，就能让他的情绪跌落谷底。我不知道怎样才能让他好

过一点。结婚后几个月,他第一次推了我,这之后,每年他都会暴发两三次。通常他都是摔东西或者挥拳头,但有几次,他推我、扇我耳光。有时候,他一年都不会发作。可在我以为结束了的时候,他又发作了,而且一波接一波地发作。他总是贬低我,指示我该怎么做。在他眼里我做什么都不对。

大约在一年前,我认识了一个新朋友,她叫埃莉诺。是她告诉我,戴尔的行为属于家暴,即便他没有打我、伤害我。她还说,我不该被这么对待。一开始,我觉得她的话很夸张,因为我知道一些情况比我还糟的。而且有时候,戴尔又会变得非常贴心、非常支持我,即便那是在我最不需要这些的时候。不管你信不信,我们在一起度过了许多美好的时光。无论如何,埃莉诺也算是让我开了眼界。于是我开始反抗戴尔,让他不要那么对我说话。我还告诉他,我正考虑搬出去住一段时间。结果,他像发了疯似的。我觉得他肯定是哪里出了问题。过去八个月,他打了我两次。还有一次他把我摔到椅子上,弄伤了我的背。于是我搬了出去。目前,我不打算与他复合。不过,也许可以根据他在家暴者课程中的表现看。

两人的叙述形成了鲜明的对比。戴尔说,前十年里,他们的婚姻中不存在家暴;可在莫里的记忆里,他曾贬低她,还对她动过手。莫里觉得埃莉诺是在帮助她、支持她;而在戴尔看来,那人是在教坏她、让她和他对着干。戴尔认为他们还在一起,莫里说他们已经分开了。他们都认为对方有问题。两人的看法何以冲突至此?在头几章里,我们将会研究家暴男的思维,来解释为什么戴尔的想法如此扭曲。

2. 他一方面嫉妒得发疯,可在其他方面又似乎非常理性

有一天,在小组课上,一个名叫马歇尔的客户讲述了他和伴侣在前

几个星期发生的冲突：

> 我和妻子计划在她上班那栋楼的大厅见面，然后一起去吃午饭。我在电梯旁边等她，最后却见她和那个长得不错的家伙一起出来了。当时只有他们俩，他脸上的表情怪怪的，她也是。我说不出那是什么样的表情，但看得出他俩有事儿。于是我问她："这是怎么回事？"她还假装不知道我在说什么。这可把我气坏了，我大概是对她发火了，可能声音大了些。我发疯似的问："你和那家伙在电梯里做爱对吗？别不承认，你这个贱人。我可不是傻瓜。"可她还是继续装聋作哑，说自己根本不认识他。鬼才相信。

马歇尔嫉妒得发疯，可是，这些天相处下来，我知道，他并没有疯。他头脑清楚、逻辑分明，有稳定的工作经历和正常的朋友圈，也不曾产生幻觉。此外，他也没有身患某类精神疾病的迹象：这类疾病会让一个男人相信他的妻子会在一栋繁华写字楼的电梯里和别人做爱，何况两人还衣着齐整地站着。马歇尔必须知道，他所说的这些并不是真的。我和他聊的时候，他也承认了这点。

既然这种"醋罐子"类型的家暴者能够分清事实，那他们为什么还要说一些疯话呢？是因为他们就喜欢疯言疯语吗？这种行为能让他们达到什么目的呢？（我会在第三章讲"占有欲"时回答这个问题。）

3. 他成功地让大家站到了他这边

马丁是一个年近三十的男人，他在加入家暴者课程的同时还在接受私人治疗。他告诉我，一开始他也不知道自己是不是有问题，可是，和他交往很久的女朋友金尼正准备和他分手，因为她觉得他有家暴倾向。接着，他向我描述了他骂她、忽视她的一些事件。他还故意让她感到痛苦，

"好让她体会一下她伤害我时我是什么感受"。此外，他还承认自己有几次当着别人的面侮辱她、在和她生气的时候和别的女人调情、毁了她的几个重要场合。他觉得这些行为都是合理的，因为她伤害了他。

我按惯例在对马丁进行评估时联系了他的治疗师。治疗师对他的情况发表了强烈的意见：

治疗师：我觉得马丁加入你的家暴者课程是大错特错。他的自尊心极低，别人说他哪里不好，他都相信。如果你告诉他，他是个家暴男，那会进一步毁了他。他的伴侣因为自身的原因，总是用"家暴"一词攻击他。金尼是个难以自控的人，她还有强迫症。她才需要治疗。我觉得，让马丁加入你的课程，只会让她得逞。

班克罗夫特：这么说，他们两人同时咨询过你？

治疗师：没有，我单独见的他。

班克罗夫特：你见过她几次？

治疗师：她根本没来过。

班克罗夫特：那你一定给她打过很多通电话了。

治疗师：没有，我没有和她说过话。

班克罗夫特：你没和她说过话，只凭马丁对金尼的描述就对她做出了诊断？

治疗师：是的，但你要知道，马丁是一个洞察力极强的人。他跟我讲了很多细节。他很敏感，善于观察。

班克罗夫特：可他承认自己对金尼实施了严重的精神虐待，虽然他自己不是这么叫的。你不能从一个家暴男口中获取他伴侣的信息。

马丁否认自己是家暴男，他认为金尼有精神病，很不幸，他从治疗师那里得到的，是对这些想法的正式认证。他是如何让他的治疗师对他的伴侣采取这种立场的？家暴男们是怎么"招兵买马"的？有时候他们甚至能"招募"到一些非常有地位和影响力的人。他们又为什么要这样呢？（我们会在第十一章"家暴男和他们的盟友"中重点解决这些问题。）

4. 在有些事件中，他好像失控了，可是其他时候，他又似乎很懂得控制

几年前，一个叫马克的男人加入了我的家暴者小组。每当有客户加入我的课程时，我都会尽快为他制定行为目标。通常，我会先问他："你的伴侣对你最不满意的地方是哪里？列举三四条。"马克的回答是：

> 艾琳对我最不满意的地方之一是说我忽略她。她说我总是把她放在最后，宁愿做其他事都不陪她，这让她觉得自己没有存在感。我经常想一个人待着，或是放松一下，或者看电视。可能有点忽略了她。

根据马克的叙述，我在他的"行为计划"旁边写道："**多陪陪艾琳，多以她为先**。"

一开始，通过电话联系不上艾琳，可三周后，她给我回电话了。她的故事非常令人惊讶：

> 在马克加入你课程的几周前，我告诉他，我需要一段喘息的时间。我再也受不了他的咆哮和自私。他甚至连觉都不让我睡。所以，我那段时间根本不想和他说话。我必须抽时间整理一下自己。我再三向他保证，我们只是暂时分开，彼此都努力一下，争取在短暂的歇息过后，几个月就复合。
>
> 几个星期后，他打电话给我，说他加入了一个家暴者课程。他说他的咨询师让他多陪陪我，还把这写在了目标单上。他还

说，这个课程要求他陪伴我，说这是解决他问题的一个部分。我根本没准备好让他陪我，但我不想破坏他的课程。于是我又开始和他见面。无论如何，只要能最大程度地帮助他改变就好。老实说，我本想多分开一段时间，但如果你们的课程需要……

为实现自己的目的，马克成功地扭曲了家暴者课程。我向艾琳解释了事情的来龙去脉，并向她道歉，因为我们的课程在他们的关系问题中起到了雪上加霜的作用。不幸的是，马克使用的高超控制手段在家暴男中并不罕见。既然家暴男们如此善于算计，那为什么他们有时候又像完全失控一样呢？答案可在第二章中找见，我们将会在第二章讨论家暴男们为自己的行为所找的各种借口。

5. 有时候，他似乎真的在改变，可变化最终消失了

二十六岁的卡尔经常因为家暴被捕，最后还坐了几个月的牢。在一次小组课上，他对我说：

坐牢是最后一根稻草。我终于明白，我不能将自己的问题归咎于别人，得好好审视自己。牢里的人也对我说：如果你不想回到这里，就要看清自己。老实说，我脾气很坏。这点我需要改正。我可不想再回去。

每一次小组课最后，他都会做出类似这样的感言，"我发现自己真的在努力改变态度了""今晚我学到了很多，正是各种借口阻止了我改变"。一天晚上，他看着我说："我很高兴遇见了你，我想，如果没有听到你说的那些，我可能又会被关起来。你在帮助我改头换面。"

后来，我给卡尔的女朋友佩吉去了电话，询问她卡尔的家暴历史。通话时，她明显心不在焉、感觉很不自在。我强烈怀疑卡尔在听我们说话，于是找了个借口匆匆挂了电话。等到下周卡尔来的时候，我让同事守着，自己溜出去给佩吉打电话。这一次，她向我抱怨了许多：

> 每周，卡尔上完你的课回来都气冲冲的。每个星期三晚上，也就是他上课的那天，我都不敢在家。他说你的课纯粹是骗人的，还说如果不是我报警的话，他才不用坐在那儿被你侮辱。他还说，我很清楚，那晚打架都是我的错。他说他特别讨厌那个叫兰迪的家伙。几天前，我跟他说，别再把被迫去咨询的事怪在我身上了。他一把将我推到大门柱上，还说我若不闭嘴，他就掐死我。我本该报警的，可这次他恐怕得坐两年牢了，因为他还在假释期间。这样一来，等他出狱后非杀了我不可。

接着，佩吉描述了卡尔进监狱之前，她遭遇"毒手"的情景：打得她两眼青肿、动不动就砸家具，有一次还用刀比着她的喉咙。不管他的手段多么残忍，不管她伤得多重，他总是将打人的原因归在她身上。

和佩吉聊过之后，我回到课上。卡尔还像往常一样，沉浸在虚假的自我认识和内疚中。我当然什么也没说。如果他知道佩吉告诉了我真相，那她就很危险了。不久之后，我对他的监督官说他不适合我们的课程，但没有告诉对方真正的原因。

卡尔制造了每节课都学到很多东西的假象，而且他的感言也表明他对自己的问题有认真的反思，他知道他的家暴行为对伴侣造成了什么样的影响。每周他回家之前心里在想些什么？一个家暴男，在情感上有很深的领悟，为什么还会出现破坏性行为呢？真正的改变是如何发生的？（读到第十四章"改变的过程"时，我们再回来看这些问题。）

太多的问题困扰着大家——家暴者的伴侣和朋友，以及正在寻求应对家暴行为的有效方法的专业人员，这些不过是九牛一毛。根据我与两千多名家暴男打交道的经验，我突然意识到，家暴者其实希望成为谜一样的人。为了逃脱惩罚、为避免面对自身的问题，他要让周围的人——和他自己——相信，他的行为是没有道理的。他要让伴侣把注意力放在其他方面，而不是他行为的真正原因上。要看清家暴者的本质，需要一层一层地剥掉混乱和欺骗性的信息。和其他有严重问题的人一样，家暴者也在努力掩藏真实的自己。

为了逃避真实的自己，家暴者要让你相信，导致他们家暴行为的原因在于你，或至少一半在你。但是，家暴并不是感情不好造成的，而且你不能通过改变自身的行为或试图更好地控制他，来阻止家暴发生。家暴完全是施暴者们自身的问题。

通过与家暴者及其伴侣的多年接触，我发现，神秘的家暴者背后的真相开始逐渐浮现。它们构成了一幅画，让我渐渐读懂他们。前面的篇章会带你领略那些一点一点落下的碎片，其中包括：

- 为什么家暴者一开始很有魅力，但不能保持。
- 哪些早期征兆表明你的伴侣可能有暴力倾向或者控制欲很强。
- 为什么他的情绪说变就变。
- 他心里到底在想些什么，他的这些想法是如何引起家暴行为的。
- 酒精和毒品在家暴事件中扮演着什么样的角色——还是并未产生影响。
- 为什么离开家暴者并不能解决问题。
- 如何判断一个家暴者是否真的在改变——如果没有改该怎么办。
- 亲朋好友和其他社区成员能为阻止家暴做些什么。
- 为什么许多家暴者好像精神不正常——又为什么他们平时并非如此。

我们将从三个层次来回答这些问题。第一层是日常交往中的家暴思维——也就是施虐者的态度和想法；第二层是他的学习过程，他早期的思维就是在这个过程中形成的；第三层是他通过控制伴侣而得到的奖励，这促使他一再地做出家暴行为。扫清了这些迷雾后，你会发现，家暴行为其实没有我们一开始想的那么神秘。

在家暴者的头脑中，一些想法、观点和对策以一种极为理性的方式组合在一起。表面上看，他们的行为不合情理、会突然暴发，实际上，他们只是存在一些问题，这些问题可被理解，而且能够解决。只是，他们不希望你看清他们。

家暴者们故意制造困惑，因为他们不得不这样做。他们只有迷惑了所有人，才能掌控和威胁你，才能招揽人们站在他这边，才能一直逃避其行为的后果。可一旦周围的人突然了解了家暴者，他们的力量就开始消融。所以，我们将从他们的面具背后出发，去探索他们问题的中心。这个旅程对遭受家暴的女性和她们的孩子来说至关重要，不仅有益于她们的健康，还能帮助她们疗伤。她们一旦知道了伴侣心中所想，就能重新掌控自己的生活。此外，揭开家暴者的面具，也是在帮助他们。因为，如果他们一直躲躲藏藏，就无法面对，从而克服自身的极具破坏性的问题。

我们越了解家暴者，就越能创造良好的关系和充满爱与安全感的家庭。毕竟，家和万事兴。

第二章　错误的观点

他疯了。

他太自卑了。我得帮他树立自我形象。

他只是失控了而已。

他太没有安全感了。

他的母亲虐待他，所以他对女人心怀怨恨，现在他又将这种怨恨发泄在我身上。

我完全蒙了，不明白他是怎么了。

从某种意义上讲，家暴者就像魔术师：他的花招主要是把你往错误的方向带，分散你的注意力，这样你就看不到他真正的动作了。他让你把注意力放到他的情感世界上，于是便无法看到他家暴行为的真正原因，这才是他的真实想法。他把你带入一个复杂的迷宫，让你们的关系变得蜿蜒曲折。他希望你因他而困惑，希望你努力去懂他，好像他是一台很有用但出了故障的机器，你只需找到并且修复它的故障，就可以充分利用它。他就是希望你将心思用到这上面，这样就不会注意到他的行为是有一定模式和逻辑的，不会注意到他的疯狂行为背后其实有着清醒的意识。虽然他不会承认这一点。

为了进一步转移你的注意力，他可能还会让你对他的前任形成不好的看法，阻止你们直接对话，或者让你不相信她们的话——如果她们对你说了什么。如果你跟着他在几段感情中使用的"导线"走，便会发现，他的行为其实没有想象中那么古怪。实际上，他们对于每一个女人，都有一个非常固定的模式，除非在一起的时间非常短，或者他们并没有付出真心。

总之，家暴者所希望的，就是不让你的注意力对准家暴行为本身。于是，他们设法将各种借口和歪曲的信息塞进你的脑子里，使你在自我怀疑和责备中颓丧不已。不幸的是，社会上的许多人，容易顺着他的步伐，帮助他遮盖你的——和他自己的——眼睛，让你看不到他的问题。

其实，现代文化中对于家暴者的一些错误看法，主要是家暴者们自己制造的。在伴侣、亲朋好友、治疗师和社会研究人员面前，家暴者往往会为自己的行为捏造各种理由。但是，让家暴者自己来分析和解释他们的问题，本身就是大错特错。我们会去问一个酒鬼他为什么喝酒，并且绝对相信他的解释吗？如果问了，我们会得到这样的回答：

"我喝酒是因为太倒霉了。"

"我其实没有经常喝酒——只是有人看不惯我，造我的谣而已。"

"大家都说我是个酒鬼，明明就不是，这太伤我的自尊了，所以我才喝那么多。"

当我们听到这些理由时，心里会想，这可不就是借口吗。酒鬼的话并不能作为可靠的信息来源。那么，在家暴问题上，一个愤怒的、控制欲强的人的话又怎可相信呢？因此，我们的第一项任务就是去除家暴者的烟与镜[1]，然后仔细研究他们的行为。

一个小练习

在关于家暴的公开演讲上，我通常会让大家先做一个练习。我会问大家，家暴者问题的根源在哪儿？然后让他们写下自己听说的或曾经以

---

[1] 指欺骗性行为和虚假的消息。

为的答案。现在，我请你也合上这本书，用两三分钟的时间写下你的答案，以便后续参考。

之后，我会请人念他们的答案，然后我会把这些答案写在黑板上，并将它们分成三类：一类是完全错误的，一类部分正确，还有一类是正确的。最后，通常会出现二三十个错误的答案，四五个部分正确的答案和一两个正确的答案。这时，坐立不安的观众会眯着眼睛看着我，他们会惊讶地发现，大众对于家暴起因的认识，总会在事实中掺杂一些幻想和误解。也许你会发现，你的答案中大多数也都是错误的看法，其实，还有很多人和你一样。

对于家暴者或控制型男人的伴侣来说，一下子将这些错误的理论抽出来，还有些不知所措。可是，每抽出一根棍子，就有一块砖等着替代它。这个过程结束后，你的伴侣很难再打乱你的平衡，很难把你弄糊涂，你也更加能看清楚你们之间的关系了。

关于家暴者的错误观点

1. 他小时候遭遇过虐待。
2. 他的前任伤害了他。
3. 被他家暴的都是他最爱的人。
4. 他太过压抑自己的情绪了。
5. 他生性冲动。
6. 他失去了控制。
7. 他太生气了。
8. 他精神不正常。
9. 他讨厌女人。
10. 他害怕亲密、怕被抛弃。
11. 他自卑。
12. 他的上司虐待他。
13. 他不善交流，不善于解决冲突。

14. 女性家暴者的人数不亚于男性。
15. 他的家暴行为给他和伴侣都带来了伤害。
16. 他是种族歧视的受害者。
17. 他酗酒或者吸毒。

错误观点 #1
他小时候遭到过虐待，所以他需要治疗。

我客户的伴侣们普遍认为，家暴者的家暴行为可能源于他自己的受虐经历，就连许多专业人士也持同样的观点。我听到过这样的解释：

"他骂我的那些难听的话，正是他母亲以前用来骂他的。"

"他父亲一生气就用皮带抽他，所以现在我只要一生气，他就很崩溃，然后开始到处摔东西。他说，他内心深处很害怕我生气。"

"他的继母很恶毒。我见过她，她确实是个很凶的女人。所以，他现在对女人的成见很深。"

问题1：
真的是因为他小时候被虐待过吗？

家暴者很可能小时候也是家暴的受害者，是这样吗？对于这个问题，许多研究结果表明，两者之间并没有什么联系。我们会发现，其他原因要可靠得多。很显然的是，对其他男人有暴力倾向的男人大多在小时候被虐待过——但是虐待女人的男人和受虐童年之间的联系就要模糊得多。有一个例外就是，殴打和恐吓女人的男人大都有童年受虐的经历。换句话说，不幸的童年并不能让一个男人成为家暴男，但能让一个家暴男变得非常危险。

如果说家暴行为是童年感情受伤造成的，那么家暴者可以通过心理治疗解决他们的问题。可我们很少听说哪个人通过治疗而实质性地、长久地改变了他的家暴行为。（在第十四章，我们会介绍心理治疗和专业的家暴者课程之间的区别，因为后者有时会带来好的结果。）通过心理治疗，他可能解决了其他情感问题，可能对自己有了深刻的了解，但他的行为还会继续，甚至会变本加厉。因为他会把接受治疗作为他家暴行为的新借口；他会获得一套精密的说辞，来证明他的伴侣精神有问题；他会有更多更好的办法让伴侣为他的痛苦情绪负责。家暴者最擅长向人诉说不幸的遭遇，他们认为童年受虐的桥段最能打动人心。

有的家暴者青睐"受虐的童年"还有一个原因：他们可以通过强调母亲的过错，把虐待女人的行为归责给某一个女人。被虐待的女性也喜欢这个解释，因为这样一来，他的行为就说得通了，而且她也有了一个安全的生气对象——若是生家暴男的气，似乎怒气总会回到她这里。而外界，尤其是心理学界，也跟上了这股风，因此并没有直面关于家暴的尖锐问题。女性被虐待的现象太过猖獗，以至于除非人们以某种方式将问题的原因归咎于女性自身，否则他们就被迫要去解答许多令人不舒服的关于男人和男性思维的问题。所以，将问题抛给那个男人的母亲也许会更容易一些？

有时候，一些进行过大量治疗和参加过药物滥用恢复课的客户好像自己就是治疗师——有的还确实当过，他们学到了许多大众心理学和教材理论上的术语。其中一位客户还试图引诱我与他进行知识辩论，他说："你们的认知行为模式，在处理这类深刻的问题上有许多局限。"善于运用情感语言的家暴者能把伴侣逼疯——他把每次吵架变成一次治疗，在治疗过程中，他将她的反应放在显微镜下，而他自己则扮演"帮助者"的角色。比如，他会向她"解释"她的情感问题，或者帮她分析她"误认为"自己被虐待的原因。

一旦家暴者发现童年的悲惨遭遇能帮助他们逃避责任，便会对其大加渲染。《美国地方检察官联合简报》（*The National District Attorney's*

Association Bulletin）报道了对另一组家暴者——儿童性虐待者——进行的研究。研究人员询问受试者，他们自己小时候是否遭受过性虐待。百分之六十七的人回答"是"。然而，当研究人员称会对他们使用测谎器时，只有百分之二十九的人回答"是"。换句话说，"我之所以有暴力倾向，是因为我曾经被施暴"，各种类型的家暴者都知道这么说对他们有好处。

家暴者通常会努力塑造积极的形象，尽管如此，其中也有些人是人人都讨厌且害怕的。这种人又如何呢？他小时候也被父母虐待过吗？是，也不是，这要取决于我们所讨论的是哪一种问题。他对人类的敌意可能源于成长过程中的残酷经历，但是虐待女性是他自身的问题。两者有所关联，却也有所区别。

我并不是说这种人的童年遭遇不值得同情。家暴者和非家暴男同样值得同情。可是，后者并没有把自己的过去当成虐待你的借口。同情是一个陷阱，让你因为反抗他的虐待而内疚。

我有时候会对客户说："如果受虐待的童年对你的影响这么深，那么你就该明白被施虐的感受。你该记得那种滋味是多么痛苦：被贬得一文不值、生活在恐惧之中，还告诉你你活该受虐待。因为你经历过，所以你更不该虐待女性。"每当我这么说的时候，他就不再提起他悲惨的童年了。他只想看看这还能不能当成借口。

> **错误观点 #2**
> 他的前任狠狠地伤害了他，导致他处理不好男女关系。
> 他以前是个多么好的人，都怪那个贱人把他害成这样。

我们在第一章读了弗兰的故事，可见，家暴男悲惨地讲述自己被前妻或前女友伤害的故事对现任有着多么强烈的影响。这类故事的版本通常是：家暴男讲述前任出轨——有的甚至和几个男人有染，伤了他的心。如果你问他是怎么发现的，他会说，"所有人都知道了"或者是他的朋友告诉他。还有人会说，"是我自己撞见的"。可是，当你再逼问他到底看到了什么，结果往往是他什么也没看见，或者是他看见她在和某个人说话或半夜坐谁的车回家。"我看得出来。"

此外，他还可能说：她试图控制他；她一点自由也不留给他；她希望他无微不至地伺候她；她让孩子们和他作对；她甚至因为怀恨在心而"害他被拘捕"。他所描述的，通常是他自己的行为。可他把它们归咎于女方，这样他就成了受害者。他就是以这种方式博得现任伴侣的同情。尤其因为许多女人知道"被虐待"是什么滋味，所以她们理解他的悲痛。

家暴者或控制型的伴侣可以拿过去说事，找出各种各样的借口。当他们控制现任的交友、指责现任背叛他时，通常会说："前任的多次背叛深深伤害了我，所以我才这么爱嫉妒，无法相信你。"当伴侣让他打扫卫生时，他会大发雷霆："以前，我的一举一动都被前任控制着，现在，我感觉你也在指挥我，所以我非常生气。"而当他自己与别人暧昧和鬼混的时候，他却说："我被上一段感情伤得太深，很害怕负责任，所以才会和别人纠缠不清。"他总能为他的每一种控制行为找到合适的借口。

面对易怒型或控制型的伴侣对前任的控诉，我建议运用以下原则：

如果他以此为借口虐待你，那么，这不是真的。

一个真正在感情里受过伤的男人，当他伤害了别人后，不会利用这种经历逃脱惩罚。

反过来想想：你听哪个女人说过，她长期虐待自己的伴侣是因为她的前任虐待过她？在该领域工作的十五年里，我从未遇到过这样的情况。诚然，我遇到过一些被前任虐待过就很难再信任别人的女人，但有一点重要的区别：她可能用过去的经历来解释她的情绪，但并没有以之作为她行为的借口。男人同样如此。

每当客户将自己残忍的、控制性的行为归咎到曾经的感情经历上，我就会问他们几个问题："你的前任是否说过她感觉自己被你控制或威胁了？她是怎么讲述你们的故事的？你愤怒的时候对她动过手吗？你对她发号过禁令吗?"当他回答完这些问题,我通常可以判断出:这个女人也被他虐待过。

你可以同情一个被前任伤害的男人,但是一旦他将此作为虐待你的借口,那么从那一刻起,他关于那段关系的任何描述你都不要相信了。并且你还要意识到,这表明他在处理男女关系上存在问题。这时候,你要尽快联系上他的前任,和她聊一聊,即便你讨厌她。家暴男会虐待一个又一个女人,而且每一次他都认为全是女方的错,而他才是真正的受害者。

不管家暴者称自己是感情上受了伤,还是被父母虐待,他们的目的——也许可能是无意识的——都是博取你的同情,这样他就可以避免面对自身的问题。

> **错误观点 #3**
> 他之所以家暴,是因为他太爱我了。人们总是把最深的伤害留给最在乎的人。

这样的借口频繁地出现在我的课程上。我的客户曾对我说:"从没有谁像她那样伤我的心。有时候我会昏了头,因为我太爱她了。她的所作所为真的伤我很深,没有谁能让我那么难受。"家暴者就是用这个借口说服他的伴侣、朋友和亲人。当然,这其中也有些许实话:我们爱的人确实可以伤我们最深。但这和家暴又有什么关系呢?

家暴者希望我们接受以下这个简单却错误的公式:

"情绪引起行为。"

"人在伤心难过的时候会报复式地抨击别人;在嫉妒的时候,占有欲会变强、喜欢指责别人;在感觉自己被控制的时候,会对别人叫嚷和威胁别人。"是这样吗?

并不是。每个人应对伤心和怨恨的方式都不同。当感觉自己被欺辱时，你或许会吃一块巧克力；同样的情况，我可能会放声大哭；而另一个人则可能会迅速将自己的情绪化作言语，直接反抗。虽然我们的情绪会影响到我们期望中的行为，但是我们的最终行为更多还是由我们的态度和习惯来决定。我们对情伤的反应取决于我们对自己、对伤害我们的人，以及对世界的认识。只有那些受到严重心理创伤或患有严重心理疾病的人才会受情绪的支配。而具有这些严重心理问题的家暴者少之又少。

"因为爱，所以家暴"的借口无法令人接受还有几个原因。首先，许多人会把最好的行为和亲切的态度留给爱的人，包括他们的伴侣。难道我们会相信这些人比家暴者爱得更少吗？胡扯。跳出职业生涯来看，生活中，我也认识许多相亲相爱的夫妻。不幸的是，社会上的人普遍持有一种危险的观点，那就是：爱与攻击性是交织在一起的，想拥有一段轰轰烈烈的爱情就得以忍受刻薄伤人的言语和火暴的脾气为代价。有时候，流行的爱情片和肥皂剧还会加强这种观点。

大多数家暴者除了伴侣外，还与其他人关系亲密。我的客户们可能很爱他们的父母、某个兄弟姐妹、朋友或叔伯婶娘。他们会虐待这些人吗？很少。所以说，爱并不是导致他行为问题的原因。

> **错误观点 #4**
> 他太过压抑自己的情绪了，以至一朝暴发就难以收拾。
> 他需要体会自己的情绪，学会表达它们，以免突然暴发。

我和同事们将这称为"男人的锅炉理论"，它是指男人所能承受的痛苦和挫折是有限的，如不定期发泄，定会造成严重事故——就像高压锅一样。这其中有一定的道理，因为我们都知道，男人们的心里确实压抑了不少情绪。因为施虐者大都是男的，这似乎更说得通了。

但事实并非如此，为什么呢：我的大多数客户并没有过多地压抑自己。事实上，他们中的许多人比常人发泄情绪的机会更多。他们并没有把情绪藏在心里，而是过于看重自己的情绪，一定要把它们说出来，甚至发泄出来——而且随时如此，直到另一半和子女听够受够。家暴者的情绪可大可小。它们可以充满整个家庭。每当他心情不好的时候，便觉得家里的所有人都应该停止生活，直到有人令他心情好转。伴侣的生活危机、孩子生病、一日三餐、生辰忌日——没有什么比他的心情更重要。

他忽视的不是自己的心情，而是伴侣和子女的心情——这些才是他知之甚少的，才是他需要去"体会"的。作为一名家暴者顾问，我的工作包括将谈话内容从客户的心情转移到他的想法上（包括他们对另一半的感受的态度）。其间，我的客户们经常会把话题绕回来，去谈他们熟悉和感觉舒服的话题，只有聊起这些，才显得他们的内心世界最为重要。

几十年来，许多治疗师试图通过引导家暴者认识和表达自己的情绪来改变他们。可惜呀，他们的好意却帮了倒忙。这让家暴者更加关注自我，而这种关注又成了其家暴行为的助力。

还有一些原因让你忍不住接受"男人的锅炉理论"：你会发现，你的伴侣遵循着一个模式，他越来越孤僻、沉默寡言，就像烧水一样，先是冒泡，然后逐渐酝酿，直至沸腾，最后突然暴发。这时他就会咆哮、骂人，丑态毕露。这看上去像是一次情绪的暴发，再自然不过，让你以为事实就是如此。可是，这种积聚的压力和他那如"高压锅"一般的情绪，其实是他不能体会你的感受，还有他的一系列态度造成的。我们稍后会分析这些态度。另外，他之所以暴发，是因为得到了自己的允许。

> **错误观点 #5**
> 他生性冲动、脾气暴躁，需要学会收敛。

你的伴侣是否和除你之外的每个人都相处融洽？他是不是不轻易与别人发生口角或大打出手？如果说他和别人发生冲突，是否事情通常都和你有关——比如，他觉得某个男的一直盯着你看，就会站起来挡在对方面前？在面对与伴侣无关的事情时，大多数家暴者都很冷静和理智。

其实，客户的伴侣常向我抱怨说："他为什么对别人那么好，唯独对我那么凶？"如果一个男人真的"生性冲动"，那么他不会只将那一面留给你。多年以来，治疗专家试图引导家暴者展现出自己敏感、脆弱的一面。可遗憾的是，许多温柔、敏感的男性往往会带有敌意地——甚至暴力地——虐待他们的伴侣。家暴者的两面性是这个谜团的核心。

社会上对家暴者有一定的成见，认为他们是一些相对缺乏教育的、从事体力劳动的男性，这加深了这个问题的混乱程度。有这么一个错误的等式：暴力等于肌肉发达的野人，而野人又等于下层阶级。先不说这种看法对工人阶级的男性不公平，它还忽略了一个事实，那就是一些职业人员和接受过大学教育的男性虐待女性的可能性并不比任何人小。一名成功的商人、大学教授或帆船教练可能不会让人联想到遍体文身的糙大汉，但他也可能会带给伴侣噩梦。

阶级和种族偏见让社会上一些享有特权的人将家暴问题伪装成别人的问题，从而让自己逃之夭夭。他们是这么想的："那些没上过大学的建筑工人、拉丁美洲人、街头恶霸——他们才是家暴者。我们的城镇和邻里风气并不像那样。我们不是大男子主义者。"

可是，那些生活在家暴环境中的女人很清楚，任何种类和背景的人都可能成为家暴者。有时候，家暴者的受教育程度越高，就越懂得如何在女人的脑子里打转，越能让她自我责备，越擅长让别人相信她是个疯子。此外，家暴者的社交能力越强，其家暴行为的影响力就越大——女性也就越难逃脱。在我早年的客户中，就有两个是哈佛大学的教授。

有的女人喜欢大男子主义者，有的女人却受不了，就看你怎么选了。有一些方法能够判断一个男人是否有可能变成家暴男，我们会在第五章讲述这些方法，然而，通过个性判断并不在其列。（但要注意一点：如果一个人经常威胁别人，那就要当心了。你迟早会变成他威胁的对象。一开始见他吓唬别人，你可能还感觉不到危险，可当轮到你的时候就不是这样了。）

> **错误观点 #6**
> 他控制不了自己，他疯了。

许多年前，我通过电话向一个名叫希拉的女人了解我的客户迈克尔的情况。对于间歇性发狂的迈克尔，她是这样描述的："他发起疯来止都止不住，而且你不知道他下一次发疯会是什么时候。他抓起周围的东西就开始扔。墙上、地上，东西扔得到处都是——搞得一团糟。此外，他还要摔东西，有时候把贵重的东西也给摔了。然后，仿佛暴风雨过去似的，他会安静下来，独自待一会儿。之后，好像他自己也觉得后悔了似的。"

我问了希拉两个问题。他摔东西的时候，是摔他自己的东西，还是她的，或是他们共同拥有的？她默默地想了一会儿，说："你知道吗？我从来没有想过这个问题。现在想想，他每次摔的都是我的东西。我想不起有哪次他摔了自己的东西。"然后我问她，最后是谁打扫的卫生。她回答是她。

最后，我说："这下明白了吧。迈克尔的行为并不像表面看上去那样，是发疯所致。而且，如果他真的后悔了，就该帮着你打扫。"

> **问题 2：**
> 他是故意的吗？

每当我的客户告诉我，他家暴是因为失去了控制时，我都会问他，为什么不再过分一点。比如，我会说："你骂她婊子，抓起她的手机扔到一边，然后把她推倒。这时她就躺在你的脚下，你轻易就能踢到她的头。你告诉我，你当时'完全失控了'，可是你并没有踢她，是为什么呢？"他总是能给我一个理由。他们惯用的理由是：

"我不想把她伤得太重。"

"我发现其中一个孩子正看着。"

"我害怕有人报警。"

"如果我这么做她可能会死。"

"打架的声音太大了,我怕邻居听见。"

其中,最常见的理由是:

"天哪,我不会那样做的,我永远不会对她做那样的事。"

而最不常见的理由是:"我不知道"。十五年来,我只听到过一两次。这些现成的回答拆穿了他们所谓"失控"的借口。当一个男人在愤怒地施暴时,其实对这几个问题了然于心:我做的这件事,别人知道来龙去脉后会把我当成坏人吗?我这样做会惹上官司吗?我会伤到自己吗?我认为自己的所作所为太过残忍、恶劣和暴力吗?

从前几十名客户身上,我了解到很重要的一点:**家暴者绝不会做他认为道德所不容的事**。他可能会隐瞒自己的所作所为,因为他觉得别人不会赞同,但他内心觉得这样做没什么不妥。我不记得有哪个客户对我说过:"我对自己的行为无可辩解,错了就是错了。"他们总能找到理由为自己开脱。简言之,**家暴者的核心问题在于他们的是非观有所扭曲**。

有时候,我会问客户这些问题:"你们中有多少人曾经很生自己母亲的气,气到想骂她婊子?"这时往往会有一半以上的人举手。然后我又问:"又有多少人真的那么做了?"这时,所有人都把手放下了。大家都惊骇地看着我,仿佛我是在小学门口卖毒品似的。之后我又问:"你们为什么没有那么做呢?"我每次做这个实验时,都会得到同样的回答:"不管多么生气,你都不能那样对你的母亲啊!不能做就是不能做!"

他们没有说出口的话,我们来替他们补充:"但是,只要有足够好的理由,你就可以那样对待你的妻子或者女友。这就不一样了。"换句话说,家暴者的问题在于,他们认为控制或者虐待女性伴侣是情有可原的。我们之后会看到,这个观点对于如何做家暴者的咨询工作意义重大。

刚开始接触家暴者的咨询工作时，我自己对于"失控"的看法不断地与客户们故事中的事实发生碰撞。肯尼斯向我承认，他曾经把灯光调暗，并坚持对詹妮弗说没有这回事，想让她觉得自己疯了。（他还有一点让我印象深刻，那就是，他自身就有家暴行为，却还直言不讳地批评组员们对另一半不体贴。）詹姆斯告诉我，他有时候会故意藏起女友正在寻找的东西，比如钱包或车钥匙，等她找得发疯时，他才不慌不忙地放回去，并坚持说东西一直都在那儿。马里奥测量过他家到超市的距离，妻子白天称自己去买东西时，他会检查汽车的里程表，确保她没有去其他地方。

有一年，我的同事大卫和卡罗尔正在准备一个关于家暴的短剧，他们决定让一组家暴者观看排练。后来，这群家暴者很快提出了许多改进意见，他们指导大卫说："不，不，不要为晚归找借口，这只会让你处于守势，你要扭转形势，告诉她你知道她在外面有情况……你离她太远了，大卫。朝她走过去几步，让她知道你不是闹着玩的……你让她说得太多了，你要打断她，说回你的话题。"这两位咨询顾问惊讶地发现，他们很清楚自己使了什么手段，也知道自己为什么要这样：这些家暴者在兴奋地给予这个短剧反馈的时候，撕下了"因为失控所以不知道自己在做什么"的伪装。

通过阅读本书回顾客户们的故事时，你会一遍又一遍地发现，家暴者在实施家暴和控制性行为时，意识是非常清醒的。然而，我不想把家暴者说得那么十恶不赦。他们并不能算计和计划每一个动作——虽然他们比我们想象中精明得多。比如，某个家暴者将一叠报纸扔在地上或将一个杯子摔到墙上，这都不是他事先计划好的。我们找一个更准确的模型，把家暴者想成马戏团里的杂技演员，他们会"发疯"，但绝不会忘记自己的限度。

当我的客户对我说"我只是突然暴发了"或者"我失去了控制"的时候，我让他在心里一步一步地回忆自己的家暴行为。我问他，"你是真的'忽然暴发了'，还是故意给自己开了绿灯？难道就没有一个时刻你觉得自己'受够了'或者'不再忍了'，于是给了自己许可，放任自己去做想做的事?"然后我发现客户的眼里闪过一丝认同的神情。他一般都会承认,有某个时刻,他会放任自己,开始可怕的表演。

就连那些打人的家暴男也会控制自己。比如,当警车停在家门外时,他通常会马上冷静下来,警察进来后,他也会和气地和他们说话。警察进门后甚至发现不了打人的痕迹。泰曾经是个会打老婆的人,如今在给别人做培训,他在一段培训视频中描述了警察来时他是如何平息愤怒、如何忽悠警察的:"告诉他们她都做了什么。这时候他们就会看着她,然后她就会彻底失控,因为我刚刚骂了她,还吓唬她。我会对警察说:'看吧,失控的不是我。'"因为遇事冷静、善于自我辩护,泰曾经几度逃脱逮捕。

> **错误观点 #7**
> 他太生气了。他需要学习情绪管理技能。

几年前,我有个客户的妻子玛丽·贝斯遭遇了一场可怕的经历,她十二岁的儿子(她和前夫的儿子)失踪超过了四十八小时。两天以来,玛丽心急如焚地开着车到处寻找儿子,她疯狂地给所有认识的人打电话,并将儿子的照片送到警察局、报社和广播站。其间,她几乎是不眠不休。与此同时,她的新任丈夫雷——也就是我的客户,心里却越来越不是滋味。第二天快结束时他终于暴发了,朝她大喊道:"我受够了被你忽视的滋味!好像我根本不存在似的!去你妈的!"

人们觉得生气引起家暴,是把因果混淆了。雷不是因为生气所以家暴,他是因为有家暴倾向所以生气。家暴男自带能产生愤怒的心态。没有家暴倾向的男人,在发生了这么大的事时,不会期待妻子照顾他的感受,反而会想自己能为她做些什么,尽力帮她找到孩子。捶枕头、轻快地散步或者深呼吸,这些办法在雷身上都不会管用,因为他的思维过程很快会让他回归愤怒。在第三章,我们会讲家暴者的心态如何让他愤怒及其原因。

每当新来的客户对我说"我因为生气而加入你的课程"时,我会回答他说:"不,你是因为家暴才来这儿的。"每个人都会生气。事实上,大部分人经常太生气了,也就是生气的程度与事件本身不相称或者气到伤身。有的人甚至因为生气而得了溃疡、心脏病或高血压。可他们未必会虐待自己的伴侣。在第三章,我们会讲为什么家暴者容易愤怒——以及为什么他们生气不是主要的问题。

家暴者突然的愤怒会转移你的注意力,让你注意不到他的家暴行为,比如对你的不尊重、不负责任、撒谎,等等。有时候,他甚至在并没有生气的情况下做出这些行为。是愤怒导致许多家暴者欺骗自己的另一半吗?是愤怒让一个家暴者隐瞒前女友对他避而不见的事实吗?你的伴侣不让你和亲朋好友聚会,也是一种暴发形式吗?不是的。也许,在他生气的时候,会以非常大声、明显、吓人的方式实施家暴,但是这些都在他的掌控之中。

> **错误观点 #8**
> 他疯了。他有精神病,该吃点药。

当一个男人面带憎恨、表情扭曲的时候,的确看起来有些精神失常。当他突然由兴高采烈变得有攻击性时,我们也会怀疑他的精神是否稳定。当他控诉伴侣密谋伤害他时,就像患了妄想症似的。难怪家暴男的伴侣会怀疑他们有精神病。

然而,这些年我遇到的大多数客户精神都"很正常"。他们逻辑清楚、分得清因和果,并且没有产生幻觉;他们对大多数生活环境的认识合理且正确;他们工作出色、学习成绩好、训练效果佳。除了妻子和儿女外,没有人会觉得他们有任何问题。其实,**不健康的不是他们的精神,而是他们的价值观**。

家暴者看似疯狂的行为,其实都在他们的可控范围内。我们之前提到的迈克尔,他从不摔自己的东西。还有马歇尔,那些因为吃醋而对伴侣的指控连他自己都不相信。在后面的章节里,我们会见到许多这样的例子。此外，我们还会了解到，他们对另一半的看法是如何的扭曲——正是这种扭曲让他看似精神失常——以及这些扭曲的看法从何而来。

最新研究表明，即便是打人的家暴者，患精神病的概率也不大。我的几个殴打伴侣的客户曾接受过心理评估，其中只有一个人患有精神病。与此同时，一些我认为确实精神不正常的客户倒未必是最暴力的。研究表明，最极端的身体施暴者——也就是那些把伴侣掐得失去意识、用枪指着伴侣的头，甚至跟踪杀害伴侣的人——患精神病的概率有所增加。但是这些严重的施虐者身上并没有出现典型的心理健康疾病，比如精神错乱、边缘型人格、躁郁症、反社会人格、强迫症，等等。（即便是那些最危险的施虐者，也有许多人没有明显表现出这些精神病理特征。）

那么，这些不同的精神疾病怎么能引起如此相似的行为模式呢？答案是，并不是它们引起的。精神疾病导致家暴的可能性并不比酒精大。顶多是某个人的精神问题和他的暴虐本性相互作用，使他变得冲动易怒。比如，如果他重度抑郁了，那么他就不会在乎自己的行为所导致的结果，如此他就更可能严重殴打妻儿。就像酗酒和吸毒的人一样，患有精神疾病的施虐者也存在两个不同又相互联系的问题。

《心理障碍与诊断统计手册》(*Diagnostic and Statistical Manual of Mental Disorders*)是一本有关精神疾病的基本参考书，书中并未提到与家暴者表现相符的心理疾病。有些诊所为方便客户就诊时能使用保险，会延伸某一条定义，将其套在家暴者客户身上——比如间歇性狂暴症。然而，如果只是根据其家暴行为来诊断，那么这个诊断就是错误的。如果一个男人的破坏性行为只针对和他有亲密关系的人，那么他是一个家暴者，而不是精神病人。

关于精神病的最后两点：其一，我偶尔听人们谈起家暴者时说"他一定有妄想症，以为自己能逃脱惩罚"。然而，遗憾的是，事实证明他们的确能逃脱惩罚——我们会在第十二章讨论这点。所以，他根本就不是妄想。其二，我听过几起例子，说家暴者在吃了精神科医生开的药后，家暴行为真的有所改善。他的家暴虽然没有完全停止，但是最可怕的行为没再发生。然而，药物并不是长效的解决办法，因为：

1. 家暴男并不喜欢吃药，因为他们太自私了，不愿忍受药物的副作用，不管他们行为的改善能为伴侣带来多大好处。所以，他们通常几个月后就会放弃服药。然后，药又会变成其精神虐待的另一种工具。举个例子，当他生她气的时候，就会停止服药，因为他知道这会让她感到焦虑和害怕。或者当他想打她的时候，会故意过量地服药，并以此为借口。
2. 迄今尚未发现有什么药物能把一个家暴者变成体贴得当的伴侣。最多只能稍微改善其最糟糕的行为。如果你那有家暴倾向的伴侣正在服药，要知道，这只是在拖延时间。好好利用这个平静期，争取把自己治好。你可以加入一个针对受虐女性的课程。

> **错误观点 #9**
> 他讨厌女人。他的母亲，或其他某个女人，一定
> 对他做了可怕的事情。

苏珊·福沃德[1]的《讨厌女人的男人们和爱他们的女人们》(Men Who Hate Women and the Women Who Love Them)一书，使家暴男讨厌女人这一观点流行起来。苏珊博士对家暴男的描述是我读过最准确的，可是她弄错了一点：大部分家暴男并不讨厌女人。他们往往和母亲、姐妹或者女性朋友关系密切。有许多人甚至和女上司相处融洽，并且尊重她们的权威，至少表面如此。

不尊重女性的现象在家暴男中堪称泛滥，他们对女性的态度各不相同，有的能与大多数女性积极互动（只要不和她们走得太近就行），有的讨厌女性，在女性面前狂妄自大、蔑视女性。总之，我发现，我的客

---

[1] 美国资深心理治疗师。

户们认为他们的伴侣应该迎合他们的需求，但她们不值得被认真对待，这样的观点会延续到他们对其他女性的看法上，其中包括他们自己的女儿。但是正如我将在十三章谈到的一样，家暴男们对女性的不尊重来源于他们的文化价值观，而不是被女性伤害的个人经历。有的家暴男把感情受伤当作借口，是因为他们想让女性为男人的家暴行为负责。值得一提的是，有研究表明，若一位男性的母亲有家暴倾向，该男性对待女性不会产生特别消极的态度，而当父亲有家暴倾向时则截然相反。与此同时，家暴男对妻子和女儿表现出的不尊重会影响他们的儿子。

虽然一小部分家暴男讨厌女人，但是大部分家暴男只是微妙（微妙却无处不在）地表现出对女性的优越感和轻蔑，有的甚至没露任何迹象，直到他们的关系变得紧张。

错误观点 #10
他恐惧亲密关系，害怕被抛弃。

家暴者的嫉妒心和占有欲很强，当伴侣打算和他们分手的时候，他们的破坏性行为会变严重。一些心理学家很快发现了这一模式，于是得出结论说，家暴男十分害怕被抛弃。可事实上，无论男女，许多人都害怕被抛弃，他们被另一半抛弃后也会感到恐慌、心碎和绝望。如果一个人被抛弃之后，会因为恐慌而去威胁、跟踪，甚至杀害别人，那么我们的整个社会都将变成战场。不过，分手后杀害另一半的几乎只有男人（而且分手之前往往都有一段家暴史）。如果说害怕被抛弃会引起分手后家暴，那为何统计数据如此不平衡？女人被抛弃后会比男人好受许多吗？当然不是。（我们会在第九章探讨一些家暴男分手后采取极端行为的真正原因。）

还有一个观点与"被抛弃"这个错误观点同出一辙，那就是"家暴者恐惧亲密关系"。它解释了大多数暴者只虐待他们的伴侣和家暴者大都是男性的原因。根据这一理论，家暴者会定期地、残忍地与伴侣保持情感距离,这种行为在心理学上叫作调解亲密关系。

但这个理论有几点漏洞。首先,家暴者最糟糕的行为往往发生在一段时间的关系紧张和距离疏远之后,而不是在两人最亲密的时候。有的人会一直保持情感距离,使两人的关系不至于太亲密、从而引起恐惧,但家暴行为还是会发生。此外,在一些夫妻关系没那么亲密,也就是没有感情基础的婚姻中,虐妻现象同样很严重。最后,有许多恐惧亲密关系的男人并没有虐待或控制他们的伴侣——因为他们没有家暴心态。

错误观点 #11
他很自卑,需要树立自我形象。

问题3:
真的是因为他自卑吗?

被家暴的女人往往倾注很多精力去帮助她的伴侣,去迎合他的自尊,希望顺着他的意,他就不会暴发。这个办法怎么样?只可惜,不甚有效。你没有办法长时间去管理一个家暴者。赞美和吹捧他,只会为你争取一段时间,但他迟早会将你撕得粉碎。你如果试图助长他的自信,只会让他的问题变得更严重。家暴者渴望被迎合,他得到的积极关注越多,他的需求就越多。就算得到再多,他也不会满足。他习惯了多得,必定会多求。

我和同事们通过早年从事家暴工作犯的一个错误发现了这个道理。有几次,我们让表现好的客户接受电视台的采访或者去高中演讲,因为我们认为,听一个家暴者用自己的话描述自己的行为和改变过程,是一件对大众有益的事。但我们发现,每一次客户受到公众关注的几天后,都会虐待他的伴侣。他感觉自己是个明星,认为自己改变了,公众的关注让他变得膨胀,他回家后就开始指责和羞辱他的伴侣。所以,我们便没再让客户公开露面。

"关于自尊心的错误观点"对家暴者有好处，因为这会让他的伴侣、治疗师和其他人在情感上迎合他。想象一下家暴者可能获得的特权：大多数时候都我行我素；为了不让他暴发，他的伴侣会想尽办法让他开心；另外，别人还夸他是个好人，每个人都在帮他树立自信！

诚然，家暴者在虐待伴侣之后会感到懊悔和羞愧，尤其是在被外人发现后。但这些感觉都是他家暴行为的结果，而不是起因。随着一段关系的发展，家暴者会习惯自己的行为，他的懊悔也会消失殆尽，他用来辩解的理由会压得他喘不过气。如果别人不再像往常那样赞美、安慰和顺从他——他认为这些是他应得的——他就会觉得难受。然而，这种反应并非源自自卑感，我们之后会发现，事实往往相反。

且想一想，伴侣的侮辱和欺凌行为给你的自尊心带来了什么伤害。你会变成一个残忍的、爱暴发的人吗？如果自卑不能作为你变得暴虐的借口，那么，这自然也不会是他的借口。

> **错误观点 #12**
> 他的上司虐待他，所以他觉得无力和失败。
> 他回家后把愤怒发泄在家人身上，因为只有在家里，他才觉得自己很强大。

我把这种错误观点叫作"上司虐男人，男人虐女人，女人虐孩子，孩子打狗，狗咬猫"。这样的画面看似合理，但其中有太多不对的地方。我有成百上千名客户是很受欢迎的、相貌堂堂的成功人士，他们没有受压迫，没有经历内心的折磨，也就不必寻找替罪羊。其中一些很糟糕的家暴男还是最高管理者——没有上司。这些男人在工作中拥有的权力越多，就越希望家里人迎合和顺从他。有几名客户曾对我说："我在工作上总是对人发号施令，回到家后很难走出那种模式。"可见，有人把"被上司苛待"作为借口，就有人用相反的借口。

最重要的一点是：在家暴领域从业的十五年里，**我从没听说过有谁**

的家暴行为改善是因为工作处境改善了。

> **错误观点 #13**
> 他缺乏与人沟通、解决冲突和压力管理的能力。他需要锻炼。

家暴者并非不会用非暴力手段解决冲突,他只是不愿意这么做。有人专门针对家暴者是否存在能力缺失进行过研究,结果表明:家暴者解决冲突、与人沟通和决断的能力与常人无异,就看他们是否选择使用这些能力。他们不用威胁任何人也能应付工作中遇到的紧张局面;他们在和父母一起过感恩节的时候可以很好地管理自己的压力,不会突然暴发;他们会和兄弟姐妹一起分担失去祖父母的悲痛。可一旦涉及他们的伴侣,他们就不愿意用非暴力手段来解决问题。即便你教会家暴者最新的表达、倾听和谈判技能,他们回家后还是会继续家暴。我们会在接下来的一章了解其中缘由。

> **错误观点 #14**
> 家暴的女人和男人一样多。被家暴的男人往往不为人知,
> 因为他们羞于告人。

当然,也有一些女人会虐待她们的伴侣,她们指责、辱骂,并试图控制他们。这些男人的生活也受到了非常消极的影响。可是,我们见过他们的自尊心在这个过程中被渐渐摧毁吗,我们见过谁的学业和事业停滞是因为伴侣的不断责骂和贬损?哪个男人被另一半逼着上床,哪个男人因为对生活产生恐惧而躲到避难所去?想打电话求救,却被伴侣摔了手机或拔掉电话线的男人有几个?我们很少见到这样的人,原因很简单:这样的人本来就很少。

一个男人站出来承认自己被女人虐待是一件非常难堪的事,这点我并不质疑。但不要忽略了,女人揭露家暴行为也会觉得非常丢脸。女人

对尊严的渴望并不比男人少。如果羞耻感能阻止人们揭露家暴,那就没有人站出来了。

就算被虐待的男人不愿站出来,也会有人发现他们。如今不像十几二十年前,邻居们会对家暴行为充耳不闻。现在,人们听到尖叫、摔东西和打人的声音都会报警。在我的打人的家暴者客户中,因为别人报警而被捕的就有三分之一。如果真的有那么多被吓得瑟瑟发抖的男人,警察肯定会发现的。家暴男通常喜欢扮演受害者的角色,许多称自己"被打"的男人,其实自己才是施暴者。

我的客户们为了占取受害者地位,会夸大伴侣的语言力量:"诚然,我打得过她,但她的嘴比我厉害,所以我们谁也不吃亏。"(我有一个非常暴力的客户用刀刺伤了伴侣的胸口,他在小组课上辩解说,"她的话也刺伤了我的心"。)可是,家暴并不是一场能说会道就能赢的战役。要善于挖苦、贬低和扭曲事实,以及使用其他控制手段才能赢——在这个竞技场上,我的客户们可以轻易获胜,就如同暴力争吵时一样。谁能在家暴男自己的游戏中打败他们呢?

然而,男人可以被其他男人虐待,女人也可以被其他女人虐待,有时候也会用上一些身体威胁和暴力的手段。如果你是正在被伴侣家暴的同性恋,那么,这本书的大部分内容会为你敲响警钟。当然,我在文章中用的"他和她"可能不太适合你,但其中蕴藏的道理大部分适合。我们会在第六章进一步探讨这个问题。

> **错误观点 #15**
> 家暴对于家暴者和他的伴侣来说一样糟糕。他们都是受害者。

我的客户们走出家暴痛苦的速度要比他们的伴侣快得多。还记得第一章提到的戴尔吗?他告诉我,结婚的前十年,他们的婚姻很顺利,可莫里却说她忍受了十年的辱骂和虐待。当然,虐待伴侣并不是一种健康的生活方式,但是其消极影响不能与他们的伴侣所受之苦相比。她们经历了情感和身体的伤痛,她们失去了自由,沉浸在自我责备之中,她们的生活被投上无数阴影。不像那些酗酒和吸毒的人,家暴男并不会"触底"。他们可以持续家暴二十年、三十年,还能事业有成、身体健康、友谊长久。此外,我们会在第六章了解到,家暴者通常能够从他们的控制性行为中获益良多。家暴者心理测验的分数一般比他的伴侣高,因为他的心理和身体没有受到长年累月的侵犯,没有遭受心理创伤。像我和我的同事们一样,认真倾听受虐女性的故事,然后每周在咨询课上和家暴男见面的人,不会蠢到相信家暴男的生活也不容易。

> **错误观点 #16**
> 作为有色人种,他在社会上面临诸多歧视,没有权利,所以回到家就要感觉自己很强大。这就是他家暴的原因。

我在第六章中将这种错误观点称为"家暴中的种族和文化差异",所以在此我只简单提一下。首先,家暴男大多是白人,他们受过良好的教育,经济优越,所以歧视并不是他们家暴的主要原因。其次,如果一个男人自己经历过压迫,那么他只会更加同情女人的不幸遭遇,这和错误观点 #1 中提到的虐待儿童现象一样。事实上,在美国,反对虐待女性运动的大多数领导人都是黑人。虽然种族歧视在当今是个严重的问题,但它不能作为虐待女性的借口。

> **错误观点 #17**
> 是酒精导致他家暴。如果我能让他保持清醒,那么我们的关系就会有所改善。

许多家暴者会以酒精和毒品为借口,我会在第八章说这个问题。我们要意识到最重要的一点:酒精不能造就一个家暴者,保持清醒也不能治愈他。战胜家暴的唯一办法就是认真对待暴力行为。还有,伴侣虐待你不是你"导致"的，他得完完全全为自己的行为负责。

到这里，我们已经认识了几种关于家暴者的错误观点。你会发现，自己很难对这些错误的观点不管不顾。许多年前，我也沉浸在自己的错误观点之中，但家暴者们不断地逼我面对现实，虽然他们自身固执地不肯面对。如果你和家暴者生活在一起，那么，读了这一章后，你可能比之前还困惑。你可能会想，"如果不是这些原因，那又是因为什么呢？"

所以，下一步，我们就要仔细地把刚才捋清的线索进行重新编织，形成一幅连贯的画面。如此，你会渐渐发现，那些令人眼花缭乱的、扭曲的观点就这样被你放下了。真相一目了然，家暴者们拼命制造的谜团终会消失。

记住重要的几点：

- 家暴行为不是由情绪引起的。就算你替他解除了烦恼，让他心情好转，或者改善了你们之间的关系，你也改变不了他。
- 情感并不能支配家暴或控制性行为。信仰、观念和习惯才是它们的驱动力。
- 家暴者为其家暴行为找的原因统统都是借口。关注自尊心、解决冲突、管理愤怒、控制冲动等因素，是不能解决家暴问题的。只有勇敢地面对家暴问题，才能解决它。
- 家暴者们通过制造困惑，包括对家暴本身的困惑，助长其家暴行为。
- 不是你的问题。你伴侣的家暴问题是他自己的问题。

第三章　家暴心态

>他经常会有这样的态度："你欠我的。"
>他成功地扭曲了事实，把一切变成我的错。
>他让我喘不过气来。他试图经营我的生活。
>大家似乎都认为他是全世界最好的人。我真希望他们能看到他和我生活在一起时的那一面。
>他说他很爱我。可为什么要这么对我呢？

长期的虐待让人怀疑自己。被父母虐待的孩子知道出了问题，却怀疑问题出在自己身上；被上司虐待的员工以为自己工作做得不好，觉得自己应该更聪明、勤奋；被欺凌的男孩觉得自己应变得更加强大、勇敢。

面对受虐女性时，我的首要目标就是帮她们恢复自信，让她们依赖自己的认知，倾听自己内心的声音。你并不需要家暴方面的"专家"来向你解释你的生活，你只需要有人鼓励和帮助你坚持自己的认识。你的家暴者伴侣想要否认你的经历。他想将你对事实的看法从你的脑袋里拔除，用他的取而代之。当有人屡屡以这种方式侵犯你的身份，你自然就开始失衡。但是你有办法回到中心。

家暴者制造了一系列错误的观点，让伴侣怀疑自己，然后将她们领向死胡同。消除了这些错误的观点，我们就可以对准他家暴的根源。我相信你会找到它们。

我前面和大家分享的观点就是那些受虐的女性教给我的，她们都是家暴方面的专家。此外，我还有另一个老师，那就是我的家暴者客户们，他们每一次不小心透露出真实的想法，都会让我进一步看清事实。

事实 #1：
他是在控制你。

一天晚上，我的客户格伦气冲冲地来上课，来了以后，吧嗒吧嗒地说：

> 星期五下午，哈里特开始朝我大喊，她说她很快会搬出去。然后，她消失了一个周末，还带走了我两岁的儿子。她真的太让我伤心了。所以，我也决定伤她一下。我打算从她看重的东西下手，让她尝尝其中滋味。她已经写了一个星期论文，花了很多精力在上面，星期一就要交。论文就放在她的梳妆台上面，她还到处找。于是我把它撕得粉碎。此外，我还把一堆我们一家三口的合照也撕了，连同论文一起，认真地堆在她的床上，等她回来看。我想她会得到教训了吧。

格伦向我老实交代了他的思维过程和动机，也许是因为他觉得这么做合情合理。他认为他有权利控制伴侣的行为，他认为自己的话就是圣旨，不允许别人反抗。他以为，如果哈里特企图夺回她生活的所有权，那么，他就有权惩罚她——用他能想到的最严厉的手段。他还骄傲地说，他们在一起以来，他"给了"她许多自由——好像他是她的父母，有权在适当的时候取消她的"特权"似的。

控制别人有许多不同的方式。我有几名控制欲极强的客户，和教官没什么区别。比如拉塞尔：他要求孩子们每天上学之前跳健美操；没有他的允许，他的妻子不可以和任何人说话；如果他不满意妻子的穿着，会命令她回房间换衣服；吃饭的时候，他会坐在一旁，像餐厅评论员一样评价什么好吃什么不好吃，其间他还会命令她去厨房给孩子们取这取那，把她当成服务员。

然而，这只是控制性行为的一种极端。我的大多数客户不会试图掌控一切，而是划出特定的范围进行控制，就像对陆地宣布主权的探险家。有的家暴者不管伴侣穿什么，但每次吵架都必须吵赢。有的家暴者可能允许妻子就孩子的问题和他吵架，但如果她不让他换台，那她就得当心了。（砸过遥控器的客户有好几十个，电视被许多家暴男牢牢地控制着。）有的家暴者会给伴侣规定回家时间，而有的就任由伴侣出入——只要她为他做好饭、洗好衣服。

控制的范围

家暴者的控制范围大概占了以下一两种：

争论和决策

一段亲密的关系中，总有源源不断的问题需要决策、有矛盾需要协商，还需平衡各种喜好和愿望。谁来打扫厨房？我们该花多少时间单独在一起，花多少时间和其他朋友聚？我们的其他兴趣和爱好该如何排列？我们该如何面对烦恼和伤心事？要给孩子们制定哪些规矩？

家暴者面对这些选择的心态决定了他们不可能好相处。要想和一个持有这些原则（不管他们是否大声说出来）的人商量好事情，简直比登天还难：

1. "争论只能持续到我的耐心用尽为止。一旦我失去耐心，讨论就结束了，你就该闭嘴了。"
2. "如果我们所争之事对我很重要，我一定会得到我想要的结果。如果你还不退让，那就是在冒犯我。"
3. "我知道什么才是对你好、对我们好的。如果我指明了道路你还不同意，那你就是在犯蠢。"
4. "如果我的权威在下降，我有权采取措施重新建立我的意愿规则，必要时不惜动用家暴。"

最后一项最能将家暴者与其他人区别开：也许我们任何人都可能有前三种想法，但只有家暴者允许自己将这些想法付诸行动。在他们看来，这些已经不是想法了，而是用以指导其行为的坚定信念。所以才会发生这么多家暴行为。

人身自由

家暴者认为他们有权控制伴侣的去向、交友、衣着和回家时间。所以他觉得，无论他选择性地给予伴侣什么自由，她都应该感激他。所以他会在咨询课上说这样的话："因为我不同意她和一个名声不好的女孩来往，所以她很生气，但其他时候我都是由着她的，她想和谁交朋友就和谁交朋友。"他们希望伴侣表扬他们慷慨，而不是指责他们压迫。他们把自己看成宽容型的父母——伴侣就像他们的孩子，可当他们坚决反对一件事的时候，却不希望遭到太大的反对。

有时候，这种控制会体现在不大吼大叫、发号施令，而是不停地抱怨，让伴侣厌烦，从而使其改变决定。比如，他们会一再地说伴侣某个朋友的坏话，为了不被他烦，她慢慢地不再和那个朋友见面了。而且，她甚至会觉得那是她自己的决定，并没有注意到是家暴者迫使她这么做的。

家暴者的思维是否扭曲？答案是肯定的。伴侣并不是男人的孩子，当他有了想控制她的冲动时，"给予"她的自由就不像可以随便使用的积分了。然而，他的规则对自己来说意义非凡，所以他会拼命将这一规则维持下去。

育儿

如果有孩子，家暴者会觉得自己在育儿方面是权威，即便他在实际照顾孩子的过程中贡献很少。他把自己当成一个精明而仁慈的主教练，没事的时候就在边线外被动地看着，一旦伴侣没有管好孩子，他就会站出来"纠正"。他们的自大正好衬托出他们对育儿的了解太少，或者说对孩子们的需求了解太少。无论伴侣是个多么好的母亲，他都觉得她应该向他学习,而不是他向她学习。

家暴者称他们控制伴侣是为了对方好。我的客户维尼就用的这个借口:

> 那天,我和奥尔加开车经过一个非常糟糕的街区。当时我们正在吵架,她气得发疯,想从车里下去。天色很晚了。这种地方,什么事都可能发生。我让她待在车里,不要在这种地方下车,可她偏不听,不停地开车门。我阻止不了她,就打了她的胳膊,没想到她的头撞到了车窗。不过,这至少让她安静下来,乖乖待在车里。

维尼真的认为他虐待伴侣是为了她好吗?是,也不是。从某个角度说确实是这样,因为他自己深以为此。可他的真正动机很明显:奥尔加想下车是为了逃脱维尼的控制,而他要确保她逃不掉。

不幸的是,家暴者有时能让别人相信他的伴侣太不理性、失去控制、没有判断力,所以需要拯救。千万不要相信一个男人口中的"伤害她是为了保护她",只有家暴者才会这么认为。

参加我课程的家暴者开始都会说:"我之所以来这儿是因为我有时候控制不了自己。我需要学会更好地自控。"我总会纠正他们说:"你的问题不是控制不了自己,而是你在控制你的伴侣。你不必学会更好地控制自己,只需放开对她的控制。"他的一大部分家暴行为都源自对伴侣的惩罚,因为她试图抵抗他的控制。这点非常重要,我们必须知道。

事实 #2:
他有权利感。

权利感是指家暴者深信自己处在一种特殊的地位,这让他拥有一些伴侣没有的特权。助长家暴行为的态度基本上可以用这个词来概括。

为了理解什么是权利感,我们首先来看一个家庭对于权利的正确概念应该是什么。

丈夫的权利和妻子的权利应该是一样大的。他们有权让自己的意见和意愿得到尊重,他们在做决定的时候有一半的发言权,他们有权不受辱骂和身体伤害。子女的权利相对小一些,但也不少。由于子女的知识和经验有限,所以不能拥有与父母平等的决策权,但他们也有不被家暴的权利,有被尊重的权利,在与他们息息相关的事情上有发表意见的权利。然而,在家暴者眼中,家庭权利是这样的:

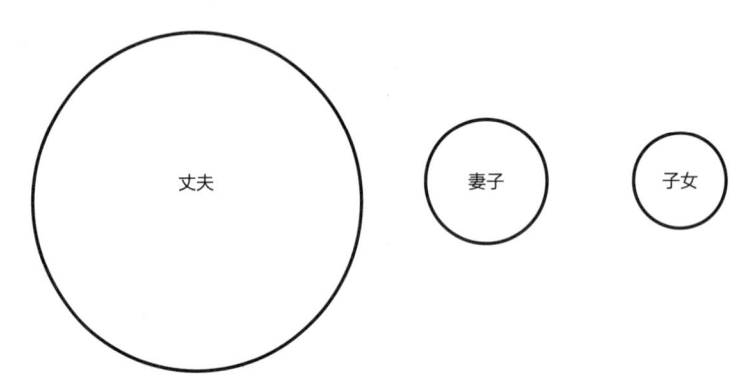

妻儿的权利减少了——有时甚至没有权利——他的权利却大大增加了。作为咨询顾问,我的根本任务就是改变家暴者的家庭权利观,让妻儿的权利扩大,同时让他自己的权利缩小到合理范围。家暴者会用各种各样的"权利"奖励自己,包括:

· 身体照顾
· 情绪照顾

· 性生活照顾

· 顺从

· 不负责任

一些思想比较传统的家暴者的重心在身体照顾上。他希望伴侣按照他的想法为他洗衣做饭、看孩子、打扫卫生，等等。实质上视她为免费的用人。他还总是抱怨说："我每天累死累活地工作，回到家只希望能有片刻的安宁，这点要求高吗？"他似乎只想要一张软椅、一份报纸和一个脚凳。周末时，他希望伴侣照料好家里的一切，这样他就可以看看球赛、修修车、打打高尔夫、逗逗鸟或者睡懒觉。如果她没有令他满意，他就觉得自己有权指责她。

虽然这类家暴者看似过时了，但他们还活生生地存在。到了20世纪八九十年代，这一类家暴者将自己那皇帝般的期待包装得漂漂亮亮，但改变只是表面的。现在，很少有人会看着我说："我希望回到家能吃上一顿温馨可口的饭。"可是，一旦伴侣没有做到这一点，他们还是会暴发。

家暴者在高估自己工作的同时，也低估了伴侣的劳动。我的客户向我抱怨说："我不知道她一天到晚都干了些什么。我回到家，只见家里一团乱，孩子们还没有吃饭，她却在打电话。她把时间都花在看肥皂剧上了。"如果她出去工作——很少家庭能靠一份工资过活——他就会说她的工作比他的轻松。当然，如果让他来做她所做的事——比如，他失业了，她在工作，由他来做一段时间的家庭主夫，他就会突然转变态度：他会突然宣布，带孩子和做家务太不容易了，要求每天休息几个小时。

对于现代的家暴者来讲，情感照顾甚至比家政服务更重要。还记得雷吗？玛丽·贝斯因为寻找失踪的儿子而"忽略"了他两天，他就咒骂她。他的问题在于，他认为任何事都不能妨碍玛丽·贝斯满足他的情感需求，那是她的责任——即便孩子失踪了也不能。有的家暴者会因为晚饭做迟了而大发雷霆，有的家暴者生气是因为伴侣厌倦了他不停地叨念自己的需求，或是她想花点时间做自己喜欢的事，或是在他心情不好时她没有放下一切来安慰他，或者她没有事先想到他没有表达出来的需求和愿望。这些理由其实都是一样的。

家暴者通常会将自己的高情感需求伪装成别的东西。比如我的客户伯特，如果在他进门时，他的女朋友克里斯汀没有立即挂掉电话，他就会怒不可遏。可他冲她发火时，却找了这样的借口："她明知道我们付不起电话账单，还把所有的钱花在打电话上。"可我们会发现，只有在他需要她关注的时候，这才是个问题。她独自打电话时，或是他每周六上午给父母打一个小时的电话时，这时候，钱就不是问题了。

每当有新客户进来时，我会走到黑板前，画一个指针指着"北"的指南针，然后对他们说："你们想让伴侣成为这个指南针，而你们想当这个'北'。无论怎样，指南针都指着同一个方向。不管她去哪里、做什么，不管她心里怎么想，你都希望她能时刻关注你。"有时候，客户会反对说："谈恋爱和结婚就是这样啊，我们本来就应该关注彼此。"可是我发现，当他关注她的时候，大多数时候都是在想她能为他做些什么，却不想自己能为她做些什么。而且，他不想关注她的时候，他就毫不在意。

家暴者的情感似乎很贫乏。你若迎合他，就会落入陷阱，好比去填一个无底洞。但其实，他并没有所谓的那么贫乏，所以，无论你给予他多少，他都不会满足。他只会提出更多需求，直到你精疲力竭，因为他觉得满足他的需求是你的责任。

性生活照顾是指他认为满足他的性需求是伴侣的职责。她不能拒绝他的性要求，但是他可以拒绝她。就连她是否快乐也会影响他的利益：比如，如果她没有达到高潮，他就会不满，因为他希望看到自己是一个很棒的情人。

不是所有的家暴者都对性爱感兴趣。他们有的忙着应付外边的各种关系，有的服了降低性欲的药物，还有的是同性恋——女性伴侣只是他们用来装饰门面的。我的一些客户只是将对女人的兴趣作为某种控制幻想的一部分。如果伴侣称自己需要尊重，或者他开始强迫或性侵她，这种类型的家暴者就会对性爱失去兴趣。总之，对于他们来说，要么按照他们的想法来做爱，要么就不做。

顺从是指家暴者认为伴侣应该将他的喜好和意见当成法令。比如，只要他说了这部电影很肤浅、在野餐会上路易斯企图勾引杰伊或者共和党不懂管理经济，伴侣就该无条件地认可他的观点。尤其是在人前，她必须与他观点一致。如果她不同意他的观点，他就会朝她吼道："你让我太难堪了，你总是让我当众出丑。"他有一个未言明的原则，那就是：她不能质疑他的观点。

不负责任是指家暴者认为自己是无可指责的。如果伴侣向他抱怨，那么她就是在"搅扰"或者"激怒"他。他认为他可以忽略自己的行为带来的伤害，如果有人试图让他面对，他就会报复。下面是我和一个新客户的对话：

班克罗夫特：你能说明一下自己为什么参加这个家暴者课程吗？
汉克：嗯，几个星期前，我打了女朋友一巴掌，她说如果我不接受咨询就不能回去。
班克罗夫特：你为什么要家暴呢？你们吵架了吗？
汉克：是的。她说我在外面有人！这实在太气人了！
班克罗夫特：那么，你外面到底有没有人？
汉克（我这么问，他有些惊讶，于是顿了一会儿）：嗯，有是有……但是她没有证据！她没有证据就不能那么说！

汉克为自己保留了一项特权，那就是他可以对伴侣挑三拣四，这也是他经常运用的特权。但是，如果你开始埋怨他或者让他面对自身行为给家人造成的伤害，他会立即将这种苗头扼杀。汉克采取的报复方式是身体伤害。

家暴者的高度权利感让他产生了不公平、不合理的期待，所以他和伴侣之间的关系总是围绕着他的需求。他的态度就是："你欠我的。"他付出一分，就想收获十分。他希望伴侣全心全意地迎合他，即便这意味着要她忽略自己和孩子们的需求。你可以尽全力达到伴侣的满意程度，但只要他有这种心态，就永远不会满足。而且他还会觉得你在控制他，因为他不认为你应该对他的行为设限或者要求他负责。

此外，许多男人觉得自己有权使用暴力。1997年，有人针对学习心理学的男大学生进行了一项调查，其中百分之十的人认为，因女性伴侣拒绝做爱而打人是可以接受的，百分之二十的人认为因怀疑伴侣有外遇而动手是可以接受的。另有研究结果表明，在年轻男性看来，如果他们在约会当晚花了很多钱或者伴侣一开始想做爱——哪怕后来改变主意，这些时候，他们就有权强迫女性伴侣上床。这些研究告诉我们，重要的是改变家暴者对权利的态度，而不是他们个人的心理问题。

家暴者眼中的女人之怒

家暴者面对愤怒时存在的问题，与人们的普遍看法恰恰相反。事实是：

你的家暴者伴侣不是不能应对他的愤怒，而是不能应对你的愤怒。

他剥夺了你生他气的权利。他认为不管自己对你多么恶劣，你都不应该反抗、不应该生气。生气的权利唯他独有。你的愤怒刚刚冒出来——这种情况时不时会发生在被虐待的女人身上——他就会尽可能迅速地将它塞回你的胸中。然后，他就会以你那未成气候的愤怒为证据，说你是个无理取闹的人。家暴者常常让你感觉自己被束缚着。咽下愤怒的你，可能会有一些身体和情绪上的反应，比如沮丧、噩梦、情感麻木或出现饮食和睡眠问题。然后他又会以此为借口，进一步贬低你或者把你逼疯。

为什么你的伴侣会对你的愤怒有如此强烈的反应？其中一个原因就像我之前说的，可能是他觉得自己无可指责。第二个原因是，他或多或少能感觉到——虽然不一定是有意识地——你的愤怒中蕴含着某种力量。如果你有感受和发泄愤怒的空间，也许就能更好地保持自己的身份、抵抗他的压制了。他试图带走你的愤怒是为了扼杀你违背他意愿的能力。第三，他将你的愤怒视为对他权威的挑战，面对这样的挑战，他会以更大的愤怒来回应你。如此，他便保住了自己表现愤怒的专有权。

家暴者自己的愤怒

一旦你明白了权利感的本质，关于家暴者的以下观点就很清楚了：

他不是因为愤怒所以家暴，而是因为家暴所以愤怒。

家暴者不公平的、不切实际的期待决定了他们的伴侣不可能事事都依他们。所以他们经常生气、发火。最近的一档访谈节目里就提到了这样的因果关系。节目中，一名年轻男性讲述了自己是如何家暴现任妻子的。他说他对良好关系的定义是："从不吵架，每天对对方说'我爱你'。"他告诉观众，他的妻子"活该"被他虐待，因为她没有遵照这个不切实际的想象。让这个年轻人或其他家暴者参加愤怒管理课程没有任何好处，因为他的权利感会让他产生更多愤怒。需要改变的，是他的态度。

事实 #3:
他颠倒黑白。

我的一个家暴者客户埃米尔向我描述了他最严重的一次家暴："那天，塔尼亚唠叨个没完，我一怒之下抓着她的脖子将她往墙上撞。"他还义愤填膺地说，"然后她想用膝盖顶我的蛋蛋！如果一个女人那样对你，你是什么感觉？我当然打回去了。当我抽回手的时候，指甲在她脸上划了一道长长的口子。她到底想干什么？"

问题 4：

他为什么说是我家暴他？

家暴者的高度权利感认知体系让他形成了反攻击和自我防卫的心理。埃米尔的家暴行为威胁到了塔尼亚的生命，塔尼亚试图防卫，却被埃米尔定义为对他的家暴。然后，他进一步伤害她，却说这是面对她家暴行为的自我防卫。家暴者的权利镜头让一切颠倒了，就像勺子里的倒影一样。

还有一个叫温德尔的客户也描述了他的家暴行为。"我的妻子艾莎在我面前唠叨了几个小时。我只听到她不停地抱怨，说得我一无是处。昨天她又唠叨了半小时，最后我骂她是个贱人，就出门去了。"我问他，艾莎为什么抱怨，他说不知道。"她每次这样，我都不搭理她。"几天后，我和艾莎谈起这件事，她告诉我，她其实只冲温德尔喊了五到十分钟。我才知道，他没有告诉我，那天早上她刚醒来就被他骂，然后他那一整天都在骂她。"他完全占着上风，就像坏了的唱片似的不停地重复。我要能插得进一个字就算幸运了。而且他的话很难听——那天他叫了我不下十次'贱人'。"她终于忍不了，开始强烈反抗，所以那晚他才摔门而去。

为什么温德尔觉得是艾莎一直在吼他、埋怨他呢？因为在他心里，她应该听，而不是说。如果她想表达什么，那就是过分了。

当我让客户别再家暴他们的伴侣时，他们会像对待他们的伴侣那样颠倒我的话。其中有一个家暴者，我告诉他不管多生气都不应该威吓他的伴侣，他说："你是说我应该躺下，让她踩着我的身体过去吗？"只因为他的伴侣受够了他的朋友们在家里乱扔垃圾，让他"把那些该死的垃圾清理掉"，而我告诉他这不能成为他骂她的借口，他说："所以你是在告诉我们，我们的伴侣可以想做什么就做什么，而我们不能防卫，连一根指头都不能动一下是吗？"因为我指出他"双标"，说他也应该遵守他用在她身上的规则，他就说："你的方法就是，因为她是个女的，所以做什么都是对的，而我是个男的，所以就要遵守更严格的规矩是吗？"

家暴者夸大和讥讽伴侣的（和我的）话还有一个原因：他不想认真思考并花力气去消化她的话。他觉得自己有权利像打苍蝇一样把她拍倒。

事实 #4：
他不尊重伴侣，认为自己比她高一等。

谢尔登和凯丽最后分手了。他们让他来参加我的课程是因为他违反了禁令，但又否认自己殴打或恐吓过凯丽。他正在争夺三岁女儿艾希莉的抚养权。他说凯丽从艾希莉出生后就没有照顾过她，说她"从来都和艾希莉没有关系"。他还补充说："我没有当她是艾希莉的妈妈。她只是一个工具，是把艾希莉带到这个世界的一种渠道。"

谢尔登在心里把凯丽贬低成一个没有生命的物体，一台生育机器。他说起她的时候，脸上带着轻蔑和讨厌的表情。同时，他一点都不生气，他觉得凯丽远不值得他生气。他对她的态度，好比一条讨厌却没有危害的小狗在咬你的脚后跟时你的态度。他如此傲慢，说明他在凯丽面前非常有优越感。

虽然谢尔登那自鸣得意的嘲弄令人记忆犹新，但许多家暴者的普遍认知并没有比这好多少。家暴者认为伴侣没有他们聪明、能干、懂逻辑，甚至不如他们敏感。比如，他会告诉我，她不像他那样富有同情心。他常常不把她当成人看。家暴者的这种趋势被称为物化或去人性化。大多数家暴者以侮辱性的、令人厌恶的方式口头攻击他们的伴侣。他们搬出女性最讨厌的词，比如母狗、婊子和阴部，前面常常还会加上一个"胖"字。这些词攻击了她们的人性，将她们贬低成动物和性器官。客户的伴侣们对我说，这些令人讨厌的词带着某种如暴力一般的丑陋力量。这些精心挑选的修饰词——我的客户们有时候承认，他们大多数时候会用到自己能想到的最侮辱人的词——既让伴侣觉得自己被侮辱了，又让她们感到不安全。

为什么时间一久，家暴者会变本加厉呢，物化是一个重要的原因。

当他们的良心适应了一定的残忍程度——或暴力程度,就会朝下一个程度发展。家暴者使伴侣失去自我,由此让自己免受愧疚和同情这两种天生的人类情感折磨,晚上得以呼呼大睡。他们将自己和伴侣的人性之间的距离拉得很开,以至于她的感受不值一提或不复存在。时间一久,人性间的围墙越变越厚,几年以后,他们便不再为贬低和威胁伴侣而感到愧疚,仅认为这么做就像你我一怒之下踢飞了私家车道上的一块石头那样普通。

虐待和尊重正好相反:你不会尊重被你虐待的人,也不会去虐待你尊重的人。

事实 #5:
他混淆了爱与家暴。

我的客户们常常在我面前说:

"我家暴她,是因为我对她用情至深。人总是把最大的伤害留给最爱的人。"

"没有谁能像她那样伤我的心。"

"是的,我告诉过她最好别想离开我。你不知道我多爱这个女孩!"

"我再也不能看着她毁掉自己的生活。我不能袖手旁观了。"

家暴者常试图让伴侣相信,他虐待她,证明他很爱她。可事实是,虐待和爱是相反的。他越是虐待你,就越证明他只爱自己。他可能非常想得到你的爱和关心,而他只有在方便的时候才会给予你他的爱。

那么,他说爱你是在撒谎吗?不,一般不是的。我的大多数客户内心都有一种强烈的被他们称为爱的感觉。对于他们许多人来说,那是一种只有对女性伴侣才有的感觉,所以他们无从知晓那根本就不是爱。家暴者心中那种强烈的感觉很可能是：

- 希望你不受外界打扰，全心全意地使他快乐的欲望。
- 满足性需要的欲望。
- 让你当他的伴侣，好给别人留下深刻印象的欲望。
- 拥有和控制你的欲望。

对于他们来说，这些欲望是浪漫爱情的重要组成部分。他可能真的能对你产生真爱，但是，要将真爱和家暴与占有欲区分开，他必须首先改变他的态度，让自己真正看见你。

杀人的家暴者将爱与家暴混淆了，才会荒谬地称自己是因为爱得太深才做出那种事。遗憾的是，新闻媒体常常接受这些人的观点，并称他们为"情感罪犯"。可是，什么才能最终证明一个男人不爱其伴侣呢？如果一个母亲杀死自己的孩子，称自己是因为爱得太过，我们会接受她的说法吗？根本不会，也不应该接受。真爱意味着尊重伴侣的人性，一切为对方好，支持对方的自尊与独立。这种爱与家暴和逼迫是相矛盾的。

事实 #6：

他善于摆布人。

我们且来看看家暴男大卫和他的伴侣乔安妮之间的对话：

- 大卫朝乔安妮大喊，红着脸、用手指着她。乔安妮对大卫说，他太生气了，她不喜欢他这样。他却更大声地说："我没有生气，我只是在表达自己的观点，可你根本不听！我有没有生气不要你说，我讨厌那样！你又没住在我身体里！"
- 一天，乔安妮对大卫说，他的暴发令她不知所措，她需要离开一阵。大卫说："你是说你不爱我了。我都不知道你到底爱没爱过我。你不明白我有多爱你。"他几乎快哭出来了。然后两人的谈话变成了乔安妮安慰大卫说不会抛弃他，而她对他的抱怨就这样被稀里糊涂地抛到一边。
- 还有一次，乔安妮提出想重回学校。大卫不同意，说："我们付不起学费。"同时还拒绝在她上课期间看孩子。乔安妮提出了几条解决这两个问题的对策，可大卫总有借口——否之。乔安妮最终放弃了继续读书的想法，大卫还否认是他劝她放弃的。乔安妮最后也认为这是她自己的决定。

很少有家暴者会单靠口头辱骂和威胁来控制伴侣。无休止的欺凌太费事了，也会让他看起来像个坏人。如果他一直家暴，那么他的伴侣会意识到自己在被家暴，他也会因为自己的行为而深感愧疚。因此，家暴者转而频繁地摆布伴侣，以此达到自己的目的。有时候，他们可能会用以下这些手段来打击或迷惑伴侣。

要当心，如果有下列迹象，说明你正在被家暴者操纵：

- **经常情绪突变**，让你很难摸清他的脾气和心情，常常让你心境失衡。尤其是他面对你时的情绪，最为多变。
- **否认一些很明显的行为和情绪**。他和你说话时明明气得声音发抖，他明明在责备你，明明生了两个小时的气，却当着你的面否认这些。你知道他都做了什么——他也知道——但他就是不承认，令你崩溃发疯。然后他还说你不理性。
- **他想让你相信，他希望你做这做那，都是为你好**。如此，他把他的自私伪装成了慷慨，真是一个巧妙的花招。而且，你要花很长时间才能意识到他的真正动机。
- **让你觉得对不起他**，这样你就会不情愿地放弃对他的抱怨。
- **让你将他的行为归咎于你自己和其他人**。
- **在吵架的时候使用迷惑手段**，巧妙地或公然地转移话题，坚持说你的想法和感觉是错误的，曲解你的意思，等等。这些手段就像胶水，源源不断地涌入你的大脑。每次吵完架，你都会觉得自己好像疯了。

- 为了让你按照他的想法行事，**他会骗你、误导你，隐藏或混淆他的所作所为、所愿所想和他做一些事的原因**。我最常听到受虐女性抱怨的就是：他们的伴侣一而再再而三地撒谎。这是一种精神虐待，时间一久，其破坏性会变得非常大。
- **挑拨离间，让你和你在乎的人反目成仇**。比如：泄露秘密；对你的朋友无礼；骗你的朋友说你讲他们的坏话；先讨你朋友的喜欢，然后在他们面前说你的坏话，等等。

有时候，暗地里操纵比公然家暴还可怕，若两者混合在一起，就更糟糕。一个女人被她的伴侣骂作"贱人"、被他推、被扇耳光，她至少知道他做了什么。但如果其中掺杂了操纵的成分，她可能还不知道是怎么回事，只知道自己感觉很糟糕、快要疯了，而且这好像还是她自己的错。

**事实 #7：
他努力塑造好的公众形象。**

和家暴者生活在一起，你经常会想自己做错什么了，而不是他做错什么了。如果他和别人相处融洽，并且以幽默大方、亲切友好的形象赢得了大家的好感，那么你就会想："我什么地方惹他生气了？别人都觉得他是个好人。"

**问题 5：
为什么别人都觉得他是个好人？**

大多数家暴者在他所处的群体中都是个和颜悦色的人，他的公众形象和对待妻儿的态度之间有一条深深的裂缝。他可能：

- 在家时怒不可遏，在外时冷静、面带微笑。
- 和你在一起时总是自私、自我，和别人在一起时就变得慷慨助人。
- 在家里专横跋扈，在外面却愿意协商和妥协。
- 在自己的地盘上对女性嗤之以鼻，可若有别人在场，他就口口声声支持男女平等。
- 喜欢对妻儿拳脚相向，可对其他人却一点都不暴力、不构成威胁。
- 在家时享受各种权利，在外时却批评那些不尊重和攻击女性的人。

如此鲜明的对比，可以让一个女人长期痛苦。早晨，他还在戳她的痛处，骂她是"没脑子的肥牛"，可几个小时后，她却看见他在和邻居谈笑，还帮他们修车。之后邻居就会对她说："你老公真是个好人。和他在一起是你的福气——许多男人都做不到他那样。"她感觉很困惑，只能咕哝一句"是啊"，仿佛舌头打了结。回到家，她一遍又一遍地问自己，"为什么只针对我？"

家暴者有人格分裂吗？

不见得。他们只是对权力和控制力感兴趣，而他们得到这些，一部分是靠良好的公众形象。正是因为家暴者拥有良好的公众形象，他们的伴侣才不愿意向别人求助，因为她觉得别人不会相信她的话，甚至会谴责她。假如他的某个朋友无意间听到他骂人，或者他因为打人而被警察逮捕，他之前良好的"群众基础"也可以令他脱身。目击者们会想：他人这么好，不像是会家暴的人。她一定伤他不轻。

家暴者的"好人"形象让他们自我感觉良好。我的客户们会对我说："除了她以外，我和每一个人相处都很融洽。你可以问问周围的人我这个人怎么样。他们会说我是个冷静、通情达理的人。大家都知道是她脾气不好。"与此同时，他还利用她与其他人之间的矛盾——大多很可能还是他造成的——进一步证明问题在于她。

家暴者咨询顾问最大的挑战之一就是不被他们的好人形象迷惑。他们在小组课上谈笑风生，自私和残忍似乎与他们不沾边。连我自己也和他们的邻居一样，会想：这个人真的有那么坏吗？即便他承认了自己的所作所为，还是令人难以相信。这种鲜明的对比，就是家暴者逃脱惩罚的重要原因。

在我的客户中，有许多医生，其中包括两名外科医生；有许多成功的商人，包括老板和大公司总裁；有十几名大学教授、几名律师；有著名的声音柔和的广播名人；有神职人员；还有两名知名的职业运动员。其中一个家暴者客户过去十年每年感恩节都会去流动厨房当志愿者，另一个还是某知名国际人权组织的成员。他们的组织成员若是知道了他们的残忍行为，一定会震惊不已。

虽然这些人把他们进行家暴的一面藏得很好，但它总有暴露的时候：那就是当有人让他们面对自己的家暴行为，并且维护被家暴的女性时。而这些正是我的工作。突然之间，他们在家时才使用的态度和手段通通暴露出来。那些称自己被家暴的女性并没有说谎。我之所以知道这一点，是因为家暴者和我在一起时卸下了防备，展现出了他们掩盖下的真实的一面。

事实#8：
他觉得理所应当。

几年前，我有个客户，他上第一节课时说："我是因为虐待妻子才来这儿的。"他能够认识到自己的问题，这令我印象很深刻。可是，下个星期，他的语气就减弱了："我是因为家暴来的这儿。"到了第三个星期，他竟然说："我来这儿，是因为我的妻子觉得我家暴。"又过了几个星期，他干脆不来了，又舒服地回到了自己的"理所应当"中。

家暴者喜欢将自己行为的责任外部化，他们认为是伴侣让他们有了家暴行为。我的每一个客户都会找类似的借口：

"她知道怎么惹我发火。"

"她希望我发飙，也知道如何做到这一点。"

"她欺人太甚。"

"男人的忍耐是有限度的。"

"你希望我让她从我身上踩过去吗？如果是你会怎么做？"

刚开始咨询的时候，许多客户会表示愧疚和懊悔，可是，一旦我逼他们回顾自己的家暴史，他们就开始为自己的行为辩护。他们张口就说："我知道自己做得不对。"可当我让他们描述自己的家暴行为时，他们又开始自我辩护了。

家暴者是找借口的高手。就这方面看，他们就像那些喜欢把责任推到别的人和事上的药物滥用者，不是责怪伴侣，就是扯上压力、酒精、子女、上司、童年的不幸和没有安全感。更重要的是，他们还觉得自己有权利找这些借口。当我指出，处于同样的压力下，别人却不会家暴时，他们就会激动、生气。

难道这意味着家暴者是精神病吗？因为没有道德心，所以不会产生愧疚感和责任感？一般情况下不是这样，虽然我也遇到过几个例外（我客户中的百分之五）。大部分家暴者对自己在家以外的行为是有道德心的。在公司、在俱乐部或在大街上，他们愿意为自己的行为负责。可是在家里，权利感取代了这种责任感。

家暴者通常认为，他们可以把一切怪罪在伴侣的头上，不只是他们的家暴行为。他感觉沮丧了——都是她造成的；他犯了错，令自己难堪——怪她没有阻止；孩子某段时期不听话——她不是个好妈妈。什么都是别人的错，而这个"别人"通常就是她。

事实 #9：

家暴者否认和最小化家暴行为。

涉及肢体暴力和虐待儿童的诉讼相关工作也是我的专业领域之一。我常听法院工作人员说："她控告他虐待她，他却不承认。"然后他们就不提这件事了，好像这个男的否认了，案子就了结了似的。他们还告诉我："他说她也对他做了同样的事，所以我猜，他们是相互虐待。"我们不能通过这样的否认和相互指控来判断这个女人的话是否属实。如果这个男的确实家暴了，他当然会否认，这么做一部分是为了自保，还有一部分是因为他的认知有所扭曲。如果他做好了为自己的行为负责的准备，那么他就不会家暴了。家暴者咨询顾问的主要任务之一就是拆穿他们。我课上的家暴者大都向我承认过一些家暴行为——虽然在他们看来那不算家暴——但是，我和他们的伴侣聊过之后才发现，他们承认的只是一小部分。

事情刚刚发生，家暴者就矢口否认，这会令他的伴侣不知所措。想象一下，一个女人清早起床，昨晚的怒气还积聚在胸中。她的伴侣就在厨房里做着鬼脸说："你今天脾气怎么这么暴躁？"

她回答："你以为呢？你昨晚当着孩子们的面骂我'笨蛋'，还把我的毛巾扯下来，让他们嘲笑我。难道还要我吹着口哨、高高兴兴地走下楼吗？"

"你在说什么呀？"他惊讶地说，"你可真逗。你的毛巾掉下来的时候，我在房间对面。这你都要怪我？简直是疯子。"他说完摇着头走开了。

如果一个女人生活中的真相（包括家暴）反复被伴侣否认，她就会感觉精神错乱，或者出现实际的精神病症状。他那带着确定性和权威的语气，那困惑的眼神，让她开始质疑自己。"真的是那样吗？也许不是的。也许是我的反应太过了。"他否认的事越严重，真相就越容易被她放走。如果有外人发现她状态不稳定，家暴者就会告诉他们，她对他的指控都是她的幻想。

这种类型的家暴者的伴侣曾问我："事情发生后，他好像真的觉得自己没有家暴。他是在有意识地撒谎吗？"大多数情况下是的。大部分家暴者并不是记性不好，他很可能清清楚楚地记得自己做过什么，何况事情才刚刚发生。他否认自己的行为是为了结束谈话，因为他不想为自己的行为做出回应，甚至想让你难过、发疯。然而，一小部分家暴者（约十二分之一）可能患有心理疾病，比如自恋和边缘型人格障碍，他们确实会把一切坏行为阻挡在意识之外。判断你的伴侣是否患有这种疾病的线索之一就是：你是否看到他对其他人也这样。如果他的否认行为只限于你或与你有关的情形，那么他可能只是在家暴。

无论是滥用酒精、赌博还是虐待儿童，否认和最小化这些行为都是最具破坏性的。虐待伴侣也不例外。

事实 #10：
家暴者的占有欲很强。

有时候，一些刚来上课的人看起来很困惑，好像我是在开一场关于可食用植物的讨论会，而他们走错了教室似的。他们迫不及待地从座位上起身，对着我劈头盖脸一阵质问："你说的可是我们的妻子和女友。你的意思是说别人可以支配我们关系中的行为吗？"他们一边说一边笑，或者轻轻摇头，好像是在同情我脑子太笨。在他们看来，我实在太笨了，竟然没有意识到那些女人是属于他们的。

两人的关系越认真，家暴行为越严重，原因之一就是这种属于感。在一起经历得越多、付出得越多，家暴者就越把伴侣当成一种珍贵的物品。占有欲已经深入家暴者的思想中心，成为各种问题的源泉。在一定程度上，他觉得你属于他，所以他想怎么对你就怎么对你。

问题 6：
家暴者为什么发疯似的嫉妒？

许多家暴者的占有欲都是以性嫉妒的形式体现的。这种类型的人认真监控着他的伴侣，希望随时了解她的行踪，偶尔还指责她，说一些酸溜溜的话。比如第一章中提到的弗兰。讽刺的是，最喜欢指责别人的家暴者，往往自己才不老实。占有欲和权利感让家暴者觉得他可以出轨，但她不可以。

家暴者之所以表现出极端的嫉妒还有一个重要的原因，那就是他们想孤立伴侣。我们在第一章看到的马歇尔，他指责伴侣不忠，但其实他自己都不相信。那么，他的行为是受什么驱使的呢？家暴者之所以孤立伴侣，主要有两方面原因：

1. 他希望她的注意力完全在他身上。他觉得，她如果参与其他社交，在他身上花的时间就会变少，而且他不允许她有那样做的权利。
2. 他不想让她拥有独立的能力。尽管这通常是无意识下的行为，但家暴者知道，在某种程度上，女人参与社交，会让她获得力量和支持，最终让她逃脱他的控制（比如第一章中的戴尔和莫林）。家暴者试图让伴侣完全依赖他，好显示他的能力。

有了这种想法，家暴者就会把其他任何和伴侣来往的人（不论男女）视作威胁。为了解决这个问题，你或许会一再地向他保证你仍然爱他，不会背叛他。可是你会发现，他孤立你的努力并没有减少，因为怕你出轨只是他孤立你的一小部分原因。

与此同时，出于嫉妒的指责和孤立只是宣示你属于他的一种方式。有的家暴者并没有控制伴侣的社交，可是他们会用其他的方式表达"你属于我"。如果你伴侣的姐妹批评他欺负你，他会对她说："我管教我的女人，不关你的事。"如果你们有孩子，他会把所有的家庭成员变成他的所有物。如果你试图逃离他，他的愤怒会加剧。记住"所有物"这个词，你会发现，你伴侣的行为都源于他认为你是他的所有物。

各种人格类型的家暴者都有，无论童年好与坏，无论性格粗狂或者温柔，无论是否"解放思想"。没有任何心理学测试能区分一个人是否为家暴者。家暴并不是因为情感受伤或缺乏技能。实际上，家暴源于一个人的早期文化修养、他的重要的同性榜样和同辈的影响。换句话说，家暴是价值观问题，而不是心理问题。当有人挑战家暴者的态度和信念时，他会露出一贯被隐藏的、心怀蔑视和不尊重人的个性，并且专门在私底下攻击他的伴侣。家暴者试图让所有人（包括伴侣、治疗师和亲朋好友）关注他的感觉，这样他们就不会注意他的想法，也许是因为他或多或少知道，如果你看清了他问题的本质，就会逃脱他的掌控。

记住重要的几点：

- 家暴源自态度和价值观，而不是感觉。属于感是它的根，权利感是它的干，控制欲是它的枝。
- 家暴和尊重是对立的。除非家暴者战胜了对伴侣的不尊重，不然他们不会改变。
- 家暴者比任何人都清楚自己的行为。但是，即便是最无意识的行为都是受他们的核心态度驱使的。
- 家暴者不是不能改，而是**不愿意改**。他们不愿放弃权力和控制力。
- 你没有疯。你的伴侣是如何对待和看待你的，要相信自己的感知。

第四章　家暴者的类型

> 我真的很同情他，他的生活太难了。
>
> 他想要什么样的女人没有啊，和他在一起是我的幸运。
>
> 想到将来某一天他可能对我做的事，我心里就害怕。
>
> 我不该跟他吵架的，因为我现在就觉得自己像个傻瓜。
>
> 他这个人非常敏感。我不应该抱怨太多。他已经做到最好了。
>
> 他说他出轨是因为性爱成瘾。

成就家暴者的那些品质就像食谱里的材料：基本的材料一般都有，只是相对的量各有偏差。一种人可能控制欲非常强，伴侣如果不事前和他商量，就别想出门一步，但奇怪的是，他在做家务和带孩子上贡献很大。另一种人则可能允许伴侣来去自如，甚至接受她有男性朋友，但是如果她没有无微不至地照顾他或者让他打扫卫生，后果就很严重了。还有其他家暴者，虽然他们没有表现出这么明显的控制欲和权利感，但是也会想方设法操纵伴侣。

然而，不同国家、不同族群的人、穷人和富人，家暴的手段和态度又各不相同。他们实施控制和残忍行为的领域各有不同。比如，中产阶级的白人家暴男在吵架方面对女人的要求很严格。如果她顶嘴、表现出愤怒，或者让她闭嘴她不听，那么他很可能让她为此付出代价。通常，相比白人客户，那些来自拉美国家的客户在吵架时更能允许伴侣争辩和"多嘴"。可是，如果他们的伴侣多看了其他男人一眼，他们就会狠狠地报复。受特定的文化和背景影响，家暴者会划出特定的地盘。每一个家暴者的伴侣都得应付他特有的手段和态度，得摸清他什么时候高兴，什么时候不高兴，还得了解他在外面呈现自己的特定方式。谁也不该对一个被虐待的人说："我明白你所经历的。"因为每个人的经历都不一样。

然而，从另一个角度看，家暴又没有那么不同。多用点这种材料，少用点那种材料，整体的口味却极为相似：贬低女性的自尊、控制她们、破坏她们的独立能力、不尊重她们。每一个被虐待的人都曾感觉一股激流将她卷入海底，令她喘不过气。在和我聊过的几百个受虐女性中，几乎每个人都有过困惑的经历。无论是因为家暴者善于操纵、受欢迎，还是因为他的真情表白和心狠手辣形成了太过鲜明的对比，每一个被虐待的人都经历过一段困惑的时期。

认识到家暴者问题的本质是走出迷雾的第一步。在这一章，我会向大家介绍我在两千名咨询客户中所遇到的十种家暴者。其中某一种或几种会突然吸引住你，让你感觉："他就是这样！"另一方面，你又会发现，他并不完全符合这些"类型"，但各种类型的特点都有。如果是那样，不要把这些类型当成不同的人，而是将其看作同一个人的不同面。无论如何，我的描述会帮你找出你的伴侣属于哪种类型。

以下这些节段描述了各种类型的、正在进行家暴的施虐者。我并没有说他一直都是这样。实际上，这些家暴者可能在某几天、几个星期，甚至几个月里会变成一个善良的、有爱心的人。

需求型家暴者

需求型家暴者的权利感很重。他希望伴侣围着他转，满足他的需求，如被阻碍，他就会生气，会责备伴侣。如果没有迎合他，或者给他造成哪怕极小的不便，就会惹怒他。这类家暴者的伴侣经常觉得自己做什么都不对，无论怎样都无法令他开心。他经常批评她，不是怪她这件事没为他做，就是怪她那件事没为他做好。

所有高需求的伴侣都是家暴者吗？不是的。需求型家暴者有几个特点：

- 他缺乏"付出与所得对等"的观念。他要求伴侣给予他情感支持、照顾他的喜好、满足他的性需求，可是他的付出和要求远不成正比。他明明什么都没做，还总觉得她欠他的。
- 他喜欢夸大和高估自己的贡献。如果他在很久以前大方了一回，到今天你还会听到他以此为证据，说自己待你如何好而你却忘恩负义。他似乎在心里把对你的帮助和好意列了一个清单，然后希望每一项都得到高利率的回报。他觉得，只要他履行了生活中的一般责任，你就该对他感恩戴德，而你的贡献就是理所应当的。
- 当他没有得到他认为应该得到的东西时，会惩罚你，怪你令他失望。
- 什么时候他变得慷慨大方了，那也是因为他有此意愿。他没心情给予的时候，就不会那样了。当他觉得有必要向自己或其他人证明他是个好人，或者希望得到什么回报的时候，就会对你好。换句话说，一切都在于他，而不是你。你和他在一起越久，他那看似大方的行为就越显得自私。
- 如果你的需求和他的发生冲突，他会愤怒。这时候，他会颠倒黑白，骂你自私、顽固，"只想着自己！"。此外，他会装作受伤的样子细数为你做过的事，努力证明给外人看你是多么自私、忘恩负义。

与此同时，如果你对这种需求型家暴者有什么要求，他也会生气。在他看来，你不仅不该要求他帮忙，而且不该要求他履行自己的义务。如果你让他整理被他弄乱的东西，他会说："我又不是你的用人。"如果你让他还钱，或者让他加班多赚点钱供家庭开支，他会说："你就是这样的女人，只想从我这里得到钱。"如果你抱怨他帮你太少，他会说："你真是一个既贪婪又喜欢控制人的贱人。"他总是这样颠倒黑白，不管你如何努力地和他商量，提出你的需求或者让他履行义务，最终都会变成你要满足他的需求和履行你的义务。

如果需求型家暴者的需求得到了满足，他的控制欲就没有其他家暴者强。他可能允许你拥有自己的朋友圈，或支持你追求自己的事业。可是，他的高需求对你的影响不亚于极端控制。

> **驱动需求型家暴者的核心态度：**
>
> · 帮我做事是你的本分，如果我没有履行好自己的责任，你也得帮我履行。如果我的生活有哪方面不如意，无论这是否和我们的关系有关，都是你的错。
> · 你根本不该对我有任何要求。无论我给你什么，你都应该感恩戴德。
> · 我是无可指责的。
> · 我是一个有爱心的、乐于付出的人。和我在一起是你的幸运。

"正确先生"型家暴者

"正确先生"型家暴者认为，但凡太阳底下的事都是他说了算。你可以叫他"永远正确先生"。他说话的语气总是很确定，他就像赶蚊子似的把你的意见拂到一边。他似乎把世界当成了一个大教室，他是老师，而你是他的学生。他认为你的想法和见解没有什么价值，所以他要腾空你的脑袋，用他的宝贵智慧来装满它。这种类型的家暴者在咨询课上谈起他们的伴侣时，好像她的愚蠢已经让她置于险境，需要他来拯救似的。"正确先生"型家暴者和伴侣说话或者谈起伴侣时语气总是很傲慢。在发生冲突时则更为傲慢。

"正确先生"的优越感给他提供了便利，让他得偿所愿。当他和伴侣的愿望发生冲突时，他会把这种冲突变成是与非、聪明和愚蠢之间的碰撞。为了不回应她的观点，他索性去嘲笑和怀疑它们。下面是我和一位"正确先生"型客户之间的对话：

班克罗夫特：帕克，上个星期，你有过什么家暴行为吗？
帕克：有吧，我吼了格温一次，还骂她"贱人"。和往常一样，我们因为钱吵架了。

班克罗夫特：吵架时格温都说了些什么？

帕克：她觉得钱是树上长出来的。

班克罗夫特：格温说了钱是树上长出来的？

帕克：说倒是没说，但她表现出来就是这样。

班克罗夫特：那我再问你，你们吵架时她都说了什么？

帕克：她觉得我们有钱给两个孩子买几套新衣服。可是我们几个星期前才给他们买过。而且现在我们的银行账户里没有钱了。

班克罗夫特：格温也认为上一次买东西是在几个星期前吗？

帕克：不，她说那是四个月前，是在夏初。简直胡扯，我记得当时夏天都过了一大半了。

班克罗夫特：所以是你们的记忆有差别。她说了为什么觉得是在夏初吗？

帕克：当然没有，她……她大概可能说过她记得还信用卡的时候孩子们还在上学。但她错了。

班克罗夫特：还有，你说账户里没钱了。格温显然不这么认为，她觉得哪里可以搞到钱？

帕克：我都已经跟你说了。她想让我当魔术师，把这一切变出来。

班克罗夫特：但她一定说了什么办法。她是怎么说的？

帕克：我不知道……她说要把车卖了，换一台狗屎，以减少开支，反正我也不愿意修。

班克罗夫特：你现在开的什么车。

帕克：萨博。

班克罗夫特：让我猜猜。她是想让你把车卖了，换一辆便宜点的车，这样每个月的贷款少一些，花在买零件和修车上的钱也更少。

帕克：是啊，就是我说的，换一台狗屎。

从这段对话可以看出，每当格温想为自己辩解或提出她的看法时，帕克都会曲解她的话，让它们听起来很荒谬。注意，我花了很长时间才从他嘴里套出格温真正的意见。格温自然会觉得被帕克堵得难受，因为她没办法让他听取或者认真对待她的意见。帕克觉得格温愚蠢，一部分原因在于他太过确定地以为自己聪明、头脑清晰。所以她持续反对他，这让他觉得她愚不可及。

每当"正确先生"想控制一次谈话时，他就会切换成"真理之声"，用非常确定的语气说出正确的答案和观点。家暴者咨询顾问把这个手段叫作定义事实。时间一久，这种权威的语气会令他的伴侣怀疑自己的判断，认为自己不聪明。我和一名客户看起来很聪明的伴侣聊过很多次，每次她都会对我说："我又没那么聪明。"家暴者希望伴侣怀疑自己的智商，以便更好地控制她。

"正确先生"除了对这个世界了如指掌外，还是你的人生导师，总不忘指导你如何生活。他会告诉你如何处理工作中的矛盾，如何安排自己的时间，如何养育孩子。对于你所犯的错误，他尤其见解深刻。此外，他还喜欢记录你的毛病，好像彻底毁掉你才能让你变得更好。他似乎很喜欢当着外人的面指正你，让你丢脸，以此建立他那不容置疑的、智力上的优越感。

当"正确先生"的伴侣不听从他的经验知识时，他很可能上升到侮辱她、骂她或者以模仿的方式嘲弄她。如果他这么打击她但还不满意，便会出狠招，比如毁掉她晚上的计划、把她丢下，或者在别人面前说她的坏话。如果他还是一个身体施虐者，这时候便会扔东西、挥拳头或者大打出手。总之，如果"正确先生"的伴侣坚持有自己的想法，他会想方设法让她后悔。

从某些方面讲，"正确先生"型家暴者的暴力和可怕程度不如"教官"型家暴者。他们对于伴侣的控制倾向于教她们如何思考。他们的伴侣被控制得喘不过气，好像他们拿着显微镜监视着自己的一举一动。

"正确先生"会美化其欺凌行为说，"我有许多强烈的想法"或者"我喜欢讨论各种观点"。就好像一个抢银行的人说"我喜欢研究财政问题"。他们并不是喜欢讨论观点,而是希望把自己的观点强加给别人。

> 驱动"正确先生"型家暴者的核心态度:
>
> · 你应该敬畏我的智慧,应该在聪明才智上仰望我。我比你知道得多,哪怕是在关于你的事上。
> · 你的意见不值得被认真听取和对待。
> · 有时候你不同意我的观点,说明你思维草率。
> · 如果你接受"我说的才是对的",那么我们的关系会好很多,你自己的生活也会好很多。
> · 如果你不同意我的观点,无论以多么谦恭的态度提出来,都是对我的虐待。
> · 如果我很长时间看你不顺眼,那你就等着瞧吧。

"水刑"型家暴者

"水刑"型家暴者证明了家暴不是由愤怒引起的。他们可以不动声色地在精神上攻击伴侣。吵架的时候,他们习惯保持冷静,把镇定当作武器,将伴侣逼至绝境。他们的脸上总是带着优越或轻蔑的笑容,他们往往都很自以为是。他们采用的是一套不用大声喊叫的对话手段,包括讽刺、嘲笑、模仿伴侣的声音和说一些尖酸刻薄的话。和"正确先生"们一样,他们喜欢歪曲伴侣的话,让她看起来很可笑,尤其是在外人面前。他们对伴侣进行一连串缓慢而持续的情感伤害,也许偶尔会推她一下,或实施其他"很小"的暴力行为,这些行为一般不会给伴侣造成明显的伤痕,却会对她们的心理造成严重伤害。他们那无声的嘲笑和恶意十分残忍。

这些不露声色的手段,会令伴侣气得"热血沸腾"或觉得自己愚蠢无能,或两者兼有。吵架到最后,她要么沮丧地大喊,要么哭着离开,要么沉默不语。这时候,"水刑"型家暴者就会说:"看吧,你才是家暴者,我不是。大喊大叫的是你，拒绝理性沟通的也是你。我连音量都没有提高一下。和你讲道理是讲不通的。"

和"水刑"型家暴者一起生活严重影响心理健康。他们的手段很难识别，所以藏得很深。因为说不出来他们做了什么，伴侣经常怪自己对他们的行为反应过度了。有人扇了你一巴掌，你知道自己被扇了巴掌。可是，伴侣和"水刑"型家暴者吵架后，感觉心理受到了伤害，却不知道为什么，这时候她就会把沮丧藏在心里。如果你都说不出是哪里出了问题，又怎么向朋友寻求帮助呢？

"水刑"型家暴者是真的以为他们的行为没有什么异常。当伴侣开始反抗他们的家暴时——这一天迟早会到来——他们会像看疯子似的看着她说："你到底在说什么啊？我可没把你怎么样。"目睹他们谈话的亲朋好友也都会支持他。他们摇着头说："我不知道她是怎么了，她时不时会对他发脾气。他倒是很低调。"而在孩子们的印象中，妈妈总是"莫名其妙地发火"。就连她也开始怀疑是不是自己的心理出了问题。

像大多数家暴者一样，"水刑"型家暴者也会报复，但他藏得比较好。如果他有身体虐待行为，其暴力形式也不是爆炸性的愤怒，而是冷冷地给你一巴掌，声称是"为你好"或者"让你清醒"。他的行为都是经过认真思考的，为免遭反对或惹上官司，他很少犯明显的错误——比如在公共场合实施家暴。

如果你和"水刑"型家暴者一起生活，可能有几年的时间都在困惑，不知道发生了什么。你可能会觉得自己对他的行为反应过度了，他其实也没那么坏。可是，这些年来他都在无声无息地控制和轻视你。如果你最后离开他，会经历一段这样的紧张时期——心中充满迟到的愤怒，因为你开始意识到他曾经如何隐秘而致命地压迫你。

这种类型的家暴者几乎不会坚持上家暴者课程，除非这是法院的命令。他习惯利用这些手段完胜，所以到了家暴者课程上，咨询顾问识别并指出他的策略，不让他逃脱惩罚时，他就受不了了。他认为课上的老师们和他的伴侣一样疯，于是径直出门去了。

> 驱动"水刑"型家暴者的核心态度：
>
> ·你疯了，总是莫名其妙地发火。
> ·我可以轻易让别人相信你才是个那乱来的人。
> ·因为我很冷静，所以你不能说我家暴，不管我做的事多么残忍。
> ·我知道如何激怒你。

"教官"型家暴者

"教官"型家暴者将控制行为实施到了极致，他们尽可能从每一方面控制伴侣的生活。他们批评伴侣的着装，控制她们的进出，干涉她们的工作。他们不希望伴侣身边有亲近的人，于是破坏她们的亲情和友情，或者干脆禁止她们去见亲友。他们会接伴侣的电话、看她们的邮件，或者要求孩子们随时向他们报告伴侣的活动。如果伴侣没有在他规定的时间前回家，就很可能会被家暴。伴侣觉得自己就像一个小女孩，和暴虐的父亲一起生活，拥有的自由还不如一个八岁小孩。

"教官"型家暴者往往是狂热的嫉妒分子。他们口头攻击伴侣，谴责她们不忠、和别的男人开房。他们使用粗鲁和带有性含义的词申斥伴侣。他们会用指责所有女性的恶言恶语增添他们对伴侣的仇恨，比如："天下的女人都是婊子"。这些口头攻击带给伴侣的感受类似于性侵：受害女性会感觉被侵犯、被贬低，心理受到创伤。与此同时，这种类型的家暴者多半自己在外偷情。他们在乎的不是忠诚，而是占有。

很不幸，"教官"型家暴者迟早会成为身体施暴者，可能一开始是威胁，最后就变成了肢体攻击。如果伴侣敢反抗，比如试图保留一些自由权，那么他们的威胁和暴力很可能会升级，直到伴侣受伤或吓得屈服于他们的控制。他们甚至不惜冒险把伴侣打成重伤。

要远离"教官"型家暴者很难。因为他们密切监视着伴侣的一举一动，这让她们向受虐女性支援群体或其他人寻求帮助变得十分困难。因为"教官"型家暴者将伴侣与其他人隔离开，所以她们不得不用上自己的全部力气，很多时候她们会感觉自己精疲力竭了。而且因为他们有时候可能会公然家暴，所以伴侣不得不考虑试图离开他们的后果，比如，是否会被杀。

如果你的伴侣是"教官"型家暴者，那么你的处境很危险。就连读这本书，你都需要勇气，而且还要很警觉。也许你把它藏在某个垫子下，或者正在别人家里迅速阅读它。别放弃。许多女人都有过这种被囚禁的经历，她们也都逃了出来，尽管需要一些时间。眼下最重要的是寻找机会拨打为受虐女性开设的热线。在安全的情况下，给他们打电话，聊上五分钟。如果可以，每天都打电话过去。这是一条通往自由之路的热线。

因为你的伴侣既不友善也不温柔，你可能禁不住想拥有一段婚外情。积极的两性关系对你尤其是一种肯定，因为"教官"型家暴者十分轻视女性。可是，如果你出轨，一旦被他抓到就死定了。在没有确保安全的情况下，还是不要着急去和其他人约会。

"教官"型家暴者通常存在一些心理问题。虽然心理疾病不会引起家暴，但是它会增加人的暴力倾向。如果他有时候相信一些明显不真实的东西，通常不能与人很好地相处，小时候被严重虐待或疏于管教，或者出现其他心理疾病的症状，那你就要格外注意了。

要了解更多应对危险家暴者的办法，见本章后面的"恐怖分子"和第九章的"安全地离开家暴者"。

驱动"教官"型家暴者的核心态度：

· 我需要控制你的一举一动，否则你就会做错。
· 一切都是我说了算。
· 除了我以外，你的生活中不该有其他人或其他事。
· 我要像鹰一样监视你，以免你长了本事或者拥有独立的能力。
· 我是世界上最爱你的人，可你却厌恶我！

"敏感先生"型家暴者

"敏感先生"和"教官"正好相反。他们说话轻声细语、性格温和，而且乐于助人——在不家暴的时候。他们喜欢表达各种感觉，会公然分享自己的不安全感、恐惧和情伤。他们不介意和其他男人拥抱。他们会大声说出诸如"战争太荒谬"或者"男人需要和他们内在的女性特质建立联系"之类的话。也许他们还会参加某个男人群体或者出入男性休养所。他们通常广泛地参与各种治疗或接受"十二步疗法"，又或者读一些励志书籍，所以会运用大众心理学和内省心理学中的语言。他们会频繁地使用一些术语，比如"发展亲密关系""解决问题"和"勇敢地面对自身的困难"。在反对性别限制上，他们表现为广大女性的盟友。对有的女人来说，他们的存在就像一个梦想实现了。

那么，他们的问题在哪儿呢？并没有明显的问题。可这才是问题所在。"敏感先生"用一件最有说服力的外衣将自己包裹起来。如果你开始觉得自己长期被虐待，你可能会认为是自己哪里出了问题。如果你向别人抱怨他，他们会觉得你被宠坏了："你找了个新世纪好男人，还想要什么呢？"

以下这些情况是"敏感先生"和伴侣之间特有的，它们可以解释你那些奇怪的感觉：

1. 你好像一直在让他伤心，虽然你不知道为什么。他希望你时刻关注他的情伤。如果你哪天心情不好，说了过激的话，真诚的道歉和承担责任远远不够。他会揪着不放，希望你低声下气，好像你做了多么残忍的事似的。

2. 换作是他伤了你的心，他会很快翻篇。他不会真心地体会你的感受，而是用一连串心理学语言打发你（"让这种感觉快些过去，别太执着于它们"或者"一切取决于你对生活的态度"，又或者"如果你不愿意，没有人能伤害你"），尤其是在他的所作所为令你难过的时候。可是，当你让他伤心的时候，这些哲理就统统不管用了。

3. 时间一久，他会把生活中的不如意统统归责给你。你背负的罪名会越来越多。
4. 他开始露出别人不曾见过的可恶一面，甚至开始威胁和恐吓你。

和其他类型的家暴者一样，"敏感先生"也有可能构成身体威胁，无论他如何鼓吹非暴力。在激烈争执后，他会把自己的行为说成"生气"而不是"家暴"，好像两者没有什么区别似的。他会把自己的攻击性行为归责给你或他的情感"问题"，称自己在感情上受到了深深的伤害，以至别无选择。

许多人不相信"敏感先生"会成为家暴者。一次，我在上关于情感复苏的训练课时，碰到了这种情况。这堂训练课主要是关于哭泣的治愈效果，所以参加的女性比男性多。参加这节课程的男性中，有许多优秀的人，我非常有幸能够认识他们，但也有少数操纵狂。几年前，一个叫迪安娜的女孩在开课前焦急地找到我。她说几天前她的前任布拉德打电话告诉她，他本周末也会参加训练课。她很不舒服，告诉他如果他来她就走。但是他答应不打扰她，还说不会提他们的关系。结果，他带着现任来参加课程，这倒让迪安娜放心了。

开课后，我和布拉德聊了一会儿。我并没有提到迪安娜。他好像人缘很好、很亲切，还有——怎么说呢？敏感吧。几个小时后，我发现，他竟然和别人提起了他和迪安娜的过去，称他和迪安娜之间还有许多问题没解决，她就"逃走了"。星期天早上，他竟然当着全班人的面说起他们在一起的情形，这让迪安娜觉得很丢脸。

然而，事情还没有结束。我停下课，把布拉德叫到一边。我对他说，我理解的是，他答应了迪安娜不提这些事，可是，他来上课显然正是来说这些的。我又指出，他毁了迪安娜的周末，我认为这是家暴，更何况他和迪安娜已经分手了。

在家暴者面前说"家暴"这个词，就好像点燃了一箱易燃物。你把这个不宜说的秘密说出来的时候，他就会抓狂。布拉德提高了音量，眼睛盯着我打转,好像我说了什么太过夸张的话。然后,他以受害者的立场说:"我求你别这样说了。"然后,到了最重要的部分——他尖声哀诉道:"我这辈子只打过一个女朋友,也是在很多年前了,而且我只是这样推了她一下。"他说着用肩膀狠狠地推了我一下,"那也是因为她说我妈妈有病。"

我并没有说布拉德打人,为什么他就这么急着否认呢(这实际上是此地无银三百两)?我之前还没想到他可能是一个身体施虐者,但现在我确定他是了。所有的迹象都在这里:在周末的课上他欺凌迪安娜,声称是为她好;觉得有权利忽视答应了别人的事;打了之前的女友,还说是她的错,并且将他的打人行为最小化——他推我的力道,足够把大多数女人推倒。现在我开始怀疑,这并不是他唯一一次打女人。

事已至此,我将布拉德赶了出去,然后我还要回去处理课上的骚乱。其他人根本不相信我会将这个温和有礼、如此敏感的男人赶出去。毕竟他都哭了,他怎么可能家暴呢?

这种"温柔先生"型的家暴者一般都以自我为中心,要求伴侣照顾他们的情感。他们不会因为晚饭迟了而发脾气,但会因为伴侣没有牺牲自己的需求和兴趣来满足他们而暴发。他们通过扮弱来转移注意力,企图掩盖自己造成的破坏性后果。

驱动"敏感先生"型家暴者的核心态度:

- 我反对大男子主义,所以我不可能是家暴男。
- 只要我多用一些"心理呓语",就没有人相信我会虐待你。
- 我可以通过分析你的思维和情感,以及你从小到大存在的问题来控制你。我可以进入你的大脑,无论你是否愿意。
- 世界上没有什么比我的感受更重要。
- 女人们应该庆幸我和其他男人不一样。

"花花公子"型家暴者

"花花公子"型家暴者通常长得很帅、很性感（但有时候只是他们自己这么认为）。在一段关系的早期，他们好像沉醉在爱情里，希望整天和伴侣腻歪在床上。他们是很棒的情人。找了这么一个令你神魂颠倒、让你带出去有面子的人，你会觉得很幸运，会很得意。

可是，过不久，你的烦恼就来了。你会发现，除了性爱以外，他对你的兴趣在减少，就连他的性能力也变弱了。他的目光好像总在那些路过的女人身上。他和服务员、售货员，甚至你的朋友调情。他和女孩们聊天时总是说一些带有性意味的话，除非他觉得对方一点魅力都没有。然后你就会听到各种谣言：有人看见他和哪个女孩在一起，他哪个女人上了床，他追求谁还没得手。一开始你觉得这些只是伤人的闲言碎语，可是过不久你就会起疑心。

这时候，"花花公子"们就会拖拖拉拉，不愿搬到一起住，不专一，尽管他们最开始迫不及待地想建立认真的关系。他们会说自己受过伤害或害怕承诺（"我没有准备好"），但是，真正的问题是他们不想限制自己的自由。他们生活中的许多满足都来自玩弄女人，体验作为性动物的感觉。"花花公子"们周围的女人一般不会生他们的气，而是互相生气，有时候还会为了他们打架。这可遂了他们的意，注意力被分散后，就没有人关注他们的花心。与此同时，他们还会使用以下手段：

1. 他知道如何让每个女人觉得自己是最特别的那一个，同时又能让她失衡，无法确定自己与他的关系究竟如何。
2. 他告诉每个女人，其他女人说和他在一起是骗人的，因为她们嫉妒她，或者因为他拒绝过她们，又或是他曾经和她们在一起过但已经分开了。
3. 他对每一个女人诉说其他女人如何待他不公，或告诉她们其他信息——大多是编的——让她们觉得他的前任或现任们与别人共谋、对他怀恨在心或者是药物滥用者。
4. 他与女孩们分分合合，由此没有人知道到底是怎么回事。
5. 他会留一两个不怎么有魅力的女人在他的圈子里，因为他知道自己能控制她们，指使她们去讨厌那些漂亮的女人。

如果你的伴侣属于这种类型，你无须知道他是真的和别人上床了，还是只是调情，因为他很享受这种关注，希望你有受威胁感。他会激动地否认自己出轨，反过来还怪你疑心太重。可即便他说的是真话——很可能不是——他不断地和别人调情，这带给你的伤害也不比出轨小。不管怎样，他都会破坏你的其他人际关系，因为你开始把其他女人当成潜在的威胁。如果他曾经和你亲近的人调情，比如你的姐妹或闺密，那么，你最后会和你最在乎的女人们疏远，因为你害怕他再和她们有染。

长期的不忠本身就是一种家暴，但"花花公子"型家暴者不会就此止步。他们不负责任，不懂得照顾伴侣的感受，偶尔还会使用口头暴力。随着感情的发展，他们会长期不关注伴侣，很少和她们说话，让她们觉得自己被"闲置"了。他们可能会拒绝安全性行为，比如不带安全套，可能会当了爸爸却不愿养孩子。如果伴侣反抗他或发现他出轨，他的家暴会升级，变成身体虐待行为。奇怪的是，有时候他们出轨被抓了现行，反倒会殴打伴侣。

"花花公子"们经常和别人调情、出轨，这容易让人忽略他们的其他虐待行为。而伴侣则可能由于关注他们的不忠带来的伤害，倾尽全力阻止他们出轨，因而忽略了其他类型的家暴。当一位伴侣问我，如果结婚的话，他会不会安定下来、一心一意对她，我回答："也许有一天会吧，但是你也只会得到一个忠诚的家暴男。"他的乱交说明一个更深层的问题：他只把女人当玩物，不会把她们当人看。这样看来，无论他出轨与否，都会伤害到你。

我有时候会遇到一些"花花公子"型家暴者，他们称自己有"性瘾"并加入了"性与爱成瘾匿名小组"（他们知道那里是挑选女人的好地方）。

但是，性瘾并不会导致不忠、言语家暴或者威吓行为。再说，"花花公子"根本没有性瘾。如果说他们对什么有瘾，那就是不计后果地利用女人。

> 驱动"花花公子"型家暴者的核心态度：
>
> ·女人被带到这个世界，就是和男人（尤其是我）做爱的。
> ·想要性爱的女人太放荡，拒绝性爱的女人又太拘谨！
> ·女人们喜欢我不是我的错（我一字一句地引用了客户们的话）。周围的诱惑那么多，要我一一拒绝太不公平了。有时候，女人们引诱我，我禁不住诱惑。
> ·如果你想从我这里得到什么，那么我会对你视而不见。只有在我乐意、觉得方便的时候，才会承认这段关系。
> ·贱人才希望男人欣赏她们色相以外的东西。
> ·如果你能满足我的性需求，我就没必要去找其他女人了。

"兰博"型家暴者

"兰博"型家暴者对每个人都很凶，不只是对伴侣。威吓人的感觉令他们兴奋，他们通过或隐秘或公然地制造恐惧来控制生活中的情形。他们对男人的认识夸张而守旧，同时认为女人脆弱、低等、需要保护。通常，"兰博"型家暴者自己曾是别人的施暴对象，所以他们认为只有比别人更强、更凶、更狠才会有安全感。他们对弱者和优柔寡断的人没有耐心。他们一般都有打架、偷盗、酒驾或贩毒等前科。

和大多数家暴者一样，在一段关系的早期，"兰博"型家暴者对待伴侣可能很关心、宽容。因为他们不害怕——或假装不害怕，他们能让女人有安全感和被保护的感觉。对于那些来自家暴家庭或正在离开另一种家暴者的人来说，这种类型的家暴者特别有魅力。"兰博"型家暴者让你觉得他的暴力永远不会指向你，因为他爱你。他想像照顾女儿那样关心你的安危。他喜欢扮演保护者的角色，感觉自己就像英勇的骑士。

但是，他不懂得尊重女人。这种不尊重，连同他一贯的暴力倾向，意味着他迟早会伤害你。

其实，许多有"男子气概"的人并不是"兰博"型家暴者。有男子气概的人很可能是家暴者，这种观点主要源于阶级和种族偏见，它也成了"敏感先生"和"正确先生"的保护伞。生活中有许多"糙大汉"，他们喜欢举重和狩猎等拼力气的运动，但对每个人都很友好，避免与别人发生冲突。他们很能打，但只用于自保。所以，女人们要当心的不是有男子气概的人。对任何人都有暴力和威胁倾向、不尊重女性，这些才是危险的信号。

有些"兰博"型家暴者是精神病或反社会者，这增加了他们实施情感暴力和身体暴力的可能性。之后我们会来了解患精神病和其他心理疾病的家暴者。

驱动"兰博"型家暴者的核心态度：

· 力气和攻击性是好东西，同情与妥协不好。
· 任何与同性恋沾边的行为举止，比如远离暴力和害怕受伤，要不惜一切代价避免。
· 女人和女性化（也就是和同性恋有关）的东西都是下等的。女人天生就是为男人服务、受男人保护的。
· 男人不该打女人，因为这样一点都不男人。但是我自己的女人除外，如果她犯了大错就得挨打。男人要管束好自己的女人。
· 你是属于我的，就像战利品一样。

"受害者"型家暴者

"受害者"型家暴者的生活很艰难，充满了不公。你会从他口中得知，他长期被人低估智商，被信任的人欺骗，好意被人误解。"受害者"会博得女性的同情，希望她能改变他的生活。他经常讲一些被前任虐待的悲惨故事，有时候还会补充一些悲情元素，比如前任现在限制或不让他见孩子。他会让现任讨厌他的前任,并成功地拉着现任一起骚扰别人、传播谣言或争夺孩子的抚养权。

作为家暴者咨询顾问,很多时候,我和一个男人的前任聊完接着又和他的现任聊。现任总会说前任的坏话。因为我要保护前任的隐私和安全,所以我不能把我所知道的告诉她,虽然我很希望能够这样做。我只能说:"每当涉及感情和身体虐待,我一般建议女人们直接与对方交谈,而不是听男人的否认之言。"

有时候会有人问我:"如果我的约会对象真的被他的前任伤害了呢?我怎么判断呢?"注意以下几点:

1. 如果你仔细听,一般都能听出他对前任的态度是生气、不尊重还是蔑视。生气本身没什么好担心的,但如果是不尊重和蔑视,就要当心了。一个在感情中受过伤的人,在分手后谈起前任,应该是尊重的态度,他理解对方的苦处,明白自己的过错。如果他谈起前任时带着蔑视和优越感,或者把所有的责任都推给她,那么要小心了,很可能他才是那个施虐的人。
2. 让他说一说他自己的行为举止,尤其是分手前那段时间的。如果他把自己的行为归责给她,这可不是个好征兆。
3. 如果一个人称自己遭遇过前任的身体暴力,那你要格外小心。这样说的人绝大部分都是身体施暴者。尽可能详尽地询问他关于那些暴力事件的细节,然后试着和他的前任聊一聊,或者从其他人的角度去了解事情的真相。注意家暴的警报信号。(见第五章)
4. 注意他是如何谈起和看待虐待女性这个问题的。真正的受害者会同情受虐女性,并且支持她们。而"受害者"型家暴者常说她们夸大或捏造事实,或者声称男人也会被虐待。

"受害者"型家暴者会采用家暴受害者的语言,称前任"重视权力和控制"、不尊重他、总是独断专行。几年后他提起你时,也会用类似的颠倒事实的话——当然，除非你对他唯命是从。

在男女关系中，"受害者"型家暴者总是以自我为中心。好像一切都得围着受了伤害的他转。如果你们有孩子，他还会设法让孩子们也同情他。他好像一直在告诉你："你不理解我，你不重视我，你时刻提醒我我所犯的错误。"但你会发现，事实正好相反。如果你反对他说的这些，他又会说你虐待他，或者"你就是受不了我反抗你的虐待"。这样颠倒黑白倒是很像"敏感先生"，只是没有内省心理学、绅士和戒酒那一套。如果你离开他，他会和你争夺孩子的抚养权，会作为受害者出现在法庭，声称你虐待他，还让孩子们和他作对。

在"受害者"型家暴者的口中，伤害他的不只是你，还有他的上司、父母、邻居、朋友和大街上的陌生人。好像所有人都对他不公，而他永远是清白无辜的。

"受害者"们参加家暴者课程，通常这样讲他们的故事："我忍受了几年的虐待，不曾反抗，也不曾辩护。后来，我终于忍不了了，想把她对我做过的事返还给她。所以我才被贴上了家暴的标签。女人做那些事没人在意，可是只要男人那么做，就成了过街老鼠。"

很多时候，这番解释的话会引发一场讨论：整个社会上，男人都是受害者，因为这个世界都是女人管着的。这种扭曲事实的说法令人吃惊，因为男性真正控制着立法机构、警察局、法官职位、商业，等等。我向"受害者"指出这个事实时，他向我描述了一种偏执的幻想，说女人让男人对她们心怀歉意，借机秘密地在幕后操纵。他的这种颠倒黑白的能力就是他家暴的主要原因。

如果你的伴侣是"受害者"型，你想逃离时，就会发现自己有愧于他——不管他怎么对你，所以最终你很难结束你们之间的关系。你会觉得，他的生活已经那么难了，你不愿意抛弃他，再增加他的痛苦。你会担心你离开后他不能好好照顾自己，会抑郁成疾，吃不好睡不好，甚至自杀。"受害者"型家暴者最会装无助和可怜，会让你觉得很难回到属于自己的生活。

> 驱动"受害者"型家暴者的核心态度:
>
> · 所有人都对我不好,尤其是曾经和我在一起的女人。我真可怜。
> · 你指责我家暴,就和那些对我残忍、不公的人一样。
> · 我认为你是怎么对我的,我就要怎么返还给你,这样做无可非议。为了让你切实明白我的意思,我的行为甚至可以更糟糕。
> · 那些抱怨自己被男人虐待(比如家暴和性骚扰)的女人歧视男性、对男性有敌意。
> · 我都已经这么难了,无须对自己的行为负责。

"恐怖分子"型家暴者

曾经有几个月,我和一个名叫格洛丽亚的受虐女性接触,她当时很害怕,不知道自己还能活多久。她的丈夫杰拉德瞪着她,有条不紊地在桌面敲着手指说:"你还剩下六个月。最好表现好点。六个月。"她头脑一阵眩晕,心里十分害怕,她恳求他,想知道他到底要对她做什么。他会说:"等着吧,等着瞧。六个月,格洛丽亚。"脸上也许还带着一丝冷笑。他们在一起的五年里,杰拉德没有对格洛丽亚动过一次手,可她还是很害怕。她开始和我制订一个逃离计划,打算带着两岁的儿子逃走。

"恐怖分子"型家暴者往往控制欲很强、要求很高。然而,他们最糟糕的一点是经常提醒伴侣,他可以狠狠地伤害她,甚至杀了她。但他没必要真的打她。一些家暴者知道如何恐吓伴侣,比如威胁她们,说一些奇怪的话,做一些奇怪的事。我的一名家暴男客户从报纸上剪下一篇关于丈夫杀害妻子的文章,贴在冰箱上。另一名客户,伴侣说要离开他,他就将动物的血洒在房前。还有一个,每次生伴侣气的时候就会把枪拿出来,但他坚持说只是拿出来擦一下,不会对她做什么。

不像其他类型的家暴者,"恐怖分子"型家暴者往往虐待成性:他以制造痛苦和恐惧为乐,而且似乎觉得虐待别人很刺激。他很可能小时候被严重虐待过,这点和其他类型的家暴者不同。但是,你不能帮助他治愈。这么说你可能很难接受,因为你希望帮助他克服困难,只有带着这种希望才能熬过和他在一起的恐惧时日。可"恐怖分子"型家暴者的问题太严重了,伴侣没办法帮他们解决,因为其中掺和着严重的心理问题和家暴者典型的破坏性特征。你反而该注意自己的安全。"恐怖分子"的最高目标是用恐惧来麻痹你,这样你就不敢离开他或者出轨。那些威胁说要杀了伴侣的家暴者大都不会动真格,但也有许多例外。生活在这种恐惧之下,你会觉得无比痛苦,但又很难想办法逃离。然而,大多数女人还是成功逃脱了。关键的第一步是尽快寻求有效的帮助。在安全的情况下,尽快拨打妇女维权公益服务热线。更多建议参考第九章。

一个女人离开"恐怖分子"型家暴男后,他可能跟踪或威胁她,而且这种危险的骚扰可能持续很长一段时间。如果两人有孩子,他可能会争取抚养权和探视权,以便利用孩子恐吓和控制她。此外,他还可能利用她的信息,比如她的工作地点和她父母的住处,来跟踪她或威胁她在乎的人。因此,亲朋好友、法院、街坊邻里要了解她的现状,给予她最全面的支持和保护,同时还要采取措施追究家暴者的责任。我们有可能阻止"恐怖分子"杀人,前提是要让他明白跟踪和威胁前任是不对的,他要为自己的行为负责,还有,如果他不马上停止威胁行为,大家会将他送进监狱。任何程度低于上述的措施往往是不够的。

如果你与家暴者之间正进行抚养权或探视权之争,或是担心接下来将出现这种情况,你可以在第十章中找到更多的信息。

驱动"恐怖分子"型家暴者的核心态度:

· 你没有权利反抗或离开我。你的性命攥在我的手里。

· 女人是魔鬼,要时时恐吓她,以防她的魔性钻出来。

· 我宁愿死,也不愿认可你的独立权。

· 孩子是吓唬你的法宝。

· 看到你害怕,我很兴奋、很满足。

"精神病"和"成瘾"型家暴者

其实这种类型和其他类型并没有完全分开。其他类型的家暴者也可能有精神病或滥用药物的问题（虽然大部分是没有的）。即便精神疾病和成瘾是其中一个因素，但不是家暴者虐待伴侣的原因。它只可能让他的问题变得更加严重，让他抗拒改变。当出现这些额外的问题时，要注意以下几点：

1. 有些精神疾病可能增加家暴者的危险程度和使用身体暴力的概率。其中包括偏执狂、重度抑郁、妄想、幻觉、强迫症和反社会人格。同时，如果家暴者患有这些疾病，要他改变几乎是不可能的，至少在疾病得到控制前不可能，而通过心理治疗或药物控制这些疾病要花上好几年。而且，即便这些精神疾病得到了正确的治疗，他的家暴行为也不一定会改变。

2. 我们不知道家暴者是否会坚持服药。在这种时候，女人就要格外注意自己的安全。家暴者往往过不久就停止服药——我的客户中很少有能坚持长期服药的。他们不喜欢药物的副作用。他们很自私，不在乎他们的病会给伴侣和孩子带来什么影响。

3. 要评估"精神病"型家暴者的潜在危险，必须通过他的病症，再结合他的家暴特征来看。单单看他的症状会低估他的危险。

4. 拥有反社会人格的家暴者不多，但对他们的关注很重要。这种家暴者没有道德心，所以常常对人造成伤害。这种情况的一些标志如下：（a）十几岁就开始有违法行为；（b）不忠和攻击性行为对象不仅限于伴侣；（c）在工作和其他环境中，有时会因为偷盗、威胁或不听命令而惹上麻烦；大约到三十岁的时候，可能有一次重大的前科，虽然其他大多是小罪；（d）他是个非常不负责任的人，且长期如此，他的不负责任破坏别人的生活，给别人带来危险；（e）容易欺骗女人，让她们互相攻击，而他只和她们保持淡淡的关系。和人们的普遍印象相反，精神病家暴者的身体暴力并不是很严重，但也非常危险。反社会人格是很难通过治疗改变的，也没有有效的药物来治疗它。它和家暴行为可以高度兼容。

5. 自恋型人格障碍者严重扭曲了自我形象。他们不可能承认自己会犯错，因此也想象不到别人会怎么看待他们。虽然只有少数家暴者会出现这种情况，但它也可以和家暴高度兼容。出现这种障碍的线索有：（a）严重以自我为中心，而且不只是和你在一起时才会这样；（b）好像把什么都和自己扯上关系；（c）每当有人批评他，他就会发火，他觉得自己友好大方、无可挑剔。这种人非常抗拒治疗，而且无药可治。同时，他也不可能通过家暴者课程发生实质性的改变，尽管有时候会有较小改善。

6. 一些没有患精神病的家暴者希望伴侣以为他们是精神病，这样就不用对自己的行为和态度负责。

和"精神病"一样，药物滥用不会引起家暴，但会增加暴力的程度。此外，药物滥用者也要戒了"瘾"才可能改变，而且即便如此，也只走出了第一步。第八章会说到药物滥用在家暴中扮演的角色。

驱使"精神病"和"成瘾"型家暴者的主要态度和其他家暴者一样，而且很可能他们就是前面九种类型中的一种。除此之外，他们还有以下这些态度：

- 我可以不为自己的行为负责，因为我有精神病和药物滥用的问题。
- 鉴于我有其他问题，如果你还指责我家暴，那就太苛刻了。这也表明你根本不了解我的那些问题。
- 我不是家暴，只是_____（酒精、毒品成瘾了，有躁郁症，等等）。
- 如果你和我作对，就会引发我的成瘾和精神问题，如果我因此做出点什么，你就要负责。

我们前面重点从感情虐待方面讲了几种家暴者类型，然而，其中任何一种都可能使用身体暴力，包括性侵犯。尤其是"恐怖分子"和"教官"型家暴者。当然其他类型也有可能。当家暴者感觉自己的权力和对你的控制在减弱时，便会用身体暴力威胁你。对于他们来说，普通的精神虐待无法帮助他们控制你时，暴力就是一张"王牌"。要想知道你的伴侣有多危险，见第六章的"他会变得暴力吗？"和第九章的"安全地离开家暴者"。

记住重要的几点：

- 家暴者的类型往往大相径庭。你的家暴者伴侣可能属于我还没遇到过的类型，不过他也没那么神秘。许多家暴者混合了多种类型的特点。
- 有的家暴者可能在一天天地变化，他不可能永远属于任何一种类型。这种类型的家暴者变化莫测，伴侣不可能理解他们。
- 任何一种家暴者都有体贴周到、充满爱心的时候。这些时候，你可能会觉得他的问题消失了，你们的关系又回到了最初美好的时候。可是，他的家暴行为最终会回来，除非他已经解决了他的暴力问题。

第二部分
伴侣关系中的家暴者

第五章　家暴是如何开始的

> 我不知道怎么回事。我们曾经那么亲密。
> 我不知道是他出现了问题，还是我出现了问题。
> 他真的很在乎我。他想每一分每一秒都和我在一起。
> 我的朋友们抱怨说再也见不到我了。

我把和家暴者感情的开始叫作"伊甸园"。在最初几个星期、几个月，或者更久，女人仿佛踩在云端。还记得我们在第一章中提到的克里斯汀和莫里吗？莫里璀璨耀眼——令人愉快、有趣、活力四射，克里斯汀被迷得神魂颠倒。她最喜欢他的一点是他疯狂地迷恋她。他热情地追求她，好像爱着她的一切，永远爱不够。她感觉自己走进了一首热门的情歌里，"自从遇见你，一切都变得完美了"。在有家暴问题的恋情中，这种模式很常见。在一段关系的早期，家暴者往往十分擅长表达爱意，他们让你觉得自己多么与众不同，他又如何精挑细选选中了你——好像你是他唯一在乎的人。

不是所有的家暴者都像莫里那样，这么快就展开攻势。同样在第一章中提到的弗兰，他开始时很安静、沉默寡言，是芭芭拉追的他。她被他的温和、敏感深深吸引，想帮助他多开口说话。最后，她终于让他畅所欲言，然后把他追到手了，多有成就感啊！她也看出他心中充满了悲伤和疑虑，但她发现自己正在治愈他，就像一名温柔的护士。她自信地以为自己能改变他，并为这个想法激动不已。

几乎每一段有家暴问题的恋情都有一个诗意的开始。不然家暴者怎么会有伴侣呢？女人们又不傻。如果你们第一次去餐厅约会，在吃甜点时，那个男人骂你是"自私的贱人"，然后把你的水杯扔到对面，那么你肯定不会说："嘿，你下周末有时间吗？"要想钓到鱼，总得有鱼钩。

没有哪个女人会恨透了自己，让自己和一个从一开始就很糟糕的男人在一起——虽然她们后来也会觉得自己很糟糕，一旦家暴者有时间一步一步地摧毁她们的形象。

美好时光的力量

客户的伴侣们向我描述了那些美好的开始对一个陷入家暴中的女人来说意味着什么：

- 像许多陷入爱河的人一样，开始时，她四处告知亲友他是个多么出色的男人。由于起初把他说得太好了，后来就不好意思揭露他虐待她。所以，很长一段时间她都自己一个人承受着。
- 她认为他之所以家暴是因为他的心理出现了什么问题。不然她能怎么想呢，毕竟他一开始是那么好的人。所以她一心想找出他的问题。
- 她忍痛放弃了自己的梦想，因为她以为自己找到了一个完美的男人。
- 她忍不住想，是不是自己哪里做错了，或者有很大的个人缺陷，是这些摧毁了他们的空中城堡，所以她开始在自己身上找原因。

> 问题7：
> 他一开始那么好，难道后来的家暴是他计划好的？

关于家暴，我被问到的最多的问题之一是：家暴者一开始那么好，他是提前想好了要虐待伴侣吗？这一切都是他计划的吗？难道他是故意骗取她的感情，以便日后虐待她？答案是否定的。家暴者没想过要吼她、侮辱她，或者朝她扔东西。他爱上她的时候也和她一样，梦想着两人有一个美好的未来。

如果他没打算伤害他，那他心里是怎么想的呢？首先，他用渴望的眼神凝视着他想象中的未来：伴侣满足了他所有的需求，时刻保持美丽和性感,没有自己的需求,敬畏他的智慧和魅力。他希望伴侣处处迎合他,从不抱怨他的任何行为,也不会用她的失意和不快来烦他。

刚在一起时,家暴者不会将这种以自我为中心的幻想暴露在伴侣面前。实际上,他也没有意识到自己存在这样的幻想。所以他不知道自己其实是在找私人管家,而不是伴侣。约会期间,家暴者喜欢说一些好听的话:

"我们真的是天生一对。"

"我想随时随地和你在一起。"

"我好想陪在你身边。"

"你可以辞掉工作,继续完成你的学业,我用我的工资养你。"

"我会帮助你准备医务助理考试,好让你升职加薪。"

他说这些的时候可能是真心的,因为他希望自己是一个慷慨、体贴的伴侣,一个不利用女人、尊重女人的男人。后来,当他开始控制和利用她的时候,就想办法说服自己没有这回事,或者一切都是她的错。家暴不是他的目标,控制才是。他会发现自己在利用家暴来控制她,而且觉得自己有权利这么做。

另一方面,我的一些客户从一开始就巧妙地操纵着一切。他们会狡黠地笑着对我说:"你当然得迷住那些女人,还要听她们不停地唠叨,她们就吃这一套。然后再和她们谈谈心,带她们去跳舞。你懂的。"好像所有的男人都用同一种手段似的。不过,就算是这种男人,也没有算计着要虐待他们的伴侣。他利用自己的魅力和欺骗手段营造了一种他想要的关系,并且希望永远保持这种模式。这种风格的家暴者认为,操纵这种手段既干净又能达到令人满意的效果,辱骂和身体威胁则不然。后来,当他开始诋毁和吓唬她的时候,又会怪罪于她,他可能觉得是这个"贱人"不让他撒谎和操纵一切。而且他不认为操纵是一种家暴。

家暴者既不是怪兽也不是受害者

关于家暴者，我们现在要说非常重要的两点，首先：

家暴者是人类，不是凶恶的怪兽，
但他存在非常复杂且具破坏性的问题，不容低估。

人们普遍认为家暴者是邪恶的、精于算计的禽兽。有了这种认识，女人们就很难弄清楚伴侣的问题。她通常会想：我的伴侣真的很在乎我，而且他有自己的优点。他有情感，不是施虐狂。他不会成为家暴者。她没有意识到，他可以拥有所有这些好的品质，却仍然存在家暴问题。

另一边，我们对家暴者又有另一个普遍的认识，或者说误解：作为男人，家暴男人性中温和的一面被他们暴虐的表面掩盖了，而暴虐是可以通过爱、同情和了解来改变的。他某天早上醒来会突然意识到自己曾经给别人造成的伤害，会为自己的残忍行为而后悔，尤其是当他得到一个好女人的爱时。然而，这种情形只会出现在流行歌曲、电影、爱情小说和肥皂剧里。我们不得不接受一个痛苦的事实：要改变一个家暴者极其困难。人类天生讨厌看别人受苦，为了避免这种讨厌的事发生，家暴者必须深埋起自己的同情心。他不得不抓住各种借口和理由，形成一种令人讨厌的能力——看不到自己给他人造成的痛苦，同时学会享受对伴侣的控制和权力。如此复杂的构成，想让它像蒸汽一样消失是不可能的，毕竟这是花了十五到二十年的时间才形成的。然而，亲朋好友甚至一些专业人士还经常劝女人们"给他一次改过自新的机会""对他有点信心"。

第二个重要的理解是：

家暴者的行为大多是有意识的。
他是故意的，不是偶然，也不是失控。
但驱使他行为的潜在思想大都是无意识的。

家暴者的操纵和控制行为是从以下这些地方学来的：重要的同性榜样、同龄人和无处不在的文化信息（见第十三章）。成年后，他的操纵手段已经驾轻就熟了。他知道自己在做什么，但不一定明白为什么要这么做。一位客户的伴侣凯尔西给我来电说：

> 兰斯想让我这周末和他一起去滑雪，可我真的不想去，因为我这周过得很累，想和我的朋友们聚一聚。我拒绝他以后，他就没完没了地批评我。他说我滑雪滑不好是因为没有坚持练习，说我不愿意尝试、不愿去努力，还说我懒，所以什么都做不好，等等。那种感觉太糟糕了……可是，你知道吗，我竟然觉得他有些地方说得对——也许我应该坚持练习滑雪。

兰斯说的那些令人难堪的话从何而来？他是真的关心凯尔西，认为她不好好学对不起自己吗？不是的。一个男人如果想帮助伴侣，就不会打击她的自尊。兰斯在乎的是他自己：他想要凯尔西这周末陪他，因为他不想一个人去滑雪。他讨厌她把友情放在生活的中心——这是家暴者共同的主题，他认为她有责任陪着他、关注他。为了逼她去（还成功地让她开始怀疑自己），他把能想到的贬损她的话都用上了。当家暴者咨询课上有人质疑他的行为时，他真正的动机和想法就显露出来了。作为一名咨询顾问，我的主要工作就是帮助家暴者意识到并且勇敢地面对自己行为的真正原因。

早期预警信号

当女人们听说，或亲眼见到家暴者多有魅力时，会感到无所适从。她们会问："这意味着没有办法避免碰到家暴者吗？我要怎么才知道自己的伴侣是不是家暴者呢？"所幸，大部分家暴者都会释放出预警信号。

每个女孩在开始约会前都要注意这些信号。

> 问题8：
> 我如何分辨自己的约会对象是不是家暴者呢？

以下这些信号意味着家暴正在来临，也许就在不远处：

· **他谈起前任时，很不尊重她。**

对前任有一些愤怒和埋怨是正常的，可是如果他太看重自己的怨恨，或者在约会时就告诉你这些，那你就要当心了。如果一个人谈起前任时带着轻蔑的、居高临下的态度，或者称自己是受虐方，那你就要特别小心。如果他称前妻或前女友误指他家暴，那么她们的指控多半是真的。如果你听哪个女人说他有家暴倾向，那么一定要听听她是怎么说的。即便到最后你还是不相信她，至少也可以知道自己应该当心他的哪些行为，以防万一。如果一个人承认自己虐待过前任，但说那是特殊情况，把责任推给前任，或者说是酒精的作用，或是自己当时不成熟，你也要小心。

如果一个男人说你和其他女人不同，你是第一个对他好的人，或者他之前的伴侣都不了解他时，你要当心。他这是在引诱你付出双倍努力，去证明自己与她们不同，这时你的一只脚已经陷进去了。不久之后他就会对你说"你和她们没有什么区别"。在他的认知里，只要和他在一起，就没有哪个女人称得上好女人。

然而，还有少数人会使用相反的方法。他们赞美和抬举前任，让你觉得自己没有多大竞争力。如果他开始感叹你没有他之前的伴侣性感、健美、持家和成功，我可以确定，你之后也不会更符合他的标准，无论你多么努力。在你们的关系上，他想要占得上风。

留意他是否愿意对前几段感情中的一些问题负责。如果他把所有的错都推到对方身上，那么，在你们这段新关系中，你很快也会背上所有的责任。

· **他对你不尊重。**

不尊重是家暴生长的土壤。如果伴侣贬低你，嘲笑你的观点，当着外人的面对你态度粗鲁，或者说话尖酸刻薄，那他就是不尊重你。如果这些行为屡屡发生，如果你抱怨他的这些行为严重影响你时他还为自己辩解，那么，控制和家暴很可能即将发生。此外，不尊重的形式还有将你理想化，把你置于完美女人或女神的框架之上，也许还会像对待一件精美瓷器那样对你。这样的伴侣眼里并没有你，他看到的是他的幻想，如果你不符合那种想象，他就会翻脸不认人。所以，贬低你和抬高你的男人并没有什么不同，他们都是不尊重你。

· **他总是给予你不需要的帮助，或表现出令你不舒服的慷慨。**

男人这么做，是想让你觉得受了他的恩惠。比如我的客户艾伦，和托里在一起的头两年，他经常帮她的弟弟修车，帮她的姐姐刷新房，或载她的父亲去医院。当托里的家人对艾伦失望的时候，艾伦就说她的家人利用他，现在又恩将仇报。他说："现在他们不需要我帮忙了，就想把我踢开，让你回到他们身边。"艾伦成功地让托里觉得对不起他，让她和家人产生了长达几年的隔阂，直到她最后看透了艾伦的操纵手段。

有一个叫罗伯特的男人，上面说的两种预警信号在他身上都能看到：他告诉拉娜，他的前妻说他家暴是在撒谎，是为了不让他见孩子们。他还说："如果一个女人向家庭法庭提出她希望父亲的探视受到监督，法庭会不假思索地同意。"听他这么说，拉娜自然会同情他。可是后来发生了两件事让她心里很不安。第一，一场暴风雪过后，罗伯特打电话来说要帮她铲私家车道上的雪。她说："哦，请你不要来。"因为她不确定自己对他有多认真，不想让他产生误解。那天下午她下班回来，发现私家车道已经扫干净了。第二，拉娜碰巧有一个女性朋友正和家暴她的丈夫闹离婚，拉娜从朋友那里得知，家庭法庭需要大量的家暴证据才会考虑监督父亲的探视。于是她开始怀疑罗伯特的前妻是否另有说法。

· 他善于控制。

和善于控制的男人在一起,刚开始可能会很刺激。一位客户的伴侣讲了这样一个故事:

> 我们头几次约会很令人激动、很有趣。我还记得,他来到我家门前,安排好了一切。他说:"我们先去百嘉大厦(Parker House)喝点东西,再去吃中餐,然后,我还买了喜剧俱乐部的票。"一切都遵照他的安排。刚开始我喜欢他这样计划好我们的约会。可是后来,我发现他很少考虑我想做什么。我们一直去做他喜欢做的事,比如看曲棍球比赛。我也喜欢曲棍球,但那不是我最喜欢的。几个月后,如果我对他想做的事不感兴趣,他就会生气。

控制一般都是从小事开始,而且是和家暴毫不沾边的小事。他会评论你的衣服和相貌(太性感或不够性感);不怎么喜欢你的某个家人或好友;开始强求你多花时间陪他,辞掉工作或找一份待遇更好的工作;开始对你的人生提过多建议,如果你拒绝他的建议,他就会不耐烦;如果你在政治、个人关系、音乐或其他喜好上和他意见不同,他就会生气。

· 他的占有欲很强。

嫉妒行为是家暴即将发生的确切标志。占有欲常常被伪装成爱。一个男人说:"对不起,我因为你和前男友说话大发雷霆。我只是一想到你和另一个男人在一起就受不了。"他可能一天打五个电话,随时关注你的动向,或者坚持让你每晚和他在一起。他对你的感情可能很强烈,但那不是他不停地联系你的原因。他那是在监视你,其实是在把你划为他的产业。此外,根据他交友圈的情况,他还可能试图让他的朋友们知道,他是如何牢牢地控制着你。所有的这些行为都关乎属于感,而不是爱。

嫉妒的感觉和行为不一样。如果你和其他男人,尤其是前任联系,一个没有安全感的男人自然会感到焦虑，需要安慰。但是，如果他希望你放弃你的自由来适应他的嫉妒心，那么控制就悄然发生了。你的社交生活不该因他的不安全感而改变。

男人的嫉妒心往往很讨人喜欢。他这么喜欢你，这么想得到你，会让你觉得高兴。可是，喜欢不一定要通过嫉妒来表现。他对你的占有欲说明他不是把你当成独立的人来爱你，而是把你当成他守护的宝藏。过不了多久，他的时刻警惕会令你窒息。

· 他永远不会觉得自己有错。

一旦出现问题，他就归咎给其他人和事。时间一久，你就会成为他责怪的目标。这种类型的人喜欢做出一些自己根本不会履行的承诺，总是带给你失望，不负责任，还可能在经济上利用你，但他总有源源不断的借口。

· 他以自我为中心。

在一段关系的头几个月，家暴者的自我中心主义还不明显，但仍然有一些迹象。你要当心这些迹象。注意一下他是不是话很多，你说话的时候他却不认真听，还习惯性地把话题转到他那边。自我中心主义是一种非常抗拒改变的人格特征，它源于深深的权利感（家暴者）或早期的严重情感伤害（非家暴者），或两者结合（自恋型家暴者）。

· 他滥用毒品或酒精。

如果他强迫你和他一起使用药物，你要格外小心。虽然药物不会引起家暴，但两者有着紧密的联系。他可能会诱使你相信你能帮他保持清醒和镇定。药物滥用者往往都是"差一点"就戒掉了。

· 他在性爱上强迫你。

这个警示标志非常重要，尤其是针对青少年和年轻的成年男子。性爱的时候，不尊重你的意愿和感觉，就是在利用你，随之而来的就是家暴。

同时也说明，他没有将女人当人看，而是当成一种性工具。如果他说你要和他做爱才能证明你真的爱他，那么赶紧让他走人。

· 他对这段关系认真得太快了。

由于许多男人都害怕承诺，遇到一个不害怕谈及婚姻和家庭的男人，女人们也许会觉得安心。可是，如果他没有花时间了解你，没有让你们的关系变得更亲密一些，就开始计划你们的将来，你就要当心了，因为那意味着他正在将你装进一个属于他的包裹里。想办法放缓脚步。如果在这方面他不尊重你的意愿，很可能麻烦就在前方。

· 他生气的时候会威胁你。

威胁——哪怕是无意识的——是精神虐待即将开始，或已经开始的标志，也预示着身体暴力会随之出现。以下这些行为应该让你有所警觉：

- 他生气的时候离你很近，指着你、戳你、推你、挡着你的路或者控制住你。
- 他说他只是"想让你好好听着"。
- 他扬起拳头，挡在你身前，大声喝止你或做出一些令你畏缩和害怕的行为。
- 他含含糊糊地说一些威胁的话，比如："我相信你是不想看到我发疯的"或者"你知道你是在惹谁吗"。
- 他生气的时候开车毫无顾忌或者盲目加速。
- 他会捶墙或踢门。
- 他会乱扔东西，即便那些东西没有砸到你。

和这种喜欢威胁人的男人在一起，感情越深，就越难走出来。不幸的是，许多女人的想法正好相反：有时候他还是在乎我的，我再等等，看情况会不会变得更糟，如果会，我再离开他。但离开一个令人害怕的男人比大多数人想象的复杂，时间越久越困难。所以，千万不能等等看。

·他有双重标准。

如果一个人对于他自己的行为和你的行为标准不一，那就要小心。我们会在第六章中了解到，和家暴者在一起，双重标准的影响很大。

·他对女人态度消极。

刚开始在一起的时候，他可能会说你和其他女人有些不同，可是这点区别持续不了多久。他觉得女人低等、愚蠢、精于算计，或者只在性爱时有用，一个女人为什么要和这样的人在一起呢？过不了多久他就会想起你也是个女人。

对性别角色的刻板认识也是家暴的促成因素。他认为女人应该照顾家庭，或者男人的事业比女人的事业重要，这种观点是一个严重的问题，因为如果你开始拒绝生活在他的盒子里，他就会惩罚你。有时候，女人们觉得，遇到一个对于女性角色没有限制性观点的男人非常困难，尤其是在特定的文化或族群中。但再怎么样也要努力寻找这样的人。

·他对待你和其他人不同。

成年的家暴者喜欢在外人面前对伴侣好，他们把大多数家暴行为留在没人的时候。青少年家暴者则正好相反。他们在外人面前对伴侣粗鲁、冷淡，是为了向朋友们炫耀自己"多善于控制"、"多么酷"。当他们单独和伴侣在一起时，就会好一些。

·他好像喜欢弱女子。

有些男人喜欢比自己年轻很多的女人或女孩，这一预警信号就出现在他们身上。比如，为什么一个二十二岁的男人会追求一个十六岁的少女呢？是受到了她的刺激和挑逗吗？很显然不是。他们处在完全不同的发展点上，知识和经验水平极不平衡。他感兴趣的是权力，寻找的是一个带着敬畏之情仰望他、允许他引领她的伴侣。当然，他一般不这么对她说。他会告诉她，他想和她在一起是因为她相对于她的年龄而言非一般的成熟。他甚至可能赞美她的性能力，说她如何将他控制得牢牢的，让她意识不到他对她的控制。即便没有年龄差异，有些家暴者也会喜欢那些生活经验较少、自信心不足、能把他视为老师的女孩。

这些年来，我遇到过不少客户，他们喜欢那些刚有过一段惨痛经历的、容易受伤的女孩。他们中有许多人甚至帮助女孩离开她家暴的男朋友，然后和她在一起，自己来控制和家暴她。有些家暴者专门寻找那些童年时被虐待过、有健康问题，或最近损失惨重的女孩，自己充当她们的拯救者。要小心那些喜欢寻求力量不平衡的男人。

与此同时，我还发现，有许多家暴者不是特别喜欢那些容易受伤或需要帮助的女人，反而更喜欢那些更坚强、成功的女人。如果能控制一个成熟、自信的女人，这种类型的家暴者会觉得自己抓住了一条大鱼。

家暴的预警信号

他谈起前任时，很不尊重她。

他对你不尊重。

他总是给予你不需要的帮助，或表现出令你不舒服的慷慨。

他善于控制。

他的占有欲很强。

他永远不会觉得自己有错。

他以自我为中心。

他滥用毒品或酒精。

他在性爱上强迫你。

他对这段关系认真得太快了。

他生气的时候会威胁你。

> 他有双重标准。
>
> 他对女人态度消极。
>
> 他对待你和其他人不同。
>
> 他好像喜欢弱女子。

以上这些预警信号，没有哪一种是可以识别家暴者的确切信号，除了身体威胁。一些不家暴的男人也会有这些行为。那么，要怎么才能避免遇到家暴者呢？

虽然没有完全可靠的办法，但有最佳方案：

1. 尽快让他知道哪些行为和态度是你所不能接受的，如果他继续这样，你就会离开他。
2. 如果那些行为或态度再次出现，在一段时间内不要见他。不要在表示这次"你是认真的"之时继续见他，否则他会理解为你这次也只是说说而已。
3. 如果那些行为或态度出现第三次，或者他开始有其他预警信号内的行为，那么他很可能有家暴问题。如果给他太多的机会，你之后很可能会后悔。更多建议，见第十四章"把离开家暴者作为一种促进他改变的方式"。

最后，要知道，当家暴者开始家暴的时候，他认为变了的人是你。他之所以会这么认为，是因为他觉得自己的行为是合理的，他想象不到自己的问题在哪儿。他注意到的只是：你并不是他想象中那个完美的、全心全意付出的、顺从的女人。

家暴是从什么时候开始的？

家暴是悄悄发生在受害者身上的，它一开始只是不易察觉的控制或不尊重，随着时间的推移愈演愈烈。那么，一些重要的问题出现了：我怎么知道我的伴侣什么时候是在家暴呢？有没有一条明显的界线，让我知道他是否跨越了它？怎样的暴力算严重呢？毕竟人无完人，我怎么知道他只是某一天很浑蛋，还是存在严重的问题呢？

诚然，两个人在一起，谁又没吼过对方呢。大多数人也都会骂人，都会表现出自私和敏感的一面。这些行为都很伤人、值得批评，可这些又不全是家暴，不像家暴那样会造成严重的心理影响。与此同时，当作为家暴类型的一部分时，这些行为又都是家暴。被一个尊重你的伴侣呵斥，感觉很糟糕，但这不会像家暴者吼你那样，让你不寒而栗。

"家暴"一词，关乎权力。意思是，某人利用力量的不平衡去剥削和控制别人。只要存在力量的不平衡，比如男人和女人之间，大人和小孩之间，或者穷人和富人之间，有些人就会利用家暴来达到自己的目的。（正如我在第十三章所讲的，在男女力量相当的社会就不存在家暴。）因此，家暴是从家暴者开始在伴侣身上使用权力，对其造成伤害，为自己赢得特权地位开始的。

问题9：
他对我算是虐待吗？

以下这些行为标志着那些不易察觉的虐待的结束和家暴的开始：

· 他因为你抱怨他的行为而报复你。

比如，某一天，你的伴侣骂你是贱人。你很生气，你告诉他你很不喜欢这个词，希望他以后别再说了。可是，他反而经常这样骂你。他骂你的时候甚至带着别样的神情，因为他知道这会激怒你。这时，你也会大声对你的伴侣说："别吼我，我讨厌别人吼我。"于是他更加大声地和你吵，还责怪你。这些就是家暴的标志。

还有一种报复你的方法就是：转变成受害者的角色。假设你抱怨他在吵架的时候不让你插嘴，他会很生气，然后用带有敌意的语气讽刺地说："好吧，我听你说就是了。"好像他吃了多大亏似的。好像你在逼他。这样一来，你会因为抵抗他的控制而觉得愧疚。这就是家暴的开始。

有些人会在伴侣抱怨他虐待的时候嘲笑她，或公然戏弄她。如果你的伴侣出现这些行为，毫无疑问他就是家暴者。

然而，许多关系并不像这些例子里那么清楚、直接。但是，如果你的伴侣因为你的反抗而设计惩罚你，即便他的计谋要几年后才会实施，你也可以判断出他是家暴者。他不认为你有权违抗他，所以他要伤害你，让你下次不敢这样。

· **他告诉你，你反抗他虐待是你的问题。**

当女性试图对伴侣的控制或冷漠行为设限时，家暴者希望她怀疑自己的想法，他会这样说：

> "你太敏感了，一点小事都要放在心上。又没什么大不了的。"
>
> "不是每个人生气的时候都会像你想象中那样一直好到底。"
>
> "不要因为你的前男友虐待你，就把我也当成家暴男。你觉得每个人都在虐待你。"
>
> "一不满意你就生气，所以你才说我虐待你。"

家暴者通过这些话，让你觉得：(1)你对他的行为有不切实际的期待，你应该习惯现在的他；(2)你的反应其实不是针对他的行为，而是针对别的什么事物；(3)你把怨气当作对付他的力量。这些手段都是为了让你怀疑你抱怨他虐待你的想法，这就是家暴。他的这种手段揭露了一种核心态度：**"我想怎么对你就怎么对你，你没有权利反抗。"**这种态度他从来没有明确表示过，可能连他自己都没有意识到。如果连诉说委屈的机会都没有，那么这样的关系肯定是不公平、不健康的。

- 他的道歉不诚恳，甚至带着怒气，还要求你接受。

  且看以下对话：

  克莱尔：我还是觉得，你不明白我为什么对你感到失望。你连一句道歉都没有。

  丹尼（很生气、很大声地说）：好吧，好吧！对不起，对不起行了吧！

  克莱尔（摇着头）：你还是不明白。

  丹尼：你到底要我怎么样？？我已经道歉了！怎样，你非得不顾我的痛苦达成你自己的目的才满意吗？

  克莱尔：你的道歉对我来说没有任何意义，因为你根本没有歉意。

  丹尼：说我没有歉意是什么意思？我是什么感觉，要你告诉我吗，小分析师夫人！你又没住在我的脑子里。

  当然，因为丹尼的侮辱和否认，这番对话只会让克莱尔感觉更糟。丹尼觉得自己道了歉克莱尔就应该心存感激，即便他语气不好。事实上，他是觉得自己有权被原谅，并要求她原谅。(他还认为自己有权让她接受他口中的事实，无论这些事实与她的所见所闻如何冲突。从这个意义上讲，他很显然觉得自己有权利控制她的思想。)

- 他把他的行为造成的影响归咎给你。

  家暴者咨询顾问会这么形容家暴者客户："他早上起来照镜子，发现脸是脏的，于是去擦镜子。"换句话说，当伴侣向他抱怨，说自己长期受他虐待时，他会很生气，会责怪她。她觉得很受伤，他却在她的伤口上撒盐，嘲笑她。他甚至将她的情感伤痛作为进一步虐待她的借口。如果他的口头暴力让她失去了和他做爱的兴趣，他会朝她大喊："你一定是在别处满足了。"如果她继续因为他的虐待而不信任他，他会说，是她的不信任导致她认为他是家暴者，如此颠倒因果。如果他前一天晚上说话伤了你，第二天早上你心情不好，或是哭过，他会说："如果你今天这么碍事，为什么不回去睡觉呢？这样我就不用看到你了。"

如果你伴侣的虐待严重影响了你，他还责备你、打击你，那这就是虐待。同样，他把他的残忍行为对你造成的影响当作借口，因果颠倒，这也是家暴。比如我的一个客户，他对伴侣进行言语攻击，致使俩人疏远，却说是他们感情有了距离才导致他家暴的。你已经倒下了，他还踢你一脚，而且他心里对自己的行为清清楚楚。如果遇到这些情况，尽快寻求帮助，因为这种心理伤害会让你的情绪状态急剧下降。

· **你永远找不到恰当的时间或恰当的方式和他沟通。**

在一段关系中，要懂得选择恰当的时间和方式处理两人之间的问题。既能诉说自己的不满，又避免个人攻击的方法有许多种，如果再多点理解，就能增加伴侣听进你话的概率。但是，和家暴者在一起，如果你想诉说不满，没有哪一种方式是恰当的。你可以等一个最平静、最放松的晚上，心平气和地表达你的不满，但他仍然不会愿意听。

即便是没有家暴行为的人，听到别人埋怨时，一开始也会有防御之心或者敌意。有时候你们会以吵架收场，然后过几个小时，或者第二天再来谈这件事，那时你会发现你的伴侣更容易听进你的话。然而，对于家暴者，过再久都没用。他不会像普通人一样利用那段时间去消化你的意见，面对自己的行为。相反，他会在心里搭建一个牢笼，抵御你的抱怨，好像准备好了要去面见法官似的。

· **他破坏你的生活进程。**

干涉你的独立和自由属于家暴。如果他让你丢了工作或放弃学业，让你放弃自己的梦想，破坏你的亲情和友情，在金钱上利用你，破坏你的经济进步和安全感，说你没有能力做好自己喜欢的事，比如写作、画画或做生意，并让你放弃，这些行为都是在破坏你的独立能力。

·他否认自己做过的事。

在一段关系中，有些行为要看你如何判断。一个人觉得只是声音大了些，另一个人却认为那是大吼大叫。对此，无论怎么讲理，也难免有分歧。但是其他行为，比如骂人或捶桌子，是可发生也可以不发生的。不会家暴的伴侣可能不同意你对他行为的理解，所以和你争吵，而家暴者则会完全否认自己的行为。

·他为自己那些伤人的、令人恐惧的行为辩解，或称是你"逼他那么做的"。

比如，当你告诉伴侣他大喊大叫吓着你了，他回答说，他完全有权利大声喊，"因为你没有听我说话"，这就是家暴。家暴者将你的行为当成他家暴的借口。因此，他拒绝无条件地停止那些侮辱你、令你害怕的行为。他反而会找一些"补偿"，他会说，如果你放弃一些令他不愉快的东西——但是是你完全有权拥有的——他就停止某些家暴行为。

·他生气的时候会攻击你，或者用其他方式吓唬你。

对伴侣进行身体攻击属于家暴，即便只发生过一次。如果他扬起拳头，捶墙，朝你扔东西，挡在你面前，制住你，抓、推或者戳你，威胁说要伤害你，这都属于身体暴力。他这是在制造恐惧，利用你对身体自由和安全的需要来控制你。如果这些事情发生在你身上，尽快拨打热线。

有时候，你的伴侣可以在不经意间吓着你，因为他不知道自己的行为能对你产生多大影响。也许在他的家庭和他生长的文化环境中，人们吵架时会挥舞手臂、大声喊叫。而在你成长的环境中，吵架并不是这样。遇到这种情况，如果你告诉你的伴侣，他的行为吓着你了，没有家暴倾向的人会放在心上，而且会尽量避免——无条件地。

身体虐待非常危险。在一段关系中，一旦身体虐待开始，时间久了就会升级，变成更严重的攻击，比如扇耳光、挥拳头或掐脖子。即便没有发生这些，那些所谓"低级"的身体虐待也会令你害怕，让你的伴侣控制你，并影响你掌控自己的人生。此外，任何形式的身体威胁都会对儿童产生非常坏的影响。在一段关系中,再"小"的伤害都应该引起重视。

经常有人问我,女人对男人的身体攻击,比如扇耳光,算不算家暴。我的答案是:"看情况。"被女人推和扇耳光,男人只会觉得烦,不会感到害怕,所以这对他们造成的长期情感伤害较小。男人因为女人的攻击而逐渐失去自由和自尊的情况很少见。除了切实所需的自卫以外,我反对任何形式的身体攻击,但是"家暴"一词只针对存在控制和威胁的情况。

然而,女人可以威胁另一个女人,男人也可能被他的男性伴侣威吓。我所描述的关于异性恋家暴者的大部分思想和手段同样适用于同性恋。我们会在第六章进一步了解这个问题。

· **他强迫你和他做爱或者在做爱的时候伤害你。**

我的一些客户虽然不打他们的伴侣,但经常强奸或者在做爱的时候强迫她们做一些事。在男女关系中,强奸或强迫也是家暴。有研究表明,对于女人来说,被亲密的伴侣强奸比被陌生人或不亲密的熟人强奸更痛苦,其产生的影响更难以磨灭。如果你正在经历性侵犯或长期的性压力,拨打妇女维权公益服务热线或报警,即便你觉得"强奸"一词不适用于你伴侣的行为。

· **他的控制、不尊重或侮辱行为都是一个模式。**

这一项和其他项同样重要,不过,它最需要判断力,需要你相信自己的直觉。一种习惯什么时候会形成一种模式呢?一年发生三次?一周发生一次?并没有针对所有行为和所有人的答案。伴侣对你的虐待行为是否反复多次,这需要你自己得出结论。

· **你有被家暴的迹象。**

以上的家暴标志,说的是伴侣做了什么、怎么想的。同样,我们也要看看自己,问问自己:

你害怕他吗？

你是否因为他和家人、朋友疏远了？

你的能量水平和积极性是否降低，或者你是否觉得沮丧？

你的自信是否减弱，所以你一直努力变优秀或证明自己？

你是否经常沉浸在这段关系中，并想着如何修复它？

你是不是觉得自己什么事都做不好？

你是否觉得你们之间的问题责任都在于你？

吵完架后，你是否感觉自己很混乱却不知道为什么？

如果出现这些迹象，说明你可能遇到了家暴者。

你会发现，以上那些家暴的特征或多或少都提到了愤怒。虽然长期的愤怒可以作为家暴的预警信号，但两者有时候又完全不同。比如，一些冷酷的、精于算计的家暴者很少暴发，同时，一些没有家暴行为的男人反而经常生气。你也许会说，反正你也不想和爱生气的人在一起，但那的确不是家暴。

倘若他有歉意呢？

几乎每一次我提到家暴，都有人问我这样的问题：（1）如果家暴者表现出懊悔，他是真心的吗？（2）如果他真的有歉意，是不是意味着他可能不会再家暴了？

> 问题 10：
> 他真的觉得抱歉吗？

好消息是，他的懊悔一般都是真心的；坏消息是，懊悔几乎没用。要弄清楚其中缘由，我们首先得看看家暴者心里是怎么想的：**家暴者的心里同时存在着许多相互矛盾的态度和观点**。我们来看看几组典型的矛盾：

"女人都很脆弱，需要保护，**但是**，时不时也得吓吓她们，不然她们就不受控制。"

"我和我的伴侣有平等的发言权，**但是**，在重要的事情上，还是得我说了算。"

"我对她实在太坏了，**但是**，不管我做了什么，都不能让我不好受。"

"我不该提高音量，**但是**，我得控制住我的伴侣，有时候，我需要大声点才能制住她。"

"男人不该打女人，**但是**，有时候别无选择。"

当一个人对他的家暴行为感到抱歉时，他的悔意和权利感发生了碰撞。这两样东西在他的脑中叽叽喳喳，仿佛在说：

> 我很后悔对她说了"去你妈的"。不该这么说，尤其是当着孩子们的面。我希望在家人心目中是一种强大的、有控制权的形象，可是我搞砸了。我也不想让他们看到我吵架时表现出的丑陋一面，这伤了我的自尊。可是她说我"靠不住!"。她那么说，要我怎么回应呢？她不可以那样和我说话。现在孩子们会觉得我是坏人了，明明是她先挑起的。如果他们站在她那边，我会让他们知道我为什么会发疯。她让我看起来这么坏。去她的。

我们来理一下这个人的内心活动。首先，他懊悔的并不是他的言语攻击给伴侣造成了伤害。最让他觉得不舒服的是：（1）他破坏了自己在别人眼中的形象；（2）也破坏了他在自己心中的形象；（3）他觉得自己应该学会不用家暴手段控制伴侣。这么一想，他就开始后悔对伴侣发脾气，虽然他觉得自己有权这么做。同时，感到后悔也渐渐打消了他的内疚感。想到最后，他把所有的责任都推给了伴侣，包括他对孩子们造成的影响。家暴者的自我中心主义和责备受害者的定向，让他的懊悔渐渐消失。

早期的家暴事件后，家暴者的情绪反应很强烈：我的一些客户会哭着求伴侣原谅,他们说:"你值得更好的,我不明白为什么还和我这样的浑蛋在一起。"他的懊悔让你觉得他是在寻求真正的亲密感,尤其是你之前从未见他这样难过。可是,过一两天,他的愧疚就消失了,是他内在的找借口能力驱散了他的愧疚。当然,家暴事件对受虐者的影响持续得更久。可很快,家暴者就会对她说:"什么,你还记着呢?哎呀,别想了。我们把它忘了,向前看吧。"他的态度是:"我都翻篇了,她怎么还记着?"

此外,真心的懊悔和这种夸张的表演并不互相排斥。大多数家暴者是真的感到抱歉——虽然大都是对自己感到抱歉,同时,他们也可以演一场后悔戏,以博取同情。这场戏剧性的表演将注意的中心转回到他身上,他的伴侣几乎会忘了被他欺负的事,反过来同情他,甚至自责。很快,她会发现自己开始安慰他,向他保证不会离开他,依然爱着他,不会觉得他是个可怕的人。如果有孩子,她还会替他遮掩,不让孩子们责怪他,因为她不想让他更难过。如此,他得到了慰藉和关注,像是对他家暴行为的奖励。他的行为让一家人都去关注他的需求。

家暴事件越来越多,懊悔就减少了。当家暴者习惯了暴力行为,习惯屏蔽伴侣的伤心,那部分真心的懊悔就消失了。当他不再担心失去这段感情,当他确信她已经完全在他的掌控之中、不会离开他的时候,就连表演都不需要了。

然而,关于懊悔最显著的一点是:无论是否真心,都不重要。做出家暴行为后,非常后悔的人和毫无悔意的人,改变的概率是一样的。最后悔的有时候却是最以自我为中心的,他们所悔的,是破坏了自己的形象。他们就像一个残忍的独裁者,为自己的残忍感到羞愧,想尽快转变到善良独裁者的角色 '好像这样就能让他们变成好人似的。

如果愧疚没用,那什么有用呢?

愧疚没用的情况下,以下步骤可以阻止他的下一次家暴:

- 给你一定的生气的空间,而不是怪你生气太久,或试图将你的愤怒塞回去。
- 认真听你的观点,不打断你,不找借口,不把自己的行为归咎给你。
- 做错了事会补偿,比如,捡起他扔的东西,向朋友承认他撒过的关于你的谎,或者告诉孩子们是他不对,不是你的错。
- 承诺无条件地迅速改变一些行为。
- 主动寻求帮助,不用你向他施加压力。

如果在家暴事件后他愿意做这些,并坚持到底,那么他可能没陷得那么深。但是,如果没有这些明显的行为,他可能还会家暴。

迅速采取自我保护措施

当伴侣的行为有家暴征兆时,许多人会采取"等等看"的态度。她们告诉自己:"现在离开他太难了,因为我还爱他。但是,如果他越来越过分,我对他的爱就会减少,到时候分手就会容易一些了。"这是一个危险的陷阱。和家暴者在一起的时间越久,他对你的伤害越大,要抽身就越难。原因如下:

- 他摧毁你自信的次数越多,你就越难相信自己值得被更好地对待。
- 他伤害你情感的次数越多,你的精力和积极性就越少,因此就越难集中力气走出来。
- 他对你的亲情和友情伤害越大,你想结束这段关系时,就越难得到帮助。
- 在他的虐待和爱之间循环越久,你就越依恋他,这就是著名的创伤情结。(见第九章)

所以,越早行动越好。

与此同时，如果你已经和家暴者在一起五年、十年，甚至三十年了，现在恢复自己的权利、重获自由也还不晚。不管你们在一起的时间多长，不管他对你的影响有多深，你都可以寻求帮助。

最后一点提醒：如果你和家暴者伴侣之间还没有孩子，请保持现状。一些人认为孩子的到来能让家暴者改变，但是不能。不能让他安定下来，不能让他更有责任心，也不能让他更成熟。不能让他相信你对他别无二心，从而阻止他因为嫉妒而指责你不忠，也不能阻止他出轨。孩子的存在不能阻止他家暴。和家暴者有了孩子只会让你的生活更加艰难，因为你会担心他的行为会给孩子造成不良影响。另外，当你最后决定离开他时，有孩子会让这个选择变得更加困难，而且他会威胁你，说要争夺孩子的抚养权（见第十章）。但是，我曾经也遇到过一个女人，她和家暴者有了孩子后，两人之间的问题解决了，或者说减少了。

记住重要的几点：

- 家暴的早期预警信号是可以发现的。
- 如果发现了预警信号，迅速采取行动，要么设定限制，要么离开。陷得越深，就越难出来。
- 不是你导致你的伴侣染上家暴习惯的，就算你找到了他的烦恼所在，也不能阻止他家暴。同时，无论你再怎么满足他，也不能阻止他家暴。情绪不好和需求未满足不会导致家暴。
- 一些行为和态度是家暴的确定信号。比如，你抱怨他虐待，他却嘲笑你、身体威胁，或者性伤害。如果出现这些行为，说明家暴已经开始了。
- 受虐者不是"家暴助成者"。建立家暴关系的是家暴者，不是他们的伴侣。
- 一旦有关于家暴的疑问，拨打热线寻求帮助，不要等到确定了再行动。

第六章　日常生活中的家暴者

> 我感觉自己快疯了。
>
> 有时候,我知道就是那几天中的一天。无论我做什么,早晚都得来。
>
> 他本质上就是一只泰迪熊。
>
> 我永远不知道等待我的是什么,他突然就冲我发火。
>
> 我不能说他是家暴者,因为他有时一连数周都表现很好。
>
> 我真的爱他。

在和家暴者打交道的十五年里,我有几百个小时都在电话里听家暴者的伴侣描述他们的生活。我的工作是通过女人的视角了解我的客户,利用想象走进他们的家,感受他在日常生活中制造的气氛。通过她的视角,我开始透过表象看到客户的本质。

与此同时,我看到的家暴者和他伴侣看到的又不完全一样。我眼中的他有几个不一样的方面:

- 我可以质疑和反对他,并且很安全,因为满屋子都是见证者。许多时候,我多少能控制他,因为他还在缓刑期,如果我说了不利于他的话,他就得上法庭。
- 我能说出他的手段。他很难迷惑和威胁我,也不能让我怀疑自己,因为我总能指出他的手段和动机。如果能说出家暴的"武器"名称,那么家暴也就失去了一些力量。
- 我不用和这个男人一起生活,所以即便我反抗他,他也没什么机会报复我。

- 有些人会将在家暴者课程中学到的观点运用到其他人身上，他们会质疑那个人的行为和态度。来自另一些家暴者的质疑，让被质疑者很难将所有的过错推到伴侣或所有女性身上。

我也会通过家暴者在课程讨论上的反应来了解他。比如，家暴者通常会反对与他手段不同的人——因为他认为那些他不会做的事才是"真正"的家暴——但会同情和支持和他使用同样手段的人。他会对我说："在那种情况下，你还能让那个可怜的哥们儿怎么做呢？"

因此，我和那些受虐待的女性会组队分享我们对家暴者的观察结果，帮助对方识别他的类型和手段。我迫切地想通过她了解我的客户，与此同时，也迫切地想和她分享我所观察到的东西，帮助她保护自己，解开她心中的谜团。

我最开始从受虐女性那里学到的一点是：要了解家暴者，不能只是看他暴发的时候如何，同样得看他在两次暴发之间是什么样。从这段时间的动向中，我们也能了解到许多。比如可以看他的愤怒情况，是否扔东西，是否言语尖酸刻薄，是否过分嫉妒。家暴者在平静期的思想和行为是导致他大暴发并伤及伴侣的原因。在这一章，我们将从生活中不同的点走进家暴者的思维，进一步了解导致他家暴行为的原因。

吵架时的家暴者

首先，我们具体来看看家暴者和伴侣吵架时的情形。这些都是我从我的客户和他们的伴侣那里听来的。杰西和贝亚在小镇上散步。杰西脸色阴沉，显然不高兴。

贝亚：你怎么了？我不知道你为什么不高兴。
杰西：我没有不高兴，只是现在不想说话。为什么你总是想从中看出点什么呢？我就不能有安静的时候吗？不是每个人都像你一样说个不停的。

贝亚：我没有说个不停。你是什么意思？我只是想知道你怎么了而已。

杰西：我刚刚已经告诉你了，我没有什么不高兴的……你能不能让我安静会儿，别说个没完。我们和我哥哥嫂嫂一起吃晚饭的时候，你就不停地讲你那该死的新闻学课，我简直不敢相信。我的天，你都四十岁了。不是所有人都对你的名人梦感兴趣。成熟一点好吗？

贝亚：名人梦？杰西，我只是想换工作，因为旅行社都搬到市中心去了。而且我也没有不停地说。他们是感兴趣的，还问了我许多问题——所以我们才多聊了一会儿那个话题。

杰西：是啊，他们是真的感兴趣。他们只是在表示礼貌而已，因为你太以自我为中心了。

贝亚：真不敢相信。那都是两个星期以前了。这期间你一直在酝酿这次吵架吗？

杰西：贝亚，我没有酝酿，酝酿的人是你。你喜欢把我们搞得一头雾水。今天先再见吧。我真的没心情扯这些。

贝亚：扯什么？我可什么都没做！从我见到你开始，你就在想这件事！

杰西：你吼我，贝亚。你知道我讨厌别人吼我。你需要帮助，你的情绪已经失控了。再见吧。

贝亚：你要去哪里？

杰西：谢谢关心，我走路回去。你把车开走吧，我宁愿一个人。

贝亚：走路要多花半小时，今天又这么冷。

杰西：哦，现在你知道关心我了。去你的。拜拜。（说着走开了）

受虐者的生活中充满了这样的情形。杰西没有骂贝亚，没有吼她，也没有打她或者威胁她。贝亚无法向朋友诉说自己有多难过，因为杰西的行为很难描述。她能说什么呢？说他说话刻薄？说他对一件事不依不饶？还是说他过分苛责？朋友会对她说："嗯，听起来挺难的，但我不觉得那是家暴。"可是，杰西离开的时候，贝亚觉得自己仿佛被扇了一巴掌。

这次吵架是怎么回事？

我们首先看看杰西做了什么，再来看看他是怎么想的。首先要说明一点：

这个家暴男的问题并不是他不能恰当地解决冲突。
他的家暴体现在发生冲突之前的操纵：操纵制造冲突，
并决定冲突的形式。

治疗师的办法一般是分析家暴者是如何应对冲突的，并试图让他用另一种方法解决冲突。但是，这种办法忽略了一点：是他的家暴行为引起的冲突。

和大多数家暴者一样，杰西运用了一系列谈话控制手段：

- 虽然他明显很生气，但他就是不承认。他不去解决困扰他的问题，反而因为其他事批评贝亚。
- 他变着法侮辱、贬低贝亚，比如说她喜欢唠叨不停、梦想成名，嫌她"不成熟"，还说她明明自己很烦恼却说他在烦恼。
- 他告诉她，别人瞧不起她、没把她当回事她都不知道，还说她"幼稚"。
- 是他冒犯了她，她才提高音量，他却因此批评她。
- 他说她虐待他。
- 他跺脚离开，为了扮演受害者的角色，在冷天里走很远的路回家。

留下的贝亚感觉很痛苦——就像一根被猫抓过的柱子。这次经历让她这么难过，一部分是因为她不知道像这样的言语攻击什么时候还会发生，也不知道它们是由什么引起的。她每天都会去接杰西回家，两人愉快地谈论他的工作。所以她想，一定是他的工作出了什么状况，他在拿她撒气——可能多少有这方面的原因，但其实与正在发生的事无关。

那是怎么回事呢？这就要从两周以前说起。杰西和贝亚和杰西的亲人一起出去吃饭。从他们的吵架中，我们得知：杰西不希望贝亚成为关注的中心。为什么呢？有以下几个原因：

1. 他觉得她应该充当他的配角。意思就像"每个伟大的男人背后都站着一个女人"。所以，如果他们中有一个要成为注意的中心，那个人应该是他。如果他想安静，她也应该安静。
2. 他不断地关注着她的错处，所以他以为所有人都和他一样。
3. 他不希望她以聪明、能干、有趣的形象出现在大众面前，因为这与他根深蒂固的观点相冲突——她不理性、不能干、不值得关注。而且他希望其他人也这么看她。
4. 他害怕一旦她有了实力，就会离开他——这非常有可能。

注意，第二点和第三点几乎是相矛盾的：他怕她表现差，让他难堪，但又担心她表现好了，别人会觉得她能干。这两种情况，都会让他产生强烈的反应。

我们还会发现，杰西觉得贝亚上新闻学课威胁到了他对她的控制。实际上，这可能就是过去两周困扰着他、让他心情不好的事。当家暴者看到伴侣有能够独立的苗头时，便会想办法阻碍她进步。

再回到吵架的那一天，我们发现，杰西把自己的一些特点安在贝亚身上，比如以自我为中心、长期不满、大吼大嚷和不关心他。有时候，家暴者的这种行为会被误当成投射，即人们将自己的恐惧和自身的缺点影射到周围人身上的一种心理过程。但是，如我们在第三章所见，家暴者颠倒事实的过程和投射并不相同。杰西认为贝亚吼他，是因为他的核心价值观里有一点，就是无论他做了什么，她都不该生他的气；他之所以觉得她不关心他，是因为在他心里，她不能关心她自己和其他人，只能关心他；他之所以觉得她以自我为中心，是因为在他看来，她应该为他而兴奋，而不该为自己的事兴奋；他之所以觉得她长期不满，是因为她有时候会让他负责任，而不是每次都替他收拾烂摊子。

杰西也把投射当成一种控制手段。他将自私和家暴等表现影射到贝亚身上，一部分是为了让她的不满无处发泄。有许多客户曾告诉我："噢，我知道我对她的那些指控都不是真的，但这真的是控制她的好办法。"（家暴者承认自己故意使用家暴和控制行为的情况太普遍了——如果被抓了现行。）由此，"投射"还不足以解释家暴者为什么会有那些不实的指控。

最后，我们要分析的是：杰西为什么要在大冷天独自走回家，为什么要让自己扮演受害者的角色？

- 他想让贝亚对他有歉意，这样，才能将她的感受挤出去，让他的感受置于注意的中心。而且，这样做会让她觉得自己不应该在意他刚才的言语攻击，因为他已经够可怜了。
- 他想让别人同情他。他可以跟亲朋好友说，他和贝亚如何吵架，他又如何伤心地走回去，亲朋好友就会想："这个男人真可怜。"他可能还会稍加调整，把故事变成有利于他的版本——家暴者经常会把自己的故事装扮一番——他可能会说，她一气之下丢下他开车走了，他就只能冻着走回家。这些手段都不是他提前计划好的，但经验教会他，扮演受害者会得到更多同情。
- 他希望她在乎别人的看法。她也不希望当坏人，所以她会采取措施，缓和他们的关系。
- 从某种程度上讲，他也希望独自走上半小时，让自己好好自怜一番，这样他就会觉得自己对贝亚的残忍行为合乎情理。家暴者也是人，在他们内心深处还藏着一丝良心，它知道那些行为是不对的。它偶尔会跳出来，所以家暴者不得不将它踩回去。

每一次和家暴者吵架都像是走过一片雷区，每一块区域都不一样。杰西是"水刑"型和"受害者"型家暴者的混合体，偶尔还是"正确先生"。也许，为同样的事吵架，"教官"型和"花花公子"型家暴者的表现会完全不同。但是，无论哪种类型，家暴者的行为很少像表面那样不理智、情绪化。

家暴者争吵的四个重要特征

你会发现，你和家暴者的每一次冲突都很独特，可以有一千种开始方式，却只有四五种结果——全都是坏的。你那痛苦的徒劳感和无可避免感实际上源于他对言语冲突的看法。他的看法注定了每一次争吵只能朝着有利于他的方向发展——满足他的欲求，要不然就是没有结果。有四个明显的特征：

1. 家暴者把每一次争吵当成战争。

在言语冲突中，他的目标不是协调不同的欲求，不是理解对方的感受，也不是想出互利的办法。他只想赢。判定输赢的是说话最多，最伤人，且能控制最终决定的那一个。除了赢以外，他不能接受任何结果。如果他觉得自己吵输了，会战略性地撤退，然后养精蓄锐，重新发起进攻。

我们发现，在家暴者内心的更深处，还有一种态度，那就是这整段关系都是一场战争。有了这种心理，他和伴侣的关系就分成了对立的两边，你要么在这边，要么在那边；要么是主宰者，要么是屈服者；要么是第一，要么是倒数第一；要么是真男人，要么是失败者。除此之外，他想不到别的。

2. 在他眼里，她总是错的。

如果一个人认定他的观点正确、全面，你的观点错误、愚蠢，那么和他争论没有任何意义。谈话进展不到哪儿去。

问题不在于他的争吵是否激烈。一些没有家暴行为的伴侣也会很激动、很确定地表达自己的观点，但他们仍然会被别人的观点影响。另一方面，当某人不诚心听取你的观点，而是想方设法打击你时，你并不难发现。当你的伴侣轻蔑地对你说："你怪我吵架时语气不好，其实是因为你接受不了我的强烈观点。"他这样说，就转移了注意力，让你注意不到他使用的手段。同时，他也在颠倒事实，其实是他接受不了你有不同的意见，不希望他自己的想法被你影响。（少数情况下，如果他接受了你的观点，他也会说那一开始是他提出来的。）

3. 在发生冲突时，他有许多控制手段。

在吵架的时候，我的客户们有许许多多办法欺负他们的伴侣，我可能说也说不完。以下列举了家暴者最常用的几种手段：

> 讽刺
> 嘲笑
> 曲解你的意思
> 扭曲之前交流时的情形
> 生闷气
> 把自己的行为和想法推到你身上
> 使用非常确定和最终裁定的语气——"定义事实"
> 打断你的话
> 拒绝听，拒绝回应
> 嘲笑你的意见或观点
> 利用你的不满来对付你
> 将话题转移到他的不满上
> 经常严厉地批评你、冤枉你

> 引发你的内疚
>
> 扮演受害者
>
> 得意地笑、翻白眼、轻蔑的表情
>
> 大吼大嚷
>
> 咒骂
>
> 骂人,说一些侮辱人、令人难堪的话
>
> 走开
>
> 耸在你面前
>
> 威胁似的走向你
>
> 堵住门
>
> 其他身体威胁,比如生气的时候离你非常近
>
> 威胁说要离开你
>
> 威胁说要伤害你

这些对话控制手段,无论谁使用,都很令人反感。但是,家暴者使用这些手段尤其让人觉得有压力、不舒服,因为双方处在一种存在情感和身体威胁的环境中。在发生冲突时,许多家暴者都会大量使用以上手段。既然你觉得和伴侣吵架是一场战争,那为什么不用上一切你能想到的武器呢?有了这种潜在心理,以上那些行为几乎无可避免。

家暴者特别想让你的观点失去可信度,尤其是你对他的抱怨。比如,他会告诉你,你抱怨他虐待你的真实原因是:

- 你不希望他对自己感觉良好。
- 你不能接受他和你意见不同,不能接受他生气,或者不能接受他是正确的。
- 你太敏感了,总是过分解读或者错误地理解一些事。
- 你小时候被虐待过,或被前任虐待过,所以你看什么都是家暴。

他就是用这些策略来避免认真对待你的不满,如果不这样,他可能

就要改变自己的行为和态度。

在一场激烈的争吵中，家暴者的目标其实是让你停止思考、保持静默。因为对于他来说，你的意见和不满会妨碍他将自己的意愿强加给你，也会冒犯他的权利感。如果仔细看，你会发现，他的许多控制行为，最终目的都是让你失去可信度或者保持静默。

4. 他想方设法得到自己想要的。

家暴者在争吵的时候，最重要的是一定要得到自己想要的——今天想要的、明天想要的，或者一直想要的，而且他觉得自己有权利得到。

家暴者的循环

和家暴者一起生活，既有令人兴奋的美好时光，又有打骂和性侵犯的痛苦经历，令人混乱。关系持续越久，美好的时光就越短暂、越遥远。如果你和家暴者在一起很多年，美好时光可能已不复存在，只有源源不断的痛苦。

一段相对平静的时期过后，可能有几天或几个星期，家暴者变得越来越暴躁。随着暴躁程度的加剧，他会因为一点点小事就不停地羞辱你。他会找各种借口说自己没有变本加厉。此外，他对你的苛责和不满也成了家常便饭。许多女人告诉我，她们学会了通过这些特点来解读伴侣的心情，而且她们能感觉出他什么时候会暴发。等到有一天，他终于达到了极限，便会对你大喊大叫，变得面目可憎，羞辱你，甚至吓唬你。如果他是个施虐者，还会扔东西、摔椅子、捶墙，甚至直接攻击伴侣，让她害怕得要命。

等他发泄完后，通常会为自己的残忍行为而感到内疚、后悔，至少在头几年里是这样。然后会有一个时期，他仿佛变回了你最初爱上的那个人——体贴、有趣、善良、惹人喜欢。他的行为把你带进了一个痛苦的循环，每一次你都希望他能彻底改变。再然后，你会看着他慢慢变回曾经的那个家暴者，那时你又开始担心、迷茫。

女人们通常会问我："在这个循环期间，他在想什么呢？他为什么不能停在那段好的时期，我怎么才能让他停留在那里呢？"要回答这些问题，我们先从他的视角来看看：

· 冲突加剧阶段

这段时期，你的伴侣在收集你的缺点，并将它们妥善保存起来。你犯下的任何一点错，你带给他的每一次失望，任何与他心目中完美无私的伴侣形象不符的东西都将成为你的污点。

家暴者会培养怨恨。我的一个前同事把这个习惯叫作"怨恨花园"，指家暴者种下一个小仇恨，精心培育它，让它变得无限大，使它配得上震怒和家暴。比如，杰西把餐桌上的对话种在了他的"怨恨花园"里，两周后把收割的怨气撒在贝亚的身上，还和其他问题一起，滚成一个又大又丑的球。

为了抵御你的抱怨，家暴者把他储存的怨气当作武器，以保护他那珍贵的自我中心主义和无责任感。而且，他收集的你的缺点都是普通的习惯。家暴者还喜欢一边走来走去，一边细数伴侣的传闻中的错误。因为他觉得你有责任替他收拾烂摊子，所以他把你当成垃圾场，用以倾倒生活中的一切挫折和失意。

· 暴发阶段

家暴者在心里积累对你的怨恨，直到他觉得你应该受到惩罚。只要他准备好了暴发，一点火花就能将他的怒火点燃。这时候，受虐者就会选择主动"引爆"他，即便这是一件可怕的事。因为等着他暴发的过程更煎熬。他的言语攻击和身体攻击很可怕，但至少结束了。

暴发之后，家暴者会想，是自己失去了控制，是对方挑衅在先，或是自己无法忍受那种痛苦，这样就不会觉得愧疚。在其他时候，他可能会说男人比女人强大，没有她们情绪化。而现在，他却说"男人的忍耐太有限了"或者"她真的太让我伤心了，我忍不住才暴发的"。他可能认为女人的情绪反应（比如号啕大哭）很可鄙，即便没有对任何人造成伤害。但当男人有强烈的情绪时，即便使用暴力也情有可原。我客户中的一些强硬分子甚至不害臊地把痛苦的感觉当成他们家暴的借口。

· **"真心与鲜花"阶段**

　　道完歉后，家暴者会进入一个相对平静的时期。通过暴发和虐待伴侣，他仿佛精神得到了宣泄。他感觉活力焕发，感觉又是一个新起点，可以将他们的关系驶往另一个方向。当然，作为他家暴目标的伴侣，精神却无处宣泄（每循环一次就增加了一分痛苦）。可是，以自我为中心的他却觉得，因为他感觉好了，所以她也应该感觉好点。

　　在这段时期，家暴者试图重建被家暴摧毁的桥梁。他想得到伴侣的原谅，想要性爱，想确保她不会离开他——或揭发他。这一阶段，卡片和礼物的出场率很高，因为它的名字是"真心与鲜花"。然而，家暴者不会认真反思，只会用墙纸将他打的洞盖起来，然后一切照旧。好的时候不会长久，因为一切都没有改变。他的强制习惯、他的双重标准和他的蔑视还在。那个循环还在重复，因为它没有理由不重复。

　　一些家暴者并不像我上面描述的那样，他们没有明显的循环。也许你伴侣的家暴行为没有一定的模式，所以你永远也猜不到接下来会发生什么。我的许多客户似乎因为自己不可预测而觉得很兴奋，这进一步增加了他们的力量。这种随机的家暴，对你和孩子们的心理伤害特别大。

细看好的时期

　　一个酗酒的人一两个月不喝酒，我们称之为"戒酒"。这个戒酒期打破了一贯的模式，给人以积极的希望。但是，就家暴而言，家暴者表现好的时期——或者至少没有最坏表现的时期——并没有真正脱离他的模式。它通常是家暴的一个组成部分，已经交织进家暴者的思想和行为中了。

这些好的时期起到了什么样的作用呢？包括以下几个方面：

- 他偶尔的慷慨和仁慈让他自我感觉良好。他可以让自己相信，捣乱的人是你，因为"你看，我是个多么好的人"。
- 你渐渐地感觉到温暖，对他也更加信任。这些好的时期可以挽留你，尤其是在他没有别的办法（比如财务控制和威胁说要带走孩子）留住你时。
- 你对他越发信任后，就越会把自己对生活中各种问题的真情实感暴露在他面前，而且你会更在乎他，这些就成了你的弱点，之后会被他用来控制你（虽然这些不是他故意计划好的）。比如，在杰西的"糟糕期"，为了保护自己，贝亚可以告诉杰西她去上新闻学课"是为了获得大学学位需要的英语学分"。可是在好的时期，她也许会告诉他，她的梦想是从事新闻业，而他会说这个想法不错。可之后，当他回到家暴模式后，便会用他知道的这些来伤害她。
- 他利用这段好的时期塑造公众形象，让别人很难相信他是个家暴者。

在大约两千多名客户中，我还没遇到过谁的好时期能持续很久的，除非此人深刻反省过他的家暴态度。他的仁慈和关心通常只是另一种控制和操纵的方法，会让他的家暴行为更加严重。我发现，对被虐待的女人来说，承认这个事实太痛苦、太可怕了，因为他从你身上带走了太多，而这些好时光，连同那时的希望，是你唯一可以拥有的东西。可是，你幻想他能改变，这种幻想会让你掉入陷阱，当他回到从前的样子时，它又增加了你的无助感和失望感。真正的改变与之完全不同——你几乎不会将两者弄错，我们会在第十四章讲到。

一成不变的原因

要回答"他为什么那样做？"，我们需要了解家暴行为的基础。第一个层面是家暴者的态度、观念和习惯——驱动他日常行为的思想，这点我们已经了解过了。第二个层面是男孩变成家暴男的学习过程，换句话说，就是家暴价值观的来源，这将是第十三章的主题。

除此之外，还有第三个层面，我们在讨论家暴问题时很少提到这点，但它是重要的因素之一：家暴者能得到什么好处，让他觉得自己的行为值得？家暴有什么好处？这种破坏性的模式如何得以巩固？

想象如下场景：星期三晚上，爸爸妈妈和他们的孩子一起用餐。爸爸很生气，把桌上的每个人都批评了一遍，他的紧张感像电流一样四处传播。吃完饭后，他突然离桌，走了出去。他十岁的女儿问："爸爸，你要去哪儿？星期三该你洗碗。"听到这番话，爸爸怒吼道："你个不知天高地厚的小鬼，竟然敢指挥我！小心我把碗盖在你脸上！"他说着从桌上抓起一个盘子，装作朝她扔过去的样子，然后转身将盘子摔在地上。接着，他扳倒一把椅子，气冲冲地走了。妈妈和孩子们吓得瑟瑟发抖，女儿开始号啕大哭。这时，爸爸又出现在门口，叫她闭嘴。她只能把眼泪憋回去，这让她抖得更厉害了。爸爸没有碰他们一下，却让一家人惊恐不已。

然后又到了下一个星期三。晚餐照常进行，没有了上一次的紧张感，可是爸爸吃完饭后还是大摇大摆地走出了厨房。这一次，还有人提醒他该他洗碗吗？当然没有了。直到很久很久以后，也没有人犯那个错误。他们要么悄悄地清洗完，要么为了谁洗碗而吵一架，把爸爸带给他们的失望发泄在其他人身上。爸爸的恐怖行为得到的结果是：只要他不想洗碗就可以不洗，而且没有人敢提醒他。

任何家暴行为都会给家暴者带来好处。久而久之，**家暴者就习惯了这些令他舒服的东西，习惯了这些特权**。他如此坚决地继续他的家暴，有以下几方面原因：

1. 权力和控制带来的内在的满足感

家暴者通过一些强制性和威胁性的行为来获得权力——那是一种强有力的、令人兴奋的感觉。使用这种权力的人会觉得自己的地位很重要，觉得自己有影响力，而且会从生活的忧愁中得到短暂的放松。吸引他的不是伴侣的痛苦，大部分家暴者都不是虐待狂。实际上，他还要竭尽全力掩盖自己对她的同情。令他快乐的是那种统治感。

然而，那阵令人兴奋的权力感只是家暴者通过虐待伴侣而获得好处的开始。如果他得到的好处仅限于此，我要劝客户们改变就容易多了。

2. 如愿以偿，尤其是得到对他来说很重要的东西

一段浪漫的关系，需要不断地协调双方的不同需求和喜好。我们要找到这些不同，因为它们对伴侣双方的情感生活至关重要，比如：

- 我们圣诞节（或者其他重要节日）和谁一起过？是我的亲戚，还是你那些让我紧张又不喜欢我的亲戚？
- 今晚我们是去我最喜欢的餐厅吃饭，还是去那个我厌倦了而且孩子们也不喜欢的地方？
- 我要独自一人尴尬地参加公司聚会，你是否愿意陪我去，即便你想在家做别的事？

这些问题的影响不容低估。你在一段关系中的幸福感很大程度上取决于你的需求是否有人听，是否被认真对待。如果决定权被一个有家暴倾向、善于控制的伴侣掌握着，那么，你会一再地感到失望，会不断牺牲自己的需求。而他，则在享受这段关系，不用妥协，只做自己喜欢做的事。风险降低了，他就开始炫耀自己的慷慨，好让朋友们觉得他是个多么好的人。

到最后，家暴者得到的好处是：不做任何牺牲就拥有一段亲密的关系。那真是一种非常优越的生活。

3. 找到了一个发泄的对象

你是否曾有过失望至极，或经历失去之痛，想找个人责怪的时候？比如，你是否曾因为工作不顺心而把气撒在店员身上？许多人都会因为心情不好而牵连无辜的人，以暂时缓解悲伤和失意。有时候，你还得看住自己，别让自己把别人的脑袋给咬下来。

然而，家暴者却不会看住自己。他反而觉得自己有权利将伴侣当成某种垃圾场，让他将生活带给我们的痛苦和失意当作垃圾扔进去。她一直都是一个很好的目标，易于责怪，而且不能阻止他"倒垃圾"，因为如果她试图阻止，他就会变本加厉。他借口说自己活得太痛苦，就把他的痛苦扔给她——即便是真的，也没有道理，更何况这往往不是真的。

4. 她是免费劳动力，他活得悠闲自在

在一段关系中，没有哪个家暴者会分担自己那一份劳动。他会利用伴侣，让她辛苦地看家、做饭、带孩子，打理生活的琐事。或者说，即便他属于少数会分担家务的男人，也会利用伴侣的感情，让她全心全意地关心、照顾和支持他。而对于她的涌泉付出，他只会以滴水相报。

她的免费劳动换来了他的悠闲自在。他在谈论自己的时候，不用承担倾听的责任。周末她看孩子的时候，他就可以看体育比赛、攀岩或者写小说。我的客户们从来不想总有人在做这些事，他们只觉得那些事总是被神秘地做完了，还说女人"懒"。然而，从更深的层面讲，家暴者似乎知道伴侣很辛苦，因为他们拼了命也要甩掉那个负担。他习惯了这种享受，还常常夸张地说自己修车有多累。

研究表明，大多数女人觉得伴侣没有平均分摊家务。但是，伴侣不是家暴男的女人可以选择抗议，并且要求她的伴侣把剩下的事做完。而和家暴男在一起的女人，即便抗议，他也会视而不见，甚至让她付出代价。

家暴者总是随心所欲地来来去去，履行自己的责任也靠一时兴起，但凡令他不快的事，他都会略过。实际上，有些家暴者很少回家，他们只把家当成一个定期补充燃料的基地。

5. 成为注意的中心，需求得到优先满足

如果一个女人的伴侣长期虐待她，她心里成天想的是什么呢？当然是他了。她在想，怎么安慰他才能让他不暴发，怎样才能提升自己在他眼中的形象，如何小心翼翼地向他提起一个敏感的话题。留给她思考自己生活的空间非常小，这正合了家暴者的意。因为他希望她只想着他。家暴者不仅收获了她的配合，身体、情感和性需求还得到了照顾。如果他们有孩子，那么，为了不让他发火，全家人都会尽量照顾他的情绪。一直成为注意的中心，总是能得到自己想要的，确保情感需求得到满足——他享受在其中不愿离开。

6. 财务控制

在现代关系中，金钱是引起冲突的主要原因，至少有孩子的家庭是这样。财务选择很大程度上影响着生活质量。谁来买重要的东西；为未来（比如退休后）做了什么准备；要参加什么休闲活动、要去哪儿旅行；谁去工作；谁不去工作——如果不想的话；要怎么满足孩子们的需要。如果你在这些事上没有发言权，那将会对你产生长远的影响。而另一方面，掌握着这些决定权的家暴者会为自己谋取重要的利益，无论你的家庭贫穷与富裕。比如，我听过的最常见的手段是：家暴男通过欺骗性交易，在女方的财产证明（比如房产证）上加上自己的名字，甚至把女方的名字改成他的名字。实际上，我的一些客户的家暴行为完全是以经济为基础，他们或公开或通过耍手段，从伴侣那里拿走成千上万美元。

在感情破裂后，有经济剥削历史的家暴者的财务状况会比伴侣好很多。这种不平衡让伴侣更难离开他，特别是她还得想办法养孩子。他可能还会利用这种经济优势去请律师和争夺抚养权，这是受虐女性可能面临的最可怕的事之一。

7. 确保他的事业、教育和其他目标处于优先地位

有一个问题与财务控制紧密交织在一起，那就是优先满足谁的个人

目标。如果家暴者为了考一个有助于他晋升的证，需要离开几天，那么他会毫不犹豫地去做。如果一次工作机会需要他搬去别的州，他很可能不会管他的决定会给伴侣带来什么影响。有时候，她的目标也会优先，但也只是在不妨碍他的目标的前提下。

8. 不用付出就能得到作为伴侣和父亲的公共地位

在公众的目光之下，拥有讨好人的伎俩和充沛精力的家暴者，是有趣且充满爱心的伴侣，是亲切、有责任心的家长。他沉浸在不了解他私下行为的亲友、邻居和路人的微笑与欣赏中。

9. 亲朋好友的支持

家暴者通常会选择和支持家暴观点的人做朋友。另外，他可能来自家暴家庭，也许他的父亲或继父就是他的重要榜样。如果这就是他的社会背景，那么他就知道如何控制自己的伴侣，如何"让她安分守己"，并且在她抱怨他时对她嘲笑一番。而且，他的亲朋好友甚至会和他一样，认为女人不理性、有报复心和贪得无厌。对于这种人，要他放弃家暴，相当于让他同时放弃了他的啦啦队。

10. 双重标准

家暴者会悄悄地或公然地强制使用一种制度，在这种制度下，他把某种标准和规矩用到你的身上，而他却不用遵守。他允许自己偶尔出轨，"因为男人有需求"，但如果你多看了哪个男人一眼，你就是"荡妇"。吵架的时候他可以大喊大叫，但只要你提高音量，那就是"歇斯底里"。他可以揪孩子的耳朵，但如果你抓着儿子让他别捶你的腿，那就是"虐待儿童"。他可以指出你的错误，而他就是无可指摘的。所以他就不用面对你的抱怨和他的自私行为造成的后果。家暴者有权遵守一套专门为他设定的特殊标准。

迅速往回看一眼这些令人印象深刻的特权，还有人不相信家暴者不愿意改变吗？家暴的好处是一大社会秘密，很少被人提及。为什么呢？多半是因为家暴者太擅长分散我们的注意力。他们不想让人发现这种制度是如何为他们服务的（甚至不愿意承认是为他们服务的）。如果我们发现了，就不会同情他们，还会让他们为自己的行为负责。只要我们把家暴者当成受害者，或者失控的怪物，他们就会继续逃脱惩罚。**想要家暴者改变，我们就得要求他们放弃剥削带来的享受。**

如果你和控制欲强的伴侣发生争执后觉得很受伤、很困惑，不妨问问自己：他想从他所做的那些事中得到什么？他最终获益了什么？思考这些问题有助于你理清头绪，识别他的手段。

当然，家暴者也会因为家暴失去很多东西。比如，他无法建立一段相亲相爱的关系，也失去了同情和共情的能力。但这些都不是他重视的，所以即便失去也没什么感觉。即便他想和伴侣相亲相爱，这个愿望也比不上家暴带给他的利益。

他会变得暴力吗？

家暴者是令人害怕的。即便他从未动过手或者威胁人，他的伴侣也会想，他到底能做出什么事来。她发现，他有时候会变得很恶毒。有时候，能明显感觉到他想压榨她的情感。还有时候，他会把她损得体无完肤。当一个人露出恶毒的一面时，你自然会想，他会不会变得更恶毒，这样想也是明智的。经常有受虐女性问我："你觉得我的伴侣会变得暴力吗？还是我反应过度了？毕竟他又不是虐待狂。"

在弄清楚这个问题之前，记住下面的话：

> 研究表明，相比其他预警信号，
> 女人的直觉可以更准确地预测出伴侣是否会对她使用暴力。

所以，首先要认真听自己内心的声音。

当一个女人对我说，她担心伴侣可能有暴力倾向时，我首先会鼓励她密切关注自己的感觉。如果他让她感到害怕，那么她应该认真对待自己的直觉，即便她不相信他是故意吓她的。接下来，我要知道哪些是已经发生了的：

他以前有没有把你锁在房间里，不让你出来？
他以前有没有扬起手，做出要打你的样子？
他以前有没有扔东西打你，或差点打着你？
他以前有没有控制住你或抓着你不放？
他以前有没有推过、戳过或揪过你？
他以前有没有威胁说要伤害你？

如果所有的答案都是肯定的，那么就不用怀疑他是否会变得暴力了，他已经有了暴力倾向。很多女人告诉我她们的伴侣对她们使用言语暴力，我发现，她们的伴侣有一半以上也会使用身体暴力。

我们要用常识和法律来定义暴力，而不是采用家暴者的定义。家暴者会拿自己和更糟糕的人比，将自己的行为弱化。他们觉得那些才是"真正的"家暴者。如果他没有威胁过伴侣，那么对他来说威胁才是真正的家暴。如果他只是威胁，没有真的动手，那么，打人的才是真正的家暴者。所有的家暴者都存在这样的心理：他打了她，但是没用拳头……他打了她，但她没有骨折，没有上医院……他狠狠地打了她，但之后他道歉了，还亲自送她去了医院（我有几个客户就是这样）……在家暴者的心里，他的行为并不是真正的家暴。

客户的一番话揭露了另一种心理："我和那些回到家就无缘无故打老婆的人不一样。"换句话说，如果他有充分的理由，那就不算暴力。家暴者的这种思想也会像绦虫一样钻进女人的心里。客户的伴侣经常对我说这样的话,"我是真的把他逼急了"或者"他没有打过我,只是推了我几次",这肯定是家暴者灌输给她们的。

为避免出现这种扭曲的思想,我们需要将家暴的定义权从家暴者手里抢过来,给予它正确的定义。以下行为就属于暴力:

- 对你进行身体伤害或威胁,利用身体接触来控制或威胁你
- 让你以为他会对你进行身体伤害
- 强迫你进行性接触或者其他你不愿意的亲密行为

利用以上的定义,我们可以回答几个重要的问题:

问:如果他说要把我打得"屁滚尿流",但没有这么做,算是暴力吗?

答:是的。威胁说要进行身体伤害属于身体虐待。受到威胁的女人会逃避或退缩,她们要么跑出去,要么带着孩子们躲起来。当然,它对情感也有影响,因为身体虐待本身就是一种心理虐待。

问:他戳我算不算暴力?

答:也许吧。依我的经验看,非强制型的男人是不会戳他们的伴侣的。如果他使你害怕,给你带来痛苦,控制你或让你不禁想他接下来会做什么,那就是暴力。是否会出现这种结果,一部分取决于他曾经有过怎样的威胁行为或者他在特定事件中的动机是什么。如果他反复出现情感虐待,那么戳你肯定是家暴。如果是其他情况,则另当别论。

家暴者当然会否认自己有威胁伴侣的意思,他会说自己只是"失控了"或者"再也忍不了了"。如果她因此难过,他会奚落她:"戳一下你就说是暴力?那是家暴吗?真是滑天下之大稽!"在我看来,这种欺负人的回答恰好证明

他确实有权力动机。

问：我打了他一巴掌，他就把我打得鼻青脸肿。他说他的行为属于自卫。他说得对吗？

答：不对，那是报复。我的客户们经常说自己还手是为了"让她尝尝被打的滋味"或者"让她知道不能那样对我"。那不是自卫，自卫是指用非常小的力道保护自己。他把她打他当成他暴力表演的开场，从而让她看看，如果将来她不小心点，会有什么后果。通常，他的报复行为对她的伤害，比她对他的伤害大许多倍，这让他的自卫说法更站不住脚。他觉得，他被你伤害了，就有权利对你造成更大的伤害。

问：他说我暴力，因为我扇了他耳光，还推了他几次。他这么说对吗？

答：如果你的行为没有伤害、威吓或者控制他，就不符合我对暴力的定义。他给你贴上暴力的标签，是为了把焦点转移到你的错处上，这么做只会让他牢牢地控制你。但我还是建议你不要再对他动手，因为他会抓住这个借口狠狠地伤害你。有些女人觉得自己也可以通过暴力控制他。她说："我可以挨打，也可以对他大打出手。"可是，时间一久，你会发现，被控制、伤害和威吓的还是你。此外，除了自卫以外，对伴侣大打出手也是不对的。把你的行为当成一个预警信号，提醒自己，你不能控制你的家暴者伴侣，然后立即拨打妇女维权公益服务热线。

问题 11：
他的口头虐待会变成暴力吗？

如果你的伴侣还没有使用任何身体暴力，你怎么判断他是否可能朝那个方向发展呢？以下这些迹象会告诉你，一场暴力的风暴早晚会来临：

- 他生你气的时候，会不会丢东西、用拳头打门或者一脚踢在车上？他有没有使用暴力姿势，比如气得咬牙、扯衣服或者甩动手臂以示愤怒？他做这些事的时候你有没有被吓到？
- 他是愿意为这些行为承担责任，同意停止这些行为，还是生气地辩解？
- 当你告诉他这些行为让你害怕时，他能不能听你说，还是他会把这个话题扔回给你，说是你引起的，这样就变成了你自己的问题？
- 他有没有把这些可怕的行为作为交易？比如，他说如果你不再见你的朋友们，他就不捶墙了。
- 他会不会否认自己与这些可怕的行为有关？比如，他说门是别人弄坏的，或者是你在编造、夸大事实。
- 他有没有说过一些隐晦的威胁的话？比如"你不会想看我发疯的"或者"你不知道自己在惹谁吗？"。
- 他有没有非常严重的言语家暴？（研究表明，言语家暴的程度最能预测一个男人是否会变暴力。）

虽然这些问题能帮助你判断伴侣的暴力倾向程度，但是，无论你的答案是什么，都要和女性权益维护组织取得联系。你在考虑他是否会变得暴力的时候，就意味着什么地方出现了严重的问题。

如果你的伴侣伤害你或恐吓你，考虑寻求法律帮助。比如，在许多州，只要你觉得伴侣让你害怕，即便他没有打你或者对你进行性侵犯，你也可以申请限制令。在一些州，女人可以选择申请一种允许男人继续住在家里，但禁止他有可怕行为的限制令。

第九章中的"安全地离开家暴者"讲了一些判断你的伴侣有多危险的办法。另外，我们将会在第十二章"我应该申请限制令吗？"中讨论采取法律措施的好处与坏处。

家暴中的种族和文化差异

我发现，家暴者的基本思想和行为走了种族的捷径。无论是否有意识，这些家暴者的潜在目标就是控制他们的伴侣。当伴侣没有满足他们的需求时，他们觉得自己有权要求服务或者施加惩罚。他们轻视伴侣，认为伴侣比他们低等，这种观点往往延伸至他们对全体女性的看法上。

与此同时，家暴的形式根据不同的种族和文化而大不相同。家暴者采用的家暴形式是他们所处背景中的同性广为接受的。比如，我的美国白人客户在吵架和表达愤怒方面要求极为严格。如果他们的伴侣提高音量、咒骂或拒绝闭嘴，那么家暴便会随之而来。来自其他国家的客户则更关心他们的伴侣是否顾家，是否准备好了一日三餐。他们的社交生活总是围绕着食物，所以他们期待每天都有温热可口、花样丰富的晚餐等着他们。即便他们晚了两个小时回家，没有提前打电话告知伴侣，仍然希望饭菜是热的。我还发现，有些国家的人特别善妒，如果他们的伴侣在街上和陌生人说了十分钟话，或在派对上和别的男人跳了一支舞，他们就会对伴侣进行言语攻击。来自某个地区的家暴男一般会用皮带打孩子，然而另一地区的家暴男强烈反对这种做法，他们的手段反过来又令前者震惊不已：他们会夺走孩子的监护权，让他们和妈妈分开。

不只是家暴行为，就连伴随这些行为的借口和辩解之词也有部分是由家暴者的背景决定的。比如，某一群人更多是以失控为借口，而另一群人则承认他们的行为是自己选择的，但辩解说，为了不让这个家庭失去控制，他们只能采取家暴手段。

在第十三章，我们会讲到，家暴会通过文化修养代代相传，因此它在每一个社会群体中都有其独特的形式。可是对于作为家暴对象的女人（还有儿童）来说，文化形式的不同并不能改变她们的生活品质。家暴就像包含了一系列材料的食谱：控制、权利感、不尊重、借口和辩解理由——这些往往都是真实存在的，而且时常伴随着身体威胁和暴力。家暴者往往会这种配料多用一点，那种配料少用一点，因文化的不同而使用不同的烹饪手段，允许伴侣拥有一些权利，剥夺她们的另一些权利。可是，无论怎样变化，家暴的味道仍然非常相似。不同国家和种族的家暴者（还有他们的伴侣）之间，有着许许多多的共同点。

有的地方允许虐待女性吗？

我通常会误以为有些国家和族群的男人比大多数美国和加拿大人更易于虐待女性。比如，有时候，社会工作者告诉我："我负责的那家人来自一个家暴普遍存在和被接受的地方。"然而，事实是：在我们的社会中，支持家暴的文化确实存在，甚至包括一些特权阶层和受过良好教育的阶层。而我们国家的家暴数据，虽算不上最糟糕，但也是相当高的。此外，美国是唯一没有承认关于消除妇女歧视的联合国公约的工业化国家。因为公约特别提出了家暴也是一种歧视。指责别的国家是我们忽略自身问题的一个方法。

实际上，虐待女性——或广泛地支持它——是大多数当代文化中普遍存在的问题。只有在一些极力反对各类侵犯的、男女同权（或几乎同权）的部落才没有家暴。

一些国家的家暴者非常清楚而直接地体现了他们的文化或宗教规则，在这样的规则之下，他们的态度显得尤其糟糕。比如，一个男人可以说"是上帝命令男人惩罚女人的"或者威胁他的伴侣说"妻子的任务之一就是满足丈夫的性需求"。有这种想法的美国白人家暴男比其他国家的家暴男少吗？不。他们只是把自己的想法藏得很好，这样就显得他们更加"文明"而已。可是，一种文化的直接性和它的力量不是一回事。我曾经和几百名来自不同国家和种族的非白人家暴男打过交道，我可以肯定地告诉你，我的那些中产阶级白人客户和他们一样，认为自己的行为理所应当，而且他们同样高高在上、不尊重女性。作为盎格鲁-撒克逊新教文化的产物，我深知它有一个悠久的传统——将虐待女性进行漂亮的包装。打开这个包装就会发现，它并没有什么不同。

一些特殊的文化借口和辩解理由

家暴男使用的一些文化性的特殊理由让女人尤为不解。比如，身为有色人种的家暴男普遍认为他生活中所遇到的种族歧视可以作为他虐待伴侣的借口。如果你抱怨他虐待你，他会指责你背叛他、支持贬低他的白人文化。因为种族歧视仍是一个残酷的现实，所以他成功地让你因为指责他、意图离开他而觉得愧疚。如果你和他的背景一样，那么他就会使用双重标准。在他心里，他虐待同为有色人种的伴侣并不算背叛他的族群，可如果你抱怨、谴责他虐待你，他就认为你背叛了他。他完全颠倒了事实：其实背叛种族团结的人是他。

我还遇到过一些原教旨主义者客户，他们通常是基督教徒、伊斯兰教徒或东正教徒。来自这些群体的家暴男公然支持：女人基本上没有权利，男人是一个家里无可争议的统治者。更糟糕的是，近二十年来，这些教派的政治权力在世界范围内大大提高。看看基督教原教旨主义在美国日渐增加的影响就知道了。生活在这些族群内的女人尤其受困于家暴之中，因为她们的反抗会被视为罪恶，而且周围的人也都会支持，甚至敬重家暴者。[玛丽·福琼（Marie Fortune）的《保持信仰》（Keeping the Faith）给了生活在家暴中的基督徒妇女很好的指导。]

我的一些美国黑人客户称黑人妇女太过强硬，不可能遭到家暴，他们甚至说自己才是暴力的受害者。他们通常还说这个黑人家庭是"母系家庭"或"女人说了算"。他们如此夸大文化差异是为了掩盖一个事实：最新的美国统计数据显示，美国黑人妇女被虐待的概率和白人妇女大致相同。依我的经验看，黑人妇女反抗身体家暴的次数确实比白人妇女多，但她们受到的伤害、惊吓和控制并不比她们少。

另外，一些来自部落文化的男人在最开始广泛接触当代社会后就养成了家暴的习惯。比如，一些部落女性称，电视出现在他们的地区后，家暴就随之而来。因为她们的男人开始学习现代文化中特有的暴力和男权观点。如此，部落男人开始为他们的家暴辩解，称那是进步，是跟随主流，他们把嘲笑伴侣和蔑视部落生活方式联系在一起。相反，有的人却声称传统文化支持他们的压迫性行为。

我们这里重点讲了家暴者所处文化的异同，除此之外，还可以通过另一种情况了解种族和文化对家暴的影响：当男方是美国（或加拿大）白人，而他的伴侣是有色人种或移民时。在这种情况下，家暴者通常会将种族主义作为额外的手段，来侮辱和控制他的伴侣。而作为有色人种的妇女在警察局、法庭、儿童保护服务处等场所会遭遇严重的偏见。

同性恋家暴者

虽然大多数家暴者是男性，大多数受虐者是女性，但是，这种不平衡是社会性的，不是生物性的。女人有时候也会虐待她们的同性恋伴侣，男人也会被他们的男性伴侣虐待。虽然异性恋家暴者使用的一些辩解理由并不适用于同性恋家暴者，比如"我有权统治你，因为我是男的，你是女的"，但是，他们会用同样有力的理由来替代。同性恋受虐男性也会像异性恋受虐女性一样，被深深困住。

首先，我们来看看同性恋家暴者没办法轻易做到的事（我在这里把家暴者称为"她"）：

- 她不能像直男家暴者一样，使用基于文化或宗教规则的性别角色。
- 她不能像直男那样拥有诸多社交权力上的优势。（无论社会如何变化，直男家暴者可以以多种方式利用这样一个事实：我们仍然生活在"一个男人的世界"。）
- 她不能像大多数直男家暴者一样利用身材和力气轻易地威胁伴侣。实际上，她可能比她的伴侣矮小或不如她"强壮"。

然而，同性恋家暴者可以用几种方式弥补这些空缺。这里我只列举几个例子：

1. 她可能比直男家暴者更确信自己没有家暴，无论她多么残忍，甚至暴力，因为同性之间是"不会出现"家暴的。她自己很确定这一点，所以她可以让受虐的伴侣相信，她们之间只是发生了正常的冲突。

2. 她会利用伴侣是同性恋这件事。她生气时会威胁她，说要把她们的关系告诉她父母，或者打电话到她上班的地方，让她丢了工作。如果她是个暴力者，还会对伴侣说："你觉得警察和法庭知道你是同性恋后还会帮你吗？"同性恋家暴男则会对他的伴侣说："你告诉警察说你害怕，他们会笑话你的，他们会让你男人一点。"
受虐的男同性恋确实会受到警察和法庭的歧视，家暴者很清楚这一点。比如，在许多州，同性恋是不可以申请限制令的。

3. 同性恋家暴者比直男家暴者更擅长扮演受害者。如果一个直男到处说自己被女人家暴，他往往会遭到诸多怀疑——也应当如此。可是，当我们面对两个同性时，怎么判断谁虐待谁呢？一时之间看不出来。
结果就是，同性恋家暴者经常能让周围的人相信她，有时候，甚至连她的伴侣都相信施虐的人是自己。当男同或女同去机构寻求帮助的时候，家暴者称自己为受害者，受害者承认自己是家暴者，这样的情况并非没有！有时候，家暴者成功得到了支持和同情，过了很久，服务人员才发现他们帮错了人。

4. 有时候，左邻右舍会对同性家暴保持沉默，因为大家不怎么喜欢同性恋的社交形象。许多同性恋觉得，如果让人们知道同性恋之间存在家暴，一些偏执分子以后会把这当成歧视他们的借口。毫无疑问，偏执分子真的会这么做。但也不应该保持沉默，这样只会让家暴者一路碾压伴侣的生活。

同性恋家暴者的生活极其艰难，她觉得给她贴上"家暴"的标签很不公平，因为她已经经历了太多。因为是同性恋，她可能被赶出了家门，可能事业止步不前，她的青少年时期可能充满了难以启齿的秘密。她所在圈子里的人可能和她有同样的经历，所以会不假思索地同情她，接受她的借口。而那些没有家暴习惯的同性恋也承受了这些。和直男家暴者一样，同性恋家暴者也会抓住一切可能的借口逃避责任、博取同情。

最后，同性恋家暴者的思想和行为和其他家暴者很相似。稍后我们讲述家暴的社会根源时会讲到，为什么家暴者几乎是一个模子刻出来的。

记住重要的几点：

- 吵架的时候，家暴者大多采用语言攻击的手段，让你的话不可信，让你保持沉默。简言之，他就是不想认真对待你的观点。
- 其实，那些"无缘无故"失控的争吵，通常是家暴者用来实现某种目的的，虽然他并没有意识到自己的动机。他的行为和语言往往有更深的含义。
- 家暴者好的时期也是他家暴的一部分，他并未脱离家暴。
- 家暴者会从家暴中得到好处。家暴者通过家暴获得的特权地位是他们不愿改变的主要原因。
- 只有当一切按照他们的意愿进行时，家暴者才会觉得快乐。这也是他们的心情大起大落的主要原因。
- 暴力不只是捶打或扇耳光，而是一切将你置于恐惧之中或利用你的身体控制你的行为。
- 家暴的形式因种族、国家和性别的不同而不同。然而，相似点总是多于不同点。
- 你的伴侣在生活中制造的动荡、不安和恐惧，会让你难以分清他的态度和行为模式。通过在心里退一步看，你会看到重复的主题。
- 小心一些，然后寻求帮助。你不应该、也不必过这样的生活。试着不要想他的话，相信你自己，你可以做到的。

第七章　家暴者与性

他不再喜欢我了，真让我伤心。

有时候让步会更容易些。

他从来不打我，但有一次强迫我做爱。

现在我们俩都感染了，他说是我传染的他，可是我没有出过轨，所以我知道是他。

好像只有在做爱的时候，我们才会觉得亲密。

利比·斯考尔德在谈起分手三年的家暴男友时，脸上和颈部的肌肉绷得很紧。"阿纳尔多从来没有打过我，但他总是很神秘，喜欢恐吓人，似乎这样才能让他兴奋。有一天，他非常具体、详细地告诉我，要怎么一步一步把我的猫折磨死，因为他知道我非常珍爱自己的宠物。还有一次，他用那种催眠式的、恍惚的声音暗示我，他说：'我在绿色贝雷训练的时候学会了一项技能，用力在某人脖子的某处戳一下，就可以让这个人永远瘫痪。'"后来，利比才知道阿纳尔多并没有当过兵。除此之外，他还说过其他谎，比如他临终的奶奶会留给他三千美元。可他说得像真的一样。"他让我养了他一年，还借了许多钱给他。我在他身上花了五六千美元了。"她越说越愤怒，"如果不是他，我的财务状况会和现在完全不同。我都没指望他能还钱了，每次都说钱就快到手了！"她还说，阿纳尔多不停地说她太瘦了，害得她为自己的身材而羞愧。我分辨不出她内心里是悲伤多一些，还是愤怒多一些。

然后，利比的脸突然变得柔和了。她想到了什么，嘴角露出一抹微笑，眼睛里也多了一丝光亮。"但有一件事和其他事不一样。性爱。和他做爱很幸福。他会完完全全地投入。他会点上蜡烛，制造气氛。做爱的时间很长,他很认真、很热情。那种感觉前所未有地美妙。我多希望只体会到这一面。剩下的都太糟糕了!"

也许,利比的故事并没有你想的那么不寻常。我采访客户的伴侣时,经常会问她们是否遭到过性虐待。我也经常听到她们的语气放松下来,就像利比的表情一样。她们会带点欢快地说:"噢,我们在那方面一点问题都没有。"说完发出一阵满足而略带羞涩的轻笑。实际上,一想到和谐的性事,女人们总忍不住再给家暴男一次机会。

但还有一种极端。我有一些客户,他们对性爱的兴趣只在于控制和贬低伴侣。对女人来说,和这样的家暴者同床简直是噩梦。他想做爱的时候就做,想以什么方式就以什么方式,一点都不顾及对方的感觉和需求。和他做爱对她来说就是性侵犯。曾有位客户的伴侣对我说:"我根本就不想,太恶心了。"

实施性虐待的家暴者不一定会像字面意思那样使用身体暴力或威胁——虽然有的会这么做——但他会在遭到拒绝的时候侮辱她,说她"性冷淡"或者是"同性恋",或者愤怒地指责她"一定是在别的地方满足了,因为你都不想和我做爱了"。他让她觉得愧疚,说他觉得她不爱他了,说男人也有需求,还威胁说要出轨:"好吧,如果你不和我做爱,想和我做爱的女人多的是。"而且他真的说到做到,我的许多客户还会用出轨来惩罚他们的伴侣。

一个叫辛西娅的女人告诉我,他的伴侣总是用无休止的纠缠胁迫她:"如果我不想和欧尼做爱,他就会没完没了地纠缠,直到我改变主意。他先是求我,我不答应他就变得很粗鲁,还说我和别人上床了。然后是无休止的侮辱。如果我睡着了,他会把我吵醒。有些晚上,被他没缠多久我就累了。我能怎么办呢?最后还是会屈服,实在受不了了。早做完早结束,虽然过程很痛苦,但至少他肯让我睡觉了。"

一想到被迫发生性关系,人们想到的都是身体伤害。所以,当家暴者通过施加压力、操纵或剥夺睡眠来强迫伴侣做爱时,后者就不知道该把这叫作什么,还可能会责怪自己。包括辛西娅在内,许多客户的伴侣曾对我说："都是我的错，我不应该向他屈服的。"一个女人要过很久才会意识到，她不该为伴侣的性虐待负责，而在这之前，她甚至不知道他的行为属于什么。一个客户的前任曾对我说："回过头想想，我发现自己被强暴了十几年。"她当时才意识到他的行为对她的灵魂造成了深深的伤害。研究表明，在受虐女性中，遭受性虐待的女性会面临包括抑郁在内的情绪困扰。

家暴者是怎么看待性爱的？

其实，在做爱时表现很棒的阿纳尔多和做爱时喜欢贬低伴侣的欧尼，并不像我们表面看到的那么不同。他们对性爱的潜在定位是相似的。有一种家暴者，在关系早期可能会用恰当的方式对待性爱，但他某一天可能突然逼迫或贬低伴侣，甚至强制和她做爱。那时候，他的伴侣会觉得很震惊、很伤心，感觉自己遭到了背叛，感觉生活被颠覆了。还有一些女人甚至告诉我，她们在新婚之夜或新婚的头几天就遭到了性侵犯。其他的家暴者会慢慢地发生变化，性爱从开始的令人兴奋、充满爱意，慢慢地变得被迫和丑陋。通过了解，我们发现家暴者对于性爱的态度具有两面性，一面是令人神魂颠倒的性爱，一面是让人灵魂不安的性攻击。

在详细介绍家暴者处理性问题的方法前，我想强调一下许多家暴者的性心态的支柱，也就是支撑其他结构的基础。

1. 一切都取决于他。

在性爱里，家暴者属于自我专注型。对他来说，性爱首先是要满足自己的需求。他可能会努力让伴侣快乐，但并不是为了满足她，或者和她分享一种共同的体验。他肯卖力让她达到高潮是因为这样能体现出他是个出色的情人。他希望自己能引起伴侣的性欲，是因为他认为自己在床上的勇猛表现能让他控制对方。当然，任何人都会因为给伴侣带来快感而骄傲。但对于家暴者来说，他们在意伴侣是否满足只是出于这个原因。总之，一切都得回到他的身上。

家暴者通常会把他的各种情感需求捆成一个大包袱，希望性爱能够承载它。他和伴侣之间几乎没有真心的交流，因为他不会亲近一个被他家暴的人。（虽然由于创伤情结，他的伴侣会非常依恋他，而他也依恋伴侣对他各种需求的满足，但在这里依恋和亲近是两回事。）因为缺少亲密，所以他便用性爱来补偿，并将他的一切情感需求压在性爱之上。

2. 性爱，是她应该给他的。

我的客户们普遍认为，若是认真和一个人交往，伴侣就放弃了拒绝性爱的权利。和他做爱、让他感觉到爱、满足他的性需求是她的责任，或者说是她的工作。不管遇到哪个家暴者都是一样。对于有的家暴者来说，性爱方面的控制从他们第一次做爱开始。换句话说，只要她一直说不，她就有权利说不，可是他们有了第一次以后，她就丧失了拒绝他的权利。我发现这特别适合用在我那些年轻的客户身上。而对于另一些家暴者来说，从结婚的那一刻起，她就把身体给了他。还有一些家暴者，则认为是从同居开始。

许多客户似乎认为，只要他们"很久"没有做爱，那么她就没有权利拒绝他。至于这个"很久"是多久，就因人而异了。但他也会紧紧地盯着心里的那口钟，只要钟一响，他就想要了。在这之前，他尊重她拒绝的权利，可这之后，他的权利感就占了上风。

我的客户们经常颠倒是非，他们试图让我相信他们才是性方面的受害者。其中一个男的说："我的伴侣利用性爱来控制我，女人就是那样把男人耍得团团转。真正能控制男人的是女人，因为她们知道我们最想要的是什么,而且她们有能力将我们拒之门外。我的妻子想让我当她的小宠物狗,向她摇尾乞怜,只有那样才能得到性爱。"通过这番话,我们可以看出他的潜在想法:他认为,妻子不想和他亲密接触,就是剥夺了属于他的东西。他把女性的性权利当成类似于矿产权的东西——而这些东西是属于他的。

3. 性是确定权力和统治地位的途径。

我们已经了解了家暴者关于性的态度——"我和你上床是因为我能控制你"。与之相反的态度同样普遍存在,"我能控制你是因为我们上床了"。从这方面看,他的性行为就像公猫划地盘一样。一旦他和哪个人"融为一体",他就觉得对方属于他,或至少其一部分属于他。

我有四分之一甚至更多的客户总是一再出轨。这些男人似乎以建立对女人的控制权、证明自己有能力获得性爱为乐。为了得到这些,家暴者把自己塑造成"出色情人";对每个女人说他爱她、他正打算和伴侣分手,就差"向她宣布这个消息了";用酒精和毒品削弱女人的抵抗力;或者使用强制和威胁的手段。这些男人太注重"赢"了,他们丝毫不会顾及自己的行为对伴侣造成的影响——从背弃承诺到传染性病。

和不同的女人发生关系不仅会让他在女人面前显得威风,而且在男人跟前有面子。如果他觉得自己有竞争力,就会"把女人们收入囊中",以展现自己的竞争优势。他还会钻到和他观点一致的男人堆里。他们的观点是:能够控制和利用最多女人的男人社会地位更高。(见第四章"花花公子"型家暴者)

对于那些没有长期对伴侣不忠的家暴者来说,这种男人之间的竞争仍然存在。也许他采取的方式是拥有最漂亮、最性感的伴侣,并让其他男人看看他是如何拥有和控制她的。一开始,他的伴侣可能会因为成为他的骄傲而高兴,但慢慢地,她就会觉得自己被他当成了展览品,人性被彻底忽视。

4. 他把她当成性对象。

有着以上一种或几种观点的家暴者，不得不忽略伴侣的想法和感觉，避免自己因为在性方面利用和伤害她而觉得愧疚。他的做法之一是将伴侣当成性对象，好像她不是一个人，而是一张色情照片，没有情感，也没有理想，不需要个人完整，也不需要安全感。这种类型的家暴者将伴侣视为用于性事一途的机器，长此以往，这种将伴侣非人化的做法会像其他家暴行为一样，给伴侣造成严重的心理伤害。有时候，客户的伴侣会告诉我：

"他让我觉得恶心。"
"我觉得很脏、很恶心。"
"他让我觉得自己很廉价。"
"他的性行为真的很伤我的自尊。"
"我已经好几年没有过自愿的、充满爱意的性生活了。和他做爱，感觉更像是他打赢了一场仗似的。就像一次侵略。我讨厌那样。"

被"非人化"对待，是一种令人恐惧的体验。和对你进行性剥削的伴侣在一起，你会发现，性爱有时候，甚至一直都是噩梦。这种剥削性的、粗暴的、强制性的、没有爱的性就像身体暴力一样，会造成严重的影响。有时候它的影响甚至比身体暴力还严重。女人之所以觉得屈辱，是因为她们能感觉到，伴侣已经不把她们当人看了。

拥有这类观点的家暴者有时候拒绝使用避孕套或者进行安全性行为。比如，我有许多客户通过性侵犯让伴侣怀上孩子。这种性剥削会给女人和她们的孩子造成非常严重的影响。

再看"了不起先生"

我们已经列出了许多家暴者的性心理，现在再回去审视一下那个做爱时热情且投入的家暴男阿纳尔多。讽刺的是，他做爱时这么卖力竟是因为他太过自我。他能够创造愉悦的性体验，是因为他想用自己的床上表现征服伴侣。（所以，严重以自我为中心的人——不只是家暴者——往往很有魅力、很吸引人。）当"了不起先生"点上蜡烛，选好音乐，用他那温柔、悦耳的声音勾勒出情欲满满的氛围时，你也许会想"哇，这简直太浪漫了，我们就要一起去感受这些"，但实际上，家暴者并没有完全和你在一起，而是秘密地躲在自己的世界里，沉浸在自己的幻想中。

"了不起先生"之所以令人着迷还有一个原因：他迷恋占有感。他觉得自己进入了一个魔法国度，在那里，你完完全全属于他，他是你最终的主人，而你是对他绝对服从的、知足的奴隶。简单说就是：他渴望一个没有自己的思想和意愿的性伴侣。

最后，在某种程度上，他希望通过在性爱上取悦你而将你和他绑在一起，这样他就能在其他方面控制你。此外，在有些关系中，家暴者对自己性能力的肯定是一种自我实现：如果他在其他方面的表现很糟糕，那么性爱就是唯一能让你体会到他爱你的途径，因此，它对你的吸引力就更大。如此，他便能让你和他一样对性爱产生依赖，虽然你们的原因不同。

对性爱没兴趣的家暴者
（至少不再感兴趣）

不是所有的家暴者都会带给伴侣性压力或在性爱上过分苛求。实际上，许多客户的伴侣透露出了相反的问题：男人几乎彻底对性爱失去了兴趣，女人觉得自己被拒绝了，她渴望性和爱。他的性欲减少可能有几方面的原因，包括：

- 许多男人在性爱上很浅薄，他们只对没有和他们发生过性关系或只发生了几次关系的女人感兴趣。你的伴侣可能对那种需要深厚感情来维持的两性关系不感兴趣，他追求的可能是他最新幻想中的两性关系。他的身体可能还没有出轨，但是心已经出轨了。
- 同样，所有不符合他夸张想象的女人，对他都没有性吸引力。他想要的也许是一个身材完美、长相完美的女人，就像杂志模特一样。他对于现实生活中那些身材走样（因为生孩子或年龄大了）或身材经不起细看的女人会很快失去兴趣。他永远找不到理想的女人，因为那样的女人根本不存在，但他会花很多时间和精力去寻找，还会因为你不是那样的女人而惩罚你。
- 他一开始可能对以控制为目的的性爱感兴趣，这就是一些研究人员所说的"从属地位的性化"。随着你们关系的发展，他发现你不符合他对于妾（对他恭敬、顺从）的幻想，就觉得很失望。有些时候你还可能会反抗他，不让他控制你的生活和思想。有的家暴者发现伴侣有了自主意识后，甚至出现了性唤起障碍。
- 当你和他对着干或者你不想和他做爱的时候，他可能会惩罚你。家暴者会把性冷落当作一种控制手段。
- 如果他真的有外遇，回到家自然就没有精力了。还有可能，他染上了严重的性病。如果你担心你的伴侣出轨，一定要坚持进行安全性行为。如果你要求他进行安全性行为会给你带来危险，马上拨打热线求助。
- 他可能有酒精或毒瘾。一些药物滥用者的性欲会降低。
- 他可能是同性恋。有一小部分客户最后向他们的伴侣或向我承认自己喜欢男人。还有稍多却也不算多的一部分人永远不会承认自己是同性恋。但是他们的伴侣要么撞见他们和男人在一起，要么发现他们常去同性恋聚集地或者和同性恋朋友在一起。一个男人是同性恋并不意味着他不会家暴女人。比如，他可以把女性伴侣当作幌子，以分散大家的注意力，方便他社交。这也说明，无论是直男还是同性恋，家暴男都会为了一己私利而利用女人。
- 他会把性当成获得权力的筹码，因为他察觉到你会为了让他对性爱产生兴趣而努力让他开心。

我之前也说过，家暴者经常会走上两种极端。从爱你、呵护你到讨厌你、威吓你，从对你的生活过分无微不至地关心到丝毫不感兴趣，从专门为你好到无限自私。和这些两极转变一样，从性欲满满到完全失去性致，这样的转变也会让他的权力增加。

把性爱当成万灵药

有一个问题不断困扰着我客户的伴侣们："为什么他刚刚才对我做了那么可怕的事，接下来就想要我和他做爱？那一刻，我最不想的就是做爱。"

> 问题12：
> 为什么他虐待我之后还想做爱？

女人们的想法和家暴男相反，家暴并不能引起她们的性欲。当她的伴侣骂她"贱人""婊子"，嘲讽她，或对她进行身体威胁时，她脑海中根本不会浮现和他亲密缠绵的画面。那个人刚刚才像报仇雪"恨"似的对你，你还怎么和他做"爱"呢？家暴男不知道他们家暴时的样子多么丑陋。

那为什么他的想法这么不同呢？家暴会令他兴奋吗？也许吧。有些男人觉得家暴能唤起他的性欲，可能是因为他将性欲和控制欲联系在了一起。但还有其他一些原因：

- 他在为自己的家暴行为寻找一个速救之法。他觉得，你们做爱，就证明他的辱骂和暴力没有那么严重，你没有被他的行为所伤，一切都可以被遗忘和原谅。
- 他想确保自己的家暴行为不会使你在情感和性方面与他疏远。在虐待你之后还要求做爱，其实是在宣示他的权利，好像在说："即便那样对你，我仍然有权利享受性爱。"

家暴事件也让家暴者尝到了不爽的滋味，他想迅速去除那种味道，而性爱可以帮助他。可是，女人并没有那么容易忘掉痛苦，因为它已经深入内心。遗憾的是，以自我为中心的家暴者不愿意去理解这一点。

把性爱当成分裂女人的方法

我的一些客户会挑起女人之间的战争，让她们对对方恨之入骨。他们通过出轨、到处承诺、说女人的坏话、让女人怀孕等方式，让她们打得不可开交。（见第四章"花花公子"型家暴者。）女人们把精力花在互相争斗上，他就不用面对自己的行为，不用为之负责，还能让她们关注他的需求，哄他开心。我的客户们就曾用过以下这些办法：

克里斯和唐娜

克里斯经常目不转睛地看着其他女人或者和她们调情，还经常煲电话粥，以此令唐娜不安。针对自己的行为，克里斯给出了很奇怪的解释。他说他想让唐娜知道，很多女人对他感兴趣，所以他经常会做出一些含沙射影的评论。他声称有些女人"想方设法将我们分开，因为她们想和我在一起"，并假装很讨厌她们。当唐娜听到有传言称他到处和别人上床，或者某个女人直接告诉唐娜自己和克里斯有一腿时，克里斯就对唐娜说，这些是别人为挑拨他们之间的关系而撒的谎。唐娜花费大量的时间思虑克里斯有没有说实话,而且她讨厌那些想抢走她男人的女人。

萨姆和南希

和南希在一起几年后,萨姆又和一个叫佐伊的女人维持了几个月的地下情。他最后和佐伊断了来往,并向南希坦白了。他说是佐伊勾引他,他自始至终都知道他们不应该在一起,但是他见她情绪抑郁,害怕伤害她,所以才迟迟没有结束。"佐伊总说我们是天生一对,可我一直都知道,那只是一段风流韵事,而且我是属于你的。但她就是不听。"他说他最终决定和佐伊分手是因为她说南希的坏话,并把那些话说给南希听。南希听完那些侮辱她的话后,开始讨厌佐伊。

大概过了一年多,南希察觉萨姆在疏远她,而且对性爱失去了兴趣。于是她悄悄调查了一番,才发现他又和佐伊搞到了一起。她让萨姆别去见佐伊,他勉强答应了,可过了两个月又和佐伊在一起了。萨姆说:"我不知道怎么解释,因为我对她的感觉和对你不同。她似乎在某方面控制着我,我想是和性爱有关吧。总之,我好像无法拒绝。"南希因此越来越讨厌佐伊。

与此同时,萨姆还以"陷在两个女人之间感觉很痛苦"为借口,对南希实施家暴。比如,有一天,南希指责他骗她,还偷她的钱。萨姆道了歉,并解释说,他因为佐伊的事而觉得愧疚、痛苦。他还说偷钱是为了给佐伊买东西,因为她情绪很抑郁,他害怕她伤害自己。几年过去了,他还没有在两个女人之间做出明确的选择,所以他们彼此都很痛苦。

在这段时间里,他对南希的态度越来越恶劣。有一次,他掀翻桌子,桌子压在了她的腿上。他对佐伊倒是没有表现出家暴行为,这让南希更加讨厌佐伊。这期间,佐伊还到处跟人说:"南希对萨姆很不好,他被她伤得很深。他把她的种种恶劣行为讲给我听,还说正是因为这些他才和我在一起。他之所以没有和她离婚是因为他们在一起很久了,彼此的家人都成了朋友,但是他已经差不多准备好了。"

上面两个场景中都有一个家暴男，他让女人们相互关注对方的行为，从而忽略他的行为。他一部分利用了人们对女人的负面刻板印象——就连女人们自己也免不了产生这种印象。比如，女人们在彼此眼中都很狡猾，喜欢与人共谋，渴望将男人从其他女人手中抢过来。同时，他好好地当他的花花公子，而这正是他想要的。有很多次，我和同事们无意间听到家暴男客户们在等候区开玩笑，笑女人们轻易就中了他们的奸计。好像他们用这种下流的手段多像个男人似的。

如何阻止他们这套

记住以下几点，就能干扰他们的操纵：

1. 家暴者经常撒谎。不要相信他所说的他和其他异性是怎样的关系，以及她们是怎么评论你的。
2. 直接和其他女人交流，对比一下他所说的、所做的，别让他挑拨你们之间的关系。
3. 如果一个男人出轨，这百分之百是他的责任。别让他把你的愤怒引到其他女人身上，好像是别人勾引他，而他只是受害者似的。家暴者总说自己控制不住荷尔蒙冲动，这简直是胡扯。
4. 运用"事不过二"的原则。一个男人，尤其是家暴男，如果有第二次出轨就意味着将会有很多次出轨，不管他如何发誓。
5. 许多女人想拥有一个在性爱上表现热情的伴侣，这是很好的。但男人不必用出轨来证明自己有多性感。家暴男喜欢制造这样的印象：他们不忠是因为性欲强。可事实是，性欲和忠诚是完全可以兼容的。他出轨是因为他喜欢操纵女人，而不是因为他性欲强。

色情作品扮演的角色

在面向直男的色情作品中，女人被刻画得非常蠢笨。她们随时都有心情做爱，从来不拒绝。她们自己没有性需求，甚至没有任何需求。她们只在乎是否能取悦男人。她们不需要男人承诺，不需要他们奉献，也不需要很多钱。完事之后，男人关掉录像机或合上杂志，她们就不见了。还有什么比这更容易的呢？

遗憾的是，色情作品里的大多数形象非常符合家暴者的心态。女人总是呼之即来招之即去，而且很顺从。她失去了人性，沦为一具躯体，甚至一个性器官。男人拥有她，因为他拥有录像、杂志或电脑图片。有时候，那些作品里还会描述女人因男人的辱骂、粗暴、暴力，甚至折磨而兴奋。一些色情的动漫和笑话常常侮辱或贬低女性和她们的身体，甚至把强奸描述成有趣的事，充满了反女性思想。

许多家暴者在青少年时期，甚至更早的时候，就基于色情作品形成了自己的性观点。那些色情作品让他们知道女人是什么样、应该怎么样。比如，当一个从"性的色情学校"毕业的人发现他的伴侣不会被一记耳光激起性欲时，他会认为是她那方面有问题，不是他。他的想法是：杂志和录像里的女人都喜欢这样，为什么你偏不喜欢？大多数受虐女性称，她们不止一次被逼着学色情作品中的女人，常常还被要求模仿某个特定情节，那些情节会令他兴奋，却让她觉得恐怖和暴力。有时候，家暴者会直接根据色情作品中的故事和形象来决定自己的性癖。

有些客户的伴侣曾对我说，她们会想办法限制色情作品在家里出现，特别是怕孩子们接触到。这些女人的直觉很准。家暴者绝对需要远离色情作品，因为它们会促进家暴思想。自己本身喜欢色情作品的女人也要避免和家暴男一起看。

这些年来，很多女人告诉我，她们有家暴问题的伴侣逼她们或者要求她们看色情作品。男人希望女人模仿色情作品中的某些动作，女人不愿意，于是他就逼着她看色情作品，想通过这种策略让她就范。然而这并不能激起她的欲望，反而会让她更加排斥。此外，色情作品中有许多虐待女性的场景，所以，他让她看，也是想证明他侮辱她是很正常的。

性爱的时候可以玩强制或暴力的游戏吗？

所有的性游戏都包含了控制或暴力虐待吗，即使是双方愿意的？无论是对同性恋还是异性恋，这都是一个很有争议的问题。我的答案是否定的。然而，关键词在于双方自愿和游戏。比如，男女之间玩性爱游戏，如果要用到强制，就需要共同制定一个信号，代表"我真的希望你停下"，而且这个信号必须被尊重。如果一方发出了"停止"信号，但强迫没有立即停止，那么，这就不是做爱，而是性侵。

另外还有很重要的一点：性爱游戏的意义是由两人的关系决定的。如果双方在日常生活中长期和睦共处、相互尊重，那么即便一方有一些反常的性行为，另一方也不会害怕，不会觉得屈辱。但如果两人之间存在家暴关系，那就说不清楚了。在家暴氛围下，要说一切性接触都是双方自愿的，那就以偏概全了。女方需要时刻掂量，如果她拒绝采用某个动作，伴侣会不会虐待她，所以她的选择并非完全自由。家暴者总喜欢把性爱游戏玩得太过，以致它对于女方来说已经不是游戏，而是真正的痛苦和恐惧。他们却为之兴奋。之后，当伴侣对他说，她感觉自己是在被侵犯、被强暴时，他却轻蔑地说："别小题大做了，我们明明经常玩那样的游戏。"当她试图再解释的时候，他就不愿意听了，因为他知道，这一次并不是双方自愿的。

如果在一段关系中，你遭到过虐待，那么，做爱的时候一定要远离暴力情节，即便你觉得，如果你的伴侣保持在适当限度内，会很有趣。因为超出这个限度的时候，就一点都不有趣了。如果你不怕被侵害，可以试一试。只有在不存在家暴的关系中，才能玩这类游戏。

性爱和双重标准

家暴者特有的双重标准在性舞台上表现得尤为突出。它是除了男女关系本身以外最明显的因素。那些经常出轨的家暴者,反倒经常就伴侣的活动和社交质问她,哪怕有一丝怀疑她和别的异性有关系——包括但不限于性关系——他都会大发雷霆。和伴侣走在街上时,他可以从头到脚地打量其他女人,而她哪怕看其他男人一眼,他都会冲她大吼,骂她"荡妇"。

对于这个双重标准,常见的辩解理由是:男人天生需要和不同的女人在一起,而女人只想要一夫一妻。这些年来,许多客户都跟我提到了这一套社会生物学论据。他们说,站在遗传学的角度,男性有理由渴望和尽可能多的女性发生性行为,而女性只要认真挑选伴侣就算成功了——就进化而言。你可以把这叫作"人类本质上和狒狒没什么区别"论据。其实,自然界中一夫一妻的例子有很多。但这些论据基本没用,因为什么也不能作为双标和家暴的借口。(当客户试图将我引入这种理论困境时,我会问他们:"你会把饭煮熟了吃吗?"他们回答当然。我说:"这不是很反常吗?我从没见过其他动物做这样的事。"人类的行为只能用人类的标准来判断。)

我的客户有时候会以男人如果性欲得不到满足,身体就会很难受为由,给伴侣施加压力。当然,我从没听他们说过女人得不到满足会难受。

此外,许多客户还有另一个双重标准,那就是只要男人想做爱,女人就得同意,但是女人就不应该主动提出来。正如一个客户的伴侣曾对我说的:"如果我想要了,还不能表现得太明显,因为如果是我提出来的,他会很快制止。"家暴者对待性爱的方式反映出他对权力和控制力的总体取向。他想控制两人的性生活,不希望她的需求以任何方式妨碍到他的幻想。他更喜欢杂志上那些虚构的女人,因为她们对他无所求。

性爱与弱点

对大多数女人（也许还有那些没有暴力倾向的男人）来说，性是她们的情感脆弱地带。在好的时期，家暴者令伴侣对他敞开心扉，向他倾诉一些极度个人化的、令她隐隐作痛的事。由此，家暴者知道了伴侣在性爱方面的喜好，了解了她之前的性经历，他们的两性关系间额外增加了一层脆弱性。她可能告诉他，她之前遭遇过性侵害，或者她有过一段乱交的时期，又或者向他诉说她的性焦虑和烦恼。家暴者悄悄地记住了这些极度个人化的信息。当他们的关系进入到另一个阶段，当一切不再美好的时候，伴侣会发现，他会利用她的弱点伤害她。如果她之前告诉过他自己有时候很难达到性高潮，这时他就会在她面前抛出"性冷淡"或"死鱼"等字眼；如果她告诉过他自己做爱时感觉不舒服，他就会说她太"紧张""压抑"，尤其是在她不喜欢他喜欢的姿势时（对家暴者来说，性解放的意思是：做一切他想做的）；如果她告诉他自己小时候曾遭到性虐待或者被强奸过，这时他就会觉得她彻底被这些经历毁掉了，或者在她抱怨的时候回敬她："你觉得我对你不好，是因为你以前被虐待过。不是我的问题。"有些家暴者甚至会当着众人的面揭露伴侣的性隐私，借此羞辱她，让她难以社交。还有些客户不在乎是否会怀孕、是否会传染性病，这更让女人觉得自己被侵害了。

被曾经爱过、信任过的人，利用自己最深的弱点伤害自己，会让女人心如灼痛。这是一种最残忍的心理伤害。

性侵犯也是暴力的一种

多年以来，我时不时会遇到一些客户，他们不打伴侣，不扇她们耳光，不对她们造成身体伤害，但经常用威胁、恐吓等手段，逼她们发生性关系，甚至会将她们按倒。他们的伴侣有时候会说："他从来不对我使用暴力。"但据她所说，她长期被迫和他发生性关系，而且在性爱的过程中，她觉得自己很屈辱。家暴者违背伴侣的意愿，强迫对方发生任何形式的性关系，就是在施暴。人们往往意识不到性侵犯中存在暴力，导致女人难以理解自己的反应，难以寻求帮助。如果你觉得你的家暴男伴侣对你实施了性侵犯，相信自己的认知，拨打妇女维权公益服务热线或报警。

不断有研究表明，对强奸行为有一定错误认识的男人更可能实施性侵。他们觉得强奸会让女人兴奋，觉得她们的穿衣风格和行为举止会招惹男人对她们实施性侵，觉得强奸犯只是控制不了自己。家暴男很容易就接受了这些错误观点，因为它们与家暴男对女性伴侣的其他看法一致。因此，受虐女性被性侵的风险很高。我还有一些客户会把性侵作为惩罚伴侣的手段，有时候是因为他们生气的原因直接和性爱有关。其中还有些人因为伴侣和他分手而强奸她。这一类性侵会给伴侣造成可怕的影响。

家暴者和权力的关联在性这个中央舞台上被充分表现出来，他们甚至会控制伴侣的生殖过程。虽然他的家暴行为和性生活似乎是分开的，但如果仔细分析，你会发现他把最核心的态度问题也带到了床上。要花很长时间才能看出隐藏在其中的"从属地位的性化"。不幸的是，家暴者和伴侣的关系很少不被他的权利感和不尊重的态度影响。

记住重要的几点：

- 家暴者常常认为，关于性的最终决定权在于他。他可能把伴侣当成他的性财产。
- 和家暴者做爱可能感觉很棒，但也可能很恐怖。这两种极端感受实际上源于家暴者心里对性爱的同一种态度。
- 大多数家暴者会将权力性化，其中有一些人会因为暴力而产生性兴奋。

- 由于性是大多数女人的脆弱地带，家暴者可能利用你的弱点来伤害你。
- 和伴侣性交的时候，如果你觉得不舒服，仔细听从内心的声音。家暴者会告诉你，你觉得不舒服是你自己的问题，而不是他的强迫、不尊重和侮辱性性行为所致。
- 女人（男人也是）在性经历中受到的伤害可以被治愈，但是如果家暴还在继续，就不可能治愈。因此，要想有和谐的性生活，第一步就是远离家暴。

第八章 家暴者与"成瘾"

> 如果我能阻止他喝酒和抽大麻,他就不会再家暴了。
>
> 他喝酒的时候好像完全变了一个人——变得很可恶。
>
> 他已经戒酒了,可现在他却说我酗酒。
>
> 我费尽心思哄他高兴,因为他一生气就喝酒。
>
> 他不抽大麻的时候很恐怖。他喝醉了反倒容易对付一些。

人们对于酒精、毒品和其他成瘾物在家暴中扮演的角色有很大的误解。大多数家暴者并不是瘾君子。即便是瘾君子,在那些东西没有起作用的时候,他们也会虐待伴侣。此外,家暴者就算戒掉了瘾,也还会虐待他们的伴侣,虽然他们短期内不会出现最糟糕的行为。使用身体暴力的家暴者在保持清醒的时候,会忍住不使用暴力,但是他们心理上的虐待还会继续,甚至加剧。**成瘾不会引起家暴,从成瘾中恢复也不能"治愈"家暴。**

与此同时,成瘾还会增加家暴者的残忍程度和情绪波动性。酗酒和吸毒的家暴者会给伴侣的生活带来更多痛苦。我们要将现实和假象区分开,弄清楚成瘾会给家暴者和其伴侣带来什么影响。

并非所有的药物滥用者都是家暴者

许多酗酒和吸毒者不会恶劣对待他们的伴侣,也没有控制她们。可见,家暴并不是由药物滥用引起的。有些酗酒者只是晚归,或者在外面喝醉了,回家就倒头大睡。有的人会变得消极、伤感,但不会好斗,不会专横跋扈。还有些人甚至对家庭很负责,把孩子们照顾得很好,至少在成瘾的早期是这样。在这种情况下,一个人滥用药物会给伴侣和孩子带来严重的问题，但是，这和家暴营造的氛围有着天壤之别。另外，药物滥用者可以是男人，也可以是女人，但家暴的大都是男人。

并非所有的家暴者都是药物滥用者

大多数家暴者不酗酒、不吸毒，通过这点，我们可以进一步将家暴和成瘾分开。我发现，即便在身体暴力者里面，药物成瘾的人也不到一半。大多数研究人员的观察结果和我的相似。

总之，家暴和药物滥用是两个不同的问题。这两个问题在如今的社会都很泛滥，所以它们经常连同头屑、粉刺、大学文凭和其他无关因素一起，出现在同一个人身上。

难道家暴本身不是一种瘾吗？

不是的。家暴有它自己的起因和过程，与成瘾无关，虽然两者有一些共同的特征。近年来，一些咨询课程提出，要将药物滥用和家暴问题放到一起来解决，然而这是一种不切实际的想法。理论上，一个医生可能同时擅长脑外科手术和盆骨重建——虽然这很难做到，因为其中包含了诸多复杂因素——可是，如果他说可以通过一种程序，解决两个领域的问题，那你就不应该相信。虐待女性和药物滥用之间有很大的不同，两者必须分别对待。

家暴和成瘾之间的相似之处

家暴和成瘾之间有以下相似的地方：

·升级

酗酒者常常发现自己的酒量越来越大，喝酒的频率越来越高。这种升级一部分是由耐受性引起的，即身体适应了酒精，所以达到相同效果所需的量就更大。"我控制不了酒精"其实就是在说"我长期以来都喝得太多，所以，现在要喝更多才会醉"。（有些人则相反，他们每次都喝得很少，但时间一久，也会成瘾。）药物滥用还会因为其他原因升级，比如滥用者害怕面对现实，需要花更多的时间去逃避它；又比如药物滥用本身造成的生活问题，让他们需要逃避更多的东西。

然而，家暴也会升级，至少在一段关系的头几年是这样。导致家暴升级的原因之一是：家暴者因为自己的家暴行为造成的影响而苦恼。可他接下来又把这当成借口，继续家暴。比如，作为家暴者的伴侣，你的心情越来越糟（因为长期受虐待的缘故），精力有所下降，也就没有那么热情地为他服务，这时候他就会生气。同样，家暴还会减少你的性欲，然后他就会觉得很受伤，还会因为你对他没有欲望而愤怒。

关于耐受性的观点也可以运用到家暴中，只是它的含义有所不同。当家暴者适应了对伴侣进行一定程度的虐待，他的愧疚感会越来越小，就会转向更严重的行为。由此，他慢慢习惯了某种程度的残忍行为和侵害，而早在几年前，他根本不可能这样做。有时候，耐受性的观点还适用于一些受虐女性，她习惯了他的家暴行为，开始对他更加容忍。然后，他就加重了家暴行为，因为他发现，要恐吓和控制她，需要花更大的力气。就像军事独裁国家控制人群一样，先是用橡胶子弹疏散抗议者，可后来不管用了，就换成了真枪实弹。

然而，许多女人（和她们的孩子）面对家暴创伤的反应是变得更容易受到惊吓，而非更难。比如，最近一项对身体家暴者的研究表明，时间一久，三分之一的男人减少了暴力行为，因为女人们很容易就被吓到了，他们用一些吓人的话，甚至一个眼神就可以控制她们，已经不需要真的去伤害她们了。

· 否认、最小化和责备

　　瘾君子和家暴者都有一种能力，他们能让自己相信，自己没有任何问题，并且把问题全部推给别人。一个酗酒的人，明明喝了三杯四十盎司的啤酒和两个"子弹杯"的烈酒，却说自己喝了几杯"麦片"，或坚持说他的问题不在于酒精，因为他从不喝烈酒，尽管他每个周末都要带回两箱啤酒。此外，成瘾者和家暴者一样，喜欢外化责任。在药物滥用者的治疗中，"人物、地点和事情"这个短语用以形容瘾君子总能为自己的酗酒和吸毒行为找到"替罪羊"。

· 选择支持他们的"伙伴"

　　药物滥用者喜欢和其他药物滥用者，或者那些至少能接受药物滥用、不认为它是个严重问题的人，又或者那些能同情地听他诉说借口的人在一起。家暴者会根据他们的社交圈做出类似的选择。他们的男性朋友要么家暴自己的妻子或女友，要么说一些为家暴行为找借口或责怪受害者的话（研究术语称之为"为家暴提供信息支持"）。他们的女性朋友大都是那些听他们诉苦、相信他们被疯女人虐待的人。

· 撒谎和操纵

　　家暴者和瘾君子为了掩盖他们的问题，为了逃避责任和让别人替他们收拾烂摊子，会习惯性地撒谎。但是，家暴者会通过不忠和操纵来达到控制伴侣的目的，这点和瘾君子不同。

· 不可预测性

　　家暴者和药物滥用者都会令他们的伴侣和孩子如履薄冰，不知道接下来会发生什么。如此使得家里人对他们抱有希望，希望他们能改。

· 定义家庭成员的角色

　　家暴者和瘾君子都会给家庭成员设定一定的角色，以便在家暴情节中为其服务。他可以把这个人设定成反抗者，另一个设定成保护者。此外，还有一个"替罪羊"，他把所有的问题都归咎给这个人。

· 总是在明显的改变之后又回归家暴

家暴者和药物滥用者都存在中途放弃治疗或"成功"学完一种课程后又继续家暴的情况。只有通过一系列艰苦的步骤和长期的坚持才能获得彻底而持久的改变。但是，药物滥用者的改变过程和家暴者的改变过程大相径庭。

家暴和成瘾之间的不同之处

家暴和成瘾之间的不同之处有如下几点：

· 家暴不会触底

药物滥用是自毁型的。时间一久，成瘾者的生活会变得越来越难掌控。他不能坚持上班，财政状况陷入杂乱（一部分是由于他的花销），朋友也越来越少。此外，他可能也和亲人们疏远了，除非他们也是药物滥用者。这种生活质量的螺旋式下降让成瘾者的生活变得一团糟，他再也不能否认自身的问题。酗酒者往往要有"触底"的经历才能戒酒。

另一方面，家暴虽然会给其他人造成严重的破坏，但它并不是自毁型的。一个家暴者就算虐待伴侣长达二三十年，也可以拥有稳定的工作、良好的财政状况，并且在亲朋好友中很受欢迎。他的自尊、自信、睡眠、健康，都和没有家暴倾向的人一样稳定。受虐者最大的痛苦之一就是其孤独感和沮丧感，因为没有一个人注意到她的伴侣有不对劲的地方。受他的影响，她的生活质量一路下滑，可他的没有。

诚然，家暴者会因为家暴而失去和伴侣之间的亲密感，因为亲密感和家暴是互相排斥的。但是，他们并不觉得这是多大的损失。他们要么从亲朋好友那里获得亲密感，要么他们就是那一类不需要亲密感、认为它没有价值的人。对于根本不感兴趣的东西又谈何失去呢。

· **短期和长期回报**

药物滥用是高回报的。它可以迅速且轻易地带来快感或减轻痛苦。它可以让滥用者交到一群整天醉生梦死的朋友。然而，这些回报都只是短期的。时间一久，药物滥用者最开始想要逃离的东西又会令他们痛苦不已。因钱结怨、疑心病、互相不信任和其他诸多因素，导致建立在药物滥用基础上的友谊浅而易碎。酗酒的人之所以越喝越多，不是因为酒精能起到作用，相反，是因为它不起作用。

另一方面，家暴的回报周期很长，往往是几年，甚至一生。我们已经在第六章介绍了家暴者可能获得的诸多好处，它们全都不会因为时间久远而减少。我们不可能通过让家暴者看到自己的行为如何破坏其生活而令他们改变（我早年当家暴咨询顾问时就试图这么做），因为在他们看来，家暴是利大于弊的。要让家暴者改变，首先要让他们意识到自己的行为给别人造成的伤害。

· **家暴得到的社会支持更多**

可悲的是，药物滥用和家暴得到的社会支持都很高，而后者还要更高一些，这点我们会在第十三章讨论。酒类广告会促进药物滥用，不会促进家暴。然而，面对家暴问题，有一批作家和组织积极反对改进相关法律和制度，但没有类似的个人和组织来维护药物滥用。此外，电视、电影、音乐短片和其他文化途径，都充满了纵容家暴的信息。

鉴于这些明显的区别，那些企图根据成瘾的解决方法解决家暴问题的课程和书籍，结果均以失败告终。比如，一些匿名反虐妻者团体不但没有变成家暴男改变的踏脚板，反而成为他们寻找借口和理由的支持圈，因此声名狼藉。此外，一些恢复课程也只是提到了几种或根本没提到引起家暴的主要态度和习惯。

戒了瘾后，家暴并未消失

> 问题 13：
> 如果他不再喝酒了，还会虐待我吗？

这些年来，我的许多客户在参加我课程的同时，还在进行药物滥用恢复，这有时候是迫于我的压力。可是，结果并没有明显的改善，除了那些认真对待家暴问题的人。进行恢复的头几个月，家暴者不再像以前那么苛刻，对伴侣的控制有所减少，身体暴力也停了一段时间，这燃起了受虐女性的希望。她由此确认他的家暴是药物滥用造成的，可是，渐渐地，抑或是突然地，他对她的态度又回到从前那样，或接近从前。

讽刺的是，家暴者恢复往日态度的时候正好是他的"瘾"可以控制的时候。在恢复的早期，想喝酒的冲动很强烈，他整天都在和这种冲动做斗争。此外，他每天可能要参加一个或几个药物滥用的课程，这占用了他的时间和注意力。于是他便没有时间、精力和心思去控制和操纵伴侣。那时候，他完全以自我为中心，沉浸在自己的世界里。可是，当他度过这个紧张的时期，精力和注意力又指向了他的伴侣，想欺负她的欲望又回来了。

家暴者戒瘾后变得更糟的情况并不少见，这一部分是因为不喝酒的他更容易愤怒，他将这种愤怒发泄在家庭成员身上。还有些家暴者的控制欲变得更强了，他的意识不再被酒精蒙蔽，变得愈发警觉。

也许，更重要的是，家暴者的恢复课程最后变成家暴者用来对付伴侣的武器。比如，他不喝酒以后，就开始反过来说她酗酒，哪怕她只是适量饮酒。他开始指责她"不承认"自己酗酒。这个概念是他从戒酒课程上学来的，他现在认为自己是这方面的专家了。接下来，他很可能因为她有饮酒习惯而对她说一些难听的话，或者逼她戒酒和加入匿名戒酒者协会。

此外，家暴者还可能利用从匿名戒酒者协会学来的特定概念对付伴侣。比如，匿名戒酒者协会鼓励参与者们回顾自己的过错和恶行，并列出清单；不提倡批评别人、关注别人的缺点，也就是"替别人列清单"。家暴者用这个概念来对付伴侣，每当她抱怨他家暴时，他就对她说："你应该解决自己的问题，不要替我列清单。"类似地，他还会用自己可能再碰酒精为借口控制她。比如，当她惹到他——比如反抗他的欺凌时——他会说："你别逼我，你要知道，把我逼急了，我可能再去喝酒。""你威胁到了我的清醒！"这成为家暴者用来攻击伴侣、使她保持沉默的新工具。失去了喝酒这个借口，家暴者又有了一个新的借口。

对于家暴者来说，"十二步疗法"里有一些很有价值的东西，但我发现，我的客户们往往会忽略那些有用的原则。比如，匿名戒酒者协会规定，酗酒者有责任赔偿醉酒后给别人造成的一切损失。家暴者的看法似乎与之相反，他们认为伴侣不应该抱怨他们之前的家暴行为，"因为我当时喝醉了，我现在已经不那样了，所以她不应该揪着不放"。他们把戒瘾当成一项庞大的赦免计划，以为它能让伴侣的怨恨和不信任完全消失。

恢复后的家暴者和酗酒期的家暴者一样，把自己的行为归咎给酒精。他们选择曲解匿名戒酒者协会的理念，认为处在酗酒期就可以不用对自己的行为负责——这并不是匿名戒酒者协会提倡的——故而认为酗酒可以充分地解释他们对伴侣实施的残忍而自私的行为。我的一些客户以戒酒为由逃避责任，不帮忙照顾孩子，不找工作，也不在其他方面帮忙，"因为戒酒者协会要求我关注自己"。如此，戒酒让家暴者更以自我为中心，让他多了一个借口。伴侣听到家暴者这么说，会怀疑他是否真的改了，这种怀疑是很好的。他的伴侣可能会对她说"你就是不相信人"或者"你不相信别人能改"（好像在谈话上压制她能让她相信他不再家暴了似的！），但她的直觉告诉她，他一点都没变。

我有一些客户双管齐下，在戒酒的同时认真为自己的家暴行为负责，结果发生了很大的变化。只有这样，家暴者戒酒才有意义。

从生物学上看，酒精和家暴并无关联

酒精不会直接让人冲动、好斗或变得暴力。

有证据表明，一些化学物质能引起暴力行为——比如合成代谢类固醇和可卡因，可酒精不在其列。实际上，酒精在人体内所起的是镇定作用，它是一种几乎不会引发攻击性的物质。同样，大麻与家暴在生物学上也没有关联。

酒精和其他药物在家暴中所起的作用表现在：

1. 一个人对该药物的效果的信念，在很大程度上会影响到他的生活。研究表明，如果他认为酒精能引发他的攻击性，那么真的会这样。另一方面，如果他认为药物不会引起暴力，那么，即便喝得酩酊大醉，他也不会攻击别人。
2. 酒精给家暴者提供了一个借口，让他可以按自己的意愿行事。喝了几杯之后，他就放任自己，随意侮辱和威吓别人，他知道第二天他可以说"嘿，很抱歉，昨晚我真是醉糊涂了"。他甚至会说自己完全忘了那件事。而他的伴侣、家人甚至法官都会让他逃脱惩罚。（法庭似乎对那些将暴力行为归咎给酒精的人格外宽容。）酒精是他接受自己行为的借口，所以他晚上醒来不会为伤害了伴侣而苦苦忏悔。

我有几个身体暴力者客户，他们承认，在喝酒之前就已经决定要攻击伴侣了。正如有几个人所说，他们出门"给轮胎上点油[1]"，喝上几个小时，然后回家狠狠地打她一顿。酒精给了家暴者借口，同时帮助他克服羞愧和尴尬。要当心那些认为是毒品和酒精让他变得暴力的男人。如果他这么认为，那么它们就真的会。

---

[1] Grease the wheels，这里指为随后的家暴行为做铺垫。

那么，那些只在喝醉时家暴的人呢？

我遇到过几个家暴行为只限于喝醉酒时的客户。然而，我还遇到过几十个客户，他们喝醉酒时家暴的性质最严重，清醒的时候也有控制和不尊重伴侣的行为。这些家暴者可以归为以下几类：

1. **一贯使用口头暴力，但在喝醉酒后就上升为身体暴力或威胁**：这一类家暴者的伴侣描述他们的日常行为时说，他喝醉酒时变得可恶又可怕，但是他不管醉与清醒都有骂人、不尊重人和自私的表现。她常常认为，如果他戒了酒就会停止身体暴力，而他的其他家暴行为，她都可以应付过去。这样自我安慰的想法是错误的，原因有二：（1）当这一类家暴者戒酒后，他会慢慢习惯在不借助酒精的情况下使用暴力，这个过程往往是一两年；（2）即便不是这样，他的伴侣也往往会发现，他的精神虐待对她而言同样具有破坏性，会令她不知所措。

2. **口头家暴者在喝醉后变得更残忍、更侮辱人**：他和身体暴力者一样，把酒精当作借口。如果他戒了酒，便会寻找新的借口，包括把戒酒当成借口，生活也和以前没有多大区别。

3. **喜好攻击的家暴者在喝醉酒后变得更暴力**：我发现这种类型在"成瘾"型家暴者中最为常见。在没有喝醉的时候，他收起了那些最恐怖的暴力行为，比如拳打脚踢、掐喉咙或威胁说要杀了她。他的伴侣会说："他只在喝醉时有暴力行为。"可是，之后她又告诉我，他没喝酒时也会推她，抓着她，威胁似的走近她，性生活时很粗暴，或使用其他身体威胁。但他却成功地让她相信，这些行为并不属于暴力。

如果你的伴侣在喝醉酒时行为越发糟糕，你可能会试图让他戒酒，因此完全没有意识到他没喝醉时也会家暴。由此，他的药物滥用问题成功地将你的注意力从那些关键问题上转移开了。

酒精不会改变一个人的基本价值体系。人在喝醉酒时，性格虽然会有些变化，但和清醒时也有所关联。喝醉酒后，你可能会做一些傻事，可能和别人过分亲近或过于坦率，可能会粗心或者健忘。但是你会为了找乐子而把小老太太们撞倒吗？也许不会。你会性侵便利店的店员吗？不太可能。人在喝醉酒时的行为仍然受其态度和观点的核心基础控制，虽然它们在结构上有所放松。酒精鼓励人们把即将暴发的东西释放出来。

即便喝醉了，家暴者也能做出有意识的选择

大概在十五年前，我的第一批家暴者客户中有一个叫马克斯的，在一家公共事业公司上班。一天晚上，他下班后出去喝酒，走到家门口已经"烂醉如泥"了。他告诉我，他一进门妻子林恩就开始对他"唠叨个没完"。他"突然发怒"了，开始对着她大吼，很快拳头就向她砸去。马克斯痛苦地向我讲述这件事，然后承认把林恩的衣服撕碎了一点，还"稍微"把她绑在椅子上。（要么绑，要么不绑，我不知道"稍微"把一个人绑在椅子上是什么样。）马克斯坐在我的办公室里，看着就像一位讨人喜欢的、温良恭谨的一线工人。很难想象，那晚的他在林恩眼里是什么样。

我让他描述一下林恩的伤，他告诉我，她的双腿上有一些瘀青和红肿。我问他还有没有其他的伤，他说没有。我很惊讶，毕竟他的行为那么残忍。"林恩的手臂上和脸上就没有伤吗？为什么？"马克斯突然变了脸，盯着我，好像我不太聪明似的。他说："噢，我当然不会伤到看得见的地方。"

林恩后来告诉我，马克斯那晚确实醉得路都走不稳。可是，是醉酒让他失去控制的吗？很显然不是。他还知道保护自己的名声，不让自己冒被捕的风险，所以林恩的伤都在第二天能被衣服遮住的地方。他的行为完全不算"失控"。

我可以举出无数的例子，证明客户们在醉酒和吸毒的情况下也能做出

有意识的决定。他们可能用词不当,可能动作不协调,但他们会保护自己的利益。他们不会损坏自己的贵重物品。他们通常不会让亲朋好友看到自己残忍的家暴行为,或其他无法被"我醉了"这个借口充分掩饰的行为。

我指责客户们不该在喝醉时家暴,他们却回答说:"但是我断片了啊。"断片是指喝醉的人昏睡过去,醒来后不知道之前发生了什么。然而在家暴事件中,那个人仍然有意识。如果你问那些烂醉却还醒着的人之前发生了什么,他是知道的。所以根本就没有断片一说。失忆是之后才发生的。

最后,即便药物滥用能让一个人"失控",家暴者也应该为自己喝醉或吸毒后的行为负责,因为用酒精和毒品来危害自己是他的选择。所以说,一个人称自己喝醉了就不用对家暴行为负责,这又是家暴心态的另一种体现。

将成瘾物作为家暴的武器

奥斯卡和艾伦

奥斯卡和艾伦在餐厅用餐,其间,因为两人之间的一系列问题,氛围一度变得很紧张。主要是艾伦抱怨奥斯卡虐待她。奥斯卡却说是艾伦的过敏症在作祟,还说她想控制他。艾伦想劝奥斯卡戒酒,希望这样能拯救他们的关系。在关系早期,他一度承认自己喝太多,而且他确实戒了九个月。在那段时间里,他的家暴行为并没有改善,艾伦已经不知道怎么去改变他了。

那天在外面吃晚饭时,他们因为他对她的经济虐待吵了起来。他从他们的联合账户里取了4000美元——那是他们的全部积蓄——"给她"买了一辆旧宝马。他没有和艾伦商量,艾伦很生气,因为她怀了他们的第一个孩子,存些钱才有安全感。可是奥斯卡比她还生气,他咬牙切齿地说:"不管我为你做什么你都不喜欢!你永远都不知足!你这个贱人、贱人、贱人!"他说完马上点了一杯鸡尾酒,明知道这会令她不安。服务员拿来酒后,他看着艾伦的眼睛,三口就喝完了,然后又要了一杯。他这是打算让自己快点喝醉，而且他真的醉了。然后，艾伦很害怕和他一起离开餐馆。因为她已经见过无数次这样的场合，酒精和愤怒混合在一起，令他抡起拳头、捶墙、扔东西、威胁她，吓得她瑟瑟发抖。

我还遇到过其他将成瘾物作为家暴武器的例子，包括：

· 喝醉酒后气冲冲地去开车，因为他知道这会让她难受、担心。如果两人有孩子，或者一家人靠他的收入生活，那么这种类型的破坏性尤其大。

· 强迫她帮他运毒贩毒，让她冒着承担严重法律后果的风险，以此进一步控制她。（因为以毒品、酒精相关罪名或诸如伪造支票等经济罪入狱的女性，大都是受了她们家暴男伴侣的唆使。）

· 在没有喝酒、没有吸毒的时候，如果她没有满足他的要求或没有服从他的命令，他就威胁说要再喝酒和吸毒，或者说她是在"威胁他的清醒"。

· 把生活中因为成瘾而引起的问题归咎给她。

· 迫使和操纵伴侣，使她也变成药物滥用者。然后，利用她的瘾进一步控制她，让别人不相信她指责他家暴的话。这种手段在药物滥用者中很常见，因为他不想让伴侣在任何方面控制他。但我还有一些客户，他们自己不是药物滥用者，却把伴侣变成药物滥用者。

谢恩和阿曼达

我遇到过一个酗酒的女人，名叫阿曼达，她几次想戒酒，都被她的丈夫谢恩破坏了。他嘲笑她"依赖"匿名戒酒者协会，说她没用，不能靠自己远离酒精。他还会买啤酒回来，对她说："我只是放几瓶在家里，万一有朋友来，可以拿出来喝。"可他好像从来没有拿出来喝过。它们就躺在冰箱和酒柜里诱惑她，最后她就会屈服。

阿曼达最后去了一家戒毒中心，但没有告诉谢恩，因为她知道，如果再和他说话，她就会忍不住重新和他在一起。谢恩千方百计地寻找她，但都没有找到。我最后一次接触这个案子时，她已经成功地离开了他，也重新获得了孩子们的抚养权。之前因为他的家暴和她的酗酒问题，她失去了孩子们的抚养权。

成瘾和家暴相互加强

注意，如果一个人把成瘾物当成武器，那么最后成瘾物会增强他自身的问题。可见，不仅成瘾会促进家暴，家暴也会促进成瘾。它们是两个独立的问题，并非一个问题导致另一个，但会彼此增强。家暴行为会强化家暴者对自己药物滥用问题的否认，他会把生活中出现的一切问题归咎给他的伴侣。他并没有把她放在眼里，所以根本不担心她提到他成瘾的事。与此同时，他把成瘾物作为一种借口和武器，进一步否认自己的家暴行为。

其他类型的成瘾

我还遇到过一些对赌博、可卡因、海洛因和其他处方药成瘾的人。还有些人称自己有"性瘾"，但我不会相信家暴者的这种自我诊断（我在第四章"花花公子"型家暴者那部分说明了原因）。不管是哪一种成瘾，都会让两人经济紧张，会让男人有所隐瞒，还会促使他把伴侣当成替罪羊。家暴不是由成瘾引起的，但它会让家暴者伴侣的生活更加痛苦和复杂。

权利感和成瘾

家暴者一贯认为，他是否使用和滥用药物不关伴侣的事。不管他的药物滥用会不会导致他对伴侣的经济虐待，不管他在外寻欢作乐会让伴侣背负多么沉重的家庭责任，不管他喝醉或吸毒后会多么恶劣地对待伴侣，他都觉得自己有权利使用药物。如果她怪他自私或逼他面对他给她的生活造成的影响，他就觉得有理由说她"唠叨"，骂她"贱人"，或给她贴上"喜欢控制别人"的标签。总之，不负责任地使用毒品和酒精，是家暴者奖励自己的又一特权，如果伴侣胆敢挑战它，他就会用心理和身体攻击来惩罚她。

药物滥用阻碍自我反省

药物成瘾不会引起家暴，但它会确保家暴行为得以保持。我还没见过哪个药物滥用型家暴者在对待伴侣的态度上有持久的改善，除非他同时也在解决自己的成瘾问题。实际上，我只给那些有酒瘾和毒瘾的人两个月的恢复时间，如果两个月他们还没有恢复，我就会让他们离开家暴者课程。我不想给他们的伴侣错误的希望，也不想浪费我们课程的时间。面对家暴问题，要改变它，是一个极其复杂的、痛苦的过程，需要长期不断地努力。为此，家暴者要诚实地面对自己，要重新评估自己对伴侣的看法，要承认自己给伴侣带来了巨大的情感伤害。这都需要莫大的勇气。没有多少药物滥用者愿意或能够做到这一点。

因此，虽然戒瘾不能改变家暴，但它是必要前提。只有他愿意把这两个问题都解决了——我的确有一些愿意认真对待成瘾和家暴问题的客户——才能停止给伴侣造成痛苦和不幸。

记住重要的几点：

- 即便喝醉了或吸过毒，家暴者也会根据自己的习惯、态度和利益，选择自己的行为。
- 成瘾在家暴中扮演的最重要的角色就是借口。
- 家暴和成瘾是两个不同的问题，需要不同的解决方法。

第九章　家暴与分手

听朋友说，我们分手后，他过得很不好。我很担心他。

上一次我试图离开他，被他吓得半死。有时候感觉他会杀了我。

我不想让孩子们离开他，毕竟他是孩子的爸爸。

他坦然地接受了分手的事实，直到我有了新欢。

阿万声音嘶哑，眼神很忧伤。他那泛红的头发总是包裹在印花头巾里。花头巾、粗脖子、壮手臂，一副骑手模样。可是他的语言并不符合糙大汉的形象。他说自己很痛苦，需要勇敢地面对自己，还讲述了他从否认到承认的过程。他严厉地批评自己，屡次提到他的自私、不成熟和其他"性格缺陷"。他公开称自己酗酒，还说每天至少要参加一次匿名戒酒者协会的课。他已经快八个月没有喝过一杯酒了。

如他自己所说，他差点儿在九个月前将伴侣盖尔打死。他一边回忆一边盯着地上，说话很慢，一副懊悔不已的样子。"太糟糕了，"他说，"真的是太糟糕了，幸好她还活着。"后来他被捕了，那晚是在监狱里度过的，第二天他的母亲和哥哥才将他保释出来。"之后三个星期，我不停地喝酒，想抹去自己做过的事。直到一天早上，我醒来后发现自己浑身是伤，我不知道自己是在哪里打的架，从那以后，我就滴酒未沾了。我终于接受了自己永远也逃不掉的事实，我要勇敢地面对自己对盖尔做过的事。"然而，几个月以后，他才加入家暴者课程，还是法庭要求他来的。

几个星期以来，阿万都是我的明星组员。每当其他人否认自己的过错，将自己的行为归咎给伴侣时，他都会和他们叫板，还让他们诚实地看待自己。我几次督促他不要把酗酒当成家暴的借口，让他更加认真地审视他对盖尔的欺凌和家暴史。面对我的督促，他一开始很生气，但之后又服软说："我知道我还有很多事要做。"总之，他很像那种愿意努力改变的家暴者。

那次严重的事件后，阿万和盖尔分开了。他们偶尔会聊天，但再不会一起睡觉了。阿万说，盖尔还要过很久才会相信他，他要给她空间。

然而，过了三四个月，阿万开始意识到，盖尔并不是为了重新建立对他的信任才和他分手的。她是想让自己解脱。当他突然明白她是想永远分开时，当着我的面迅速往后退了一步。一天，他对我说："盖尔'真的应该再给我们一次机会'。"我很震惊："你都差点把她打死了，她为什么还要和你在一起？是我肯定不会。"

阿万却说："你知道吗？我们之间，痛苦的不只是她。她也给我造成了很大的伤害。"我问他，这就是打她的理由吗。"不是，"他回答，"我没有找理由。我只是说，并不是我就全错，她就全对。"

"所以她还欠你一次机会吗？你要打一个女人几次她才不欠你的？"面对我的这一质问，阿万只是小声嘟哝了几句，然后摇了摇头。

下次课的时候，我花了更多的时间来关注阿万，因为处在分手期的家暴者尤其危险。上次课，盖尔已经明确告诉他，他们的关系已经结束，她要开始约会了。正因如此，我们更应该改变他的想法。阿万很快就开始宣扬自己在多么努力地改正，却说盖尔"没有进步，根本就没有认真对待她的问题"。我问阿万，重新和一个家暴者在一起，盖尔还怎么进步呢。他说："嘿，比起现在她周围的那些失败者，我对她要好得多。他们大多数还在喝酒，而且行为极其幼稚。"

阿万的转变令他的小组成员们很担心，大家急忙上前帮助他重回正轨，他们指出：（1）他说自己改了很多，可是他认为盖尔应该对他忠诚，这点足以证明一个家暴者并没有改变；（2）他又开始将家暴给盖尔造成的伤害最小化，甚至极端到认为自己比其他人对她都好；（3）他没有接受这样一个事实，那就是：一个女人不用为了不被家暴，就得"什么都好"。另外，我还认为，从我和盖尔的谈话来看，她并非"没有进步"，而且她的主要目标是治愈他给她造成的伤。当他说到"她的问题"时，忽略了一个事实，那就是她的问题百分之九十都是他。到这里，我就保持沉默了，因为鉴于他的这种心态，我担心他越了解她的治愈过程，就越能有效地破坏它。

这一次，阿万没有像之前几个月那样接受小组成员们的反馈。从他轻蔑的摇头和不屑的撇嘴可以看出，他十分坚持自己的观点。小组成员们意外地触及了阿万权利感的核心方面，而且我们无法在短短几周内将它拆开。然而，我们仍然希望最后能对他产生影响，因为他还有六个月的时间，法庭令他在这里待十一个月。

遗憾的是，他一点机会都不给我们。不到三个星期后，在一个餐馆里，怒气冲冲的他在众目睽睽之下骂盖尔是"臭婊子"，骂完便甩手离开了。他骂人的行为违反了限制令，因为他当时还在假释期，所以这一次他至少要坐六个月的牢。盖尔本就不愿在阿万假释期间看到他，这下他进了监狱就好了，她就可以继续向前生活了。（之后在这一章，我们会介绍一些安全摆脱这种可怕关系的策略。）

如果你离开家暴者，他会做什么

和家暴者分手是一件很难的事。其实，一般来说，离开没有家暴倾向的伴侣要容易一些，这点和许多人的认识相反。甘愿被分手的家暴者很少。当觉得伴侣在变强大、开始为自己考虑、开始脱离掌控的时候，家暴者会进入最后的阶段。他们惯常用的手段有：

家暴男面对分手时的反应

承诺会改

接受治疗或加入家暴者课程

不喝酒,加入匿名戒酒者协会

道歉

告诉你,失去他是你的损失

对你说,再没有人愿意和你在一起

威胁说要自杀

说你抛弃他,让你内疚

威胁说要绑架孩子或夺走他们的抚养权

威胁说要让你无家可归或让你断了财政来源

变得非常好

让别人来劝你再给他一次机会

处理一些你抱怨了很久的事(比如终于解决了家里的危险情况、找了一份工作、同意你和朋友们出去等)

做一些自毁性的事,让你为他担心,同情他(比如绝食、过度饮酒、翘班、不和朋友们说话等)

到处散布你的谣言,破坏你的友谊和名声

另找新欢,让你嫉妒、生气

坚持说自己已经改了

泄露你的秘密信息,羞辱你

威胁说要伤害准备和你在一起或者帮助你的人

让你怀孕

跟踪你

对你进行身体伤害或性侵你

不同的家暴者使用不同的组合,有的家暴者比其他人更容易放手。两种相反的控制手段之间可能有紧密的联系。比如,有一天,他会坚持说:"你应该能看出来,我已经改了。"然后,第二天晚上又打电话来说:"如果你不给我一次机会,我会让你知道厉害。"有一天,他会在电话里对你说,他对你的爱永远不会消失,可是,一旦这番诗意的话没有说服你出去和他喝一杯,他会立马朝你吼道:"我他妈才懒得管你,你就继续生活在臭水沟里吧!"他不在乎这些话是否相互矛盾,因为他只有一个想法:让你重新回到他的掌控之中。

他知道以前可以用魅力、感情和承诺控制你。他也记得有时候使用威胁和攻击手段能起到很好的作用。可现在,这些工具都失去了效用,于是他开始加压。他会在两者之间不规律地转换,就像一个医生给病人循环使用抗生素,以找出能够控制感染的那种。这样比喻再恰当不过,因为在家暴者眼里,伴侣的强大和独立就是一种病。

家暴者在这一时期做出的承诺很打动人,如果再有真诚的道歉,再采取一些具体的行动,比如戒酒、参与治疗或加入家暴者课程,那就更能使人动摇了。但是,当他成功让你回到他身边后,他又开始了往日的做派。他会停止咨询,因为"付不起钱";他会"喝一点"酒,因为他"忍不住",等等。不久之后,生活又像以前一样了。

对于分手是谁造成的这个问题,我的客户们总是两边摇摆,一会儿把所有的责任都揽在自己身上,一会儿又说全是伴侣的错。不过,把错都推到她身上更接近他的真实想法,责怪自己大多是一种博取别人同情的手段。他们装作痛苦内疚的样子,包括家暴咨询顾问在内,人们会被他们戏剧性的表演所迷惑。讽刺的是,他越说错在他,亲朋好友越会劝女人相信他能改。

当我的客户采取"错在我"的立场时,我会让他详细地说明他是怎样让伴侣离开他的。这个男人十有八九只能举出两三个例子,或者根本没有。换句话说,他并不是真的认为自己在家暴。我要求他提供更多的细节,他就哑口无言了。即便他最后列出了一些自己做错的地方,它们也和他的家暴没有多大关系,比如"我应该更以她为先的""我们在一起的时间太少了",又或者说一些间接不利于她的话,比如"以前,每当她发疯的时候，我都离她远远的，但是我应该意识到，我的离开会让她感觉更糟。"

在一段关系快要结束时，家暴者不稳定的、家暴性质的，甚至危险的反应，往往被人们，尤其是心理学家，视为他"害怕被抛弃"的证据。但是，女人也和男人一样害怕被抛弃，她们却没有在分手后跟踪或杀害前任。不仅如此，许多家暴者明明不想和好，或者是他主动提出分手，却还对前任充满恶意。家暴者如何面对分手，这个问题的线索，要从引起他家暴行为的思想中去找，这也是他的伴侣离开他的原因。

家暴者如何看待分手

阿万的内心活动，以及它导致的破坏性行为，体现出家暴者对分手的看法的本质。且让我们来看一看他观点的核心要素：

"家暴不是分手的理由。"

阿万不愿承认，他对盖尔的残忍虐待是她离开他的充分理由。为什么呢？首先，他认为盖尔给他带来的痛苦比他对她的虐待更大。如果阿万让自己相信他们谁也不吃亏，即便他对盖尔实施了严重的身体伤害，想象一下一个纯心理家暴者可以多么轻易地做到这一点（尽管情感家暴和身体家暴一样严重）。

其次，阿万认为，要求一个男人没有任何家暴行为是不合理的，除非他的伴侣从来没有伤害他的感情或者什么都能满足他。他认为家暴是男人的天性，要想改变它是不公平、不现实的，就好比让一只老虎吃素。虽然没有直接这样说，但他透露出了自己的态度，那就是女人要接受这个现实：和男人在一起，就得忍受一定的家暴，除非她很完美。

"我答应将来对你好点,这就够了。"

不管以前阿万违背了多少次承诺,他仍然觉得这一次盖尔应该相信他是认真的,应该再给他一次机会。在他心里,他应该得到的"机会"是没有限度的,他觉得自己有权利得到无限的机会。

更糟糕的是,阿万觉得盖尔应该接受他对于将来的乐观憧憬,即便种种迹象表明他"并没有改"。我的客户们一边继续侮辱、威胁他们的伴侣,一边要求原谅,要求立刻得到回应,只关注自己的需求。在这种思维形态之下,他认为当他说自己已经停止家暴的时候,她就应该相信他,无论她眼前所见是什么。

"她应愿意为我们的关系做出无限的'努力'。"

家暴者觉得他有权利按自己的意愿结束一段关系,却没有赋予伴侣这种权利。在临近分手时,我的客户们会向我抱怨:

"当下,当感情出了问题,人们就把它当垃圾扔了。再也没有人会坚持下去了。"
"我猜,我们的结婚誓言在她眼里什么都不是。"
"她说她爱我们的孩子,却觉得让他们拥有一个不完整的家没什么大不了的。"
"她打算把我们曾经拥有的一切都丢掉,因为她找了别人。"

在我接触到的案例中,没有哪个女人是在男人刚开始家暴时就离开他的(并不是说这么做不对)。她通常是过了好几年家暴生活,无数次要求伴侣改正,但都没有结果,才走到想要分手的地步。在大多数案例中,女人甚至要他戒酒,接受心理咨询,和牧师聊一聊,或采取其他措施寻求帮助。她通常离开过几次,或至少试着离开过,然后又和他在一起了。

这些难道不足以证明她曾经努力过吗？她做得够吗，她有权利保护自己吗？在家暴者的心里，答案是否定的。

这里再一次体现了家暴者的双重标准。他不认为自己的长期口头虐待或暴力违背了"爱与珍惜"的誓言，但是，她为了保护自己而提出分手的决定却违背了誓言。他出轨就应该被原谅，而她但凡和别人有点什么，就会被他断定为品德低下、没有爱心。他当着孩子们的面侮辱和欺凌他们的妈妈，却还自诩为"孩子们的守护者"，认为他能给他们提供"稳定的家庭生活"，而他们那"自私"的妈妈却想让他们分开。

"她仍然要对我的感受和幸福负责。"

在家暴者自私的价值体系之下，伴侣就算宣布了分手，仍然要照顾他的需求和感受。所以，如果他丢了工作，新恋情失败，或者他的母亲生病了，他仍然觉得有权利让她照顾他的感受。特别是还要她为分手给他造成的伤害永远负责。

"我说结束才结束。"

我总是会遇到这样的情节：当新来的客户在描述他最严重的家暴事件时（这是对所有客户的要求），他会为他的行为找借口说"我之所以家暴，是因为我发现她出轨"。然而，我联系对方时发现，虽然他看见她和其他人约会属实，但是她当时已经和家暴者分手了。换句话说，在家暴者心里，只要他还希望和好，在这期间她和任何人约会都是"有外遇"，因为他觉得自己有权利决定她什么时候可以和别人约会。

"她是属于我的。"

在一段关系快要结束的时候，家暴者将伴侣非人化，把她当成他个人所有物的情况更加恶劣。有时候,我发现,要让一个客户记住他的伴侣是一个有权利和感受的人,不是一件可以随意破坏的、惹人厌的物体,简直比登天还难。最糟糕的是,为了重新建立对她的所有权,他可能跟踪她,监视她的一举一动,吓走试图帮助她的人,威胁她想约会的对象,绑架孩子,伤害她或和她亲近的人。对于受虐女性来说,分手要冒着被杀的危险,有时甚至会祸及她的新男友、孩子或其他她在乎的人。

许多研究发现,分手后,家暴者对女性的虐待还会持续很长一段时间,甚至比以前在一起的时候更严重。比如强奸和其他形式的性侵,它们传达出一种强有力的信息:"你仍然属于我,我会保留对你身体的权利,直到我改变主意。"

如果你担心你的伴侣会采取极端的暴力——即便他以前没有过暴力行为——要特别注意安全。(见第九章,"安全地离开家暴者")

创伤情结

在各种类型的家暴中,最大的悲剧是:通过一个叫作"创伤情结"的过程,受虐者会在情感上依赖施虐者。家暴者妨碍伴侣的自我认识,破坏她的生活,离间她与别人的关系,对她造成严重的心理影响——这些加在一起让她越来越需要他。这种心理是一种痛苦的讽刺。虐待儿童也是这样,儿童对于家暴父母的依恋会更加强烈。曾被劫持为人质或遭受过折磨的人也会出现类似的反应,他们会保护折磨他们的人不受法律的制裁,还执意说那些人其实是将他们的最大利益放在心上,甚至将加害者形容为有同情心的好人——这就是著名的斯德哥尔摩综合征[1]。就像一个小男孩被电围栏电击了一下,他很害怕,为了安全起见便抓着电围栏。每被电击一次,他的紧张就增加一分,但他就是不肯放手,直到他

---

1 又称为人质情结,指被押人质对绑匪产生怜悯之情的一种心理状态。

的姐姐把他拉开。

没有哪个家暴者一直都很坏、很可怕。至少他有时候会温柔、有爱心、幽默，甚至还很有同情心。这种间歇性的、往往也是不可预测的善良，是形成创伤情结的重要原因。如果一个人（无论男女）长期遭受残酷的、痛苦的虐待，那么他会对带给他安慰的人充满喜爱和感激，就像喜欢在酷热天里递给你一杯水的那只手一样。但是在家暴情形中，**拯救你的人和折磨你的是同一个人**。当家暴者停止对伴侣大吼大叫，不再骂她"没用的东西"，还说要带她去度假时，她的一般反应都是对他充满感激。如果一个人之前总是半夜吵醒她，缠着她做爱，后来终于安静下来，允许她睡觉，她会觉得很安慰。

你的家暴者伴侣这样时好时坏，会让你觉得，在他好的时候你们很亲密。最后你会觉得他带给你的家暴噩梦是一次你们俩共同拥有，并且正在一起远离的经历。这是一种能够造成创伤情结的危险的错觉。我经常听到被虐待的女人说"他真的很了解我"或者"没人能像他那样懂我"。这也许是真的，但是他之所以那么了解你，是因为他学会了控制你情绪和反应的方法。有时候，他好像知道自己给你造成了多么大的伤害，这会让你觉得和他很亲近，而这又是另一种错觉。如果他真的认识到自己给你造成的伤害，就会永远停止家暴。

女人们会感激甚至爱慕家暴者，因此，社会上总爱给女人贴上"受虐狂"和"和他一起变态"的标签。可事实上，研究表明，创伤情结并没有性别之分，男人也会依附于绑架他们的人。

长期家暴的创伤，让一个女人害怕夜晚的独处，担心不能管理好自己的人生，感觉孤立无助。如果家暴者令她和亲友疏远,这些就尤为明显。所有的这些，让女人很难和家暴者分开。因此，分手后和好的概率很大。研究发现，大多数受虐女性在真正离开家暴者之前曾多次试图离开他们。之所以拖得这么久，是因为分手后家暴者对伴侣的强制和操纵还在，也是因为这种创伤情结。

有一个方法可以帮助你走出这个陷阱，那就是，把你依赖于家暴者的每一个地方都列出来，包括感情方面。然后再详细地列出你计划如何变得独立的步骤。这些清单可以引导你朝着需要的方向努力。

为什么他不同意"分开一下"

你有没有尝试过和伴侣分开一下？也许你一直在考虑分手，却害怕伴侣的反应，所以要求先"分开一下"，而不是直接提分手。或者你不确定自己想怎么样，只是需要一点时间，在不受他欺负、苛责和监视的情况下考虑清楚。你可能向他保证，你们的关系并没有结束，你会"为和好而努力"，但是你需要分开一下。你可能会要求，几个星期或几个月不见面或者少见面。你可能还会有其他特殊的要求，比如不联系，以创造一段完全分开的时期。你可能要求在此期间可以和别人约会，或者不可以和别人约会。我认识的大多数受虐女性都会尽力制造一段远离压力的时期。

然而，我的客户们很少尊重伴侣的要求。一开始，他会表现出支持的样子，说："我也同意分开一段时间，让彼此都冷静一下，然后再来谈。"但是他的这种想法持续不了多久。他很快就开始打擦边球。如果她要求一段时间内不要打电话，他就寄卡片。然后他就开始找一些由头联系她，比如有什么账单需要支付或者转达他姐妹的邀请。然后他会以"你还好吗"开场，和她搭话。他会在她出现的场合"碰巧"遇见她。他会尽可能地瓦解她的决心，直到她同意见他。一旦见面，他就开始了甜言蜜语的攻势，让她回忆起刚开始在一起时的浪漫，然后试着把她哄骗上床。他觉得，只要他们上了床，她就会再次上钩。我经常看到我的客户们成功使用这一策略。

那么为什么他不同意分手呢？从意识层面讲，他可能仅仅是想她了，但从更深处看，还有其他原因。他认为分手就是伴侣在向他宣布：没有他，她也能活；她才最清楚什么是为自己好；她的需求不应该总在他之后；她的意愿也是有力量的。而这些正是他不想要的，他迫切地想证明它们是错误的。

如果她暂时逃脱他的掌控，她会发现不被贬低和压迫的生活多么轻松；她会发现世界上还有其他人尊重她、善待她，会发现她的一些女性朋友被伴侣平等对待；没有他的监视和错误引导，她开始有自己的思想。总之，她会发现，没有他的生活会好得多。而他害怕她发现这些。简言之，他不能忍受分开，是因为从某种程度上，他觉得暂时分开对女人来说太健康、太治愈了。他想让她听到他的声音，看到他的脸，因为他相信自己能摧毁她的决心。

他是认真想过才会有这些担心的吗？也许不全是。这大多是他无意识的反应，基于他的思想和多年来不断深化的行为。而且，我还发现，我的客户们对自己的策略一清二楚。当我让他们失望的时候——我经常会让他们失望——他们便忘了戴上面具，将自己最真实的想法和计划说了出来。

自己想分手的家暴者

如果提出分手的是他，或者他完全同意你分手的提议呢？好消息是，如果你们没有孩子，那么他将不再烦你。也许他喜欢上了其他女人，或者他只想重新寻找他幻想中那个愿意为他做一切又不会反抗他的女孩，又或许他脑中在想其他东西。

但我很遗憾地告诉你，即便那样，你的生活也不能完全归于平静（虽然我没听说过谁的前任明明同意了分手，却还对伴侣进行身体伤害的，除非是在孩子的问题上一直冲突不断）。即便准备好恢复单身，家暴者也会打击报复，因为他觉得你伤害了他。在他扭曲的认知里，你每一次为自己辩护，每一次质疑他在知识和判断力方面的优越性，或者拒绝成为他的"副本"，都是在伤害他。于是他可能会散布一些不实的谣言，让大家站在你的对立面。又因为他觉得自己比你强大，所以他可能会说，是他想分手，而你"求他"再给你一次机会，并且"保证会改"。类似这样的家暴行为的"余震"也会令你十分痛苦。

虽然家暴者接受了分手，甚至希望分手，但是他仍然会继续利用孩子"翻旧账"，我们将会在第十章后面说到这个问题。

当然，也有女方真心不想分手而男方想分手的时候。我的一些客户会通过分手来惩罚伴侣。在这种情况下，分手对于女人来说，就是继一长串耳光后的最后一个耳光——可以是比喻，也可以是字面意思。她会越发觉得自己屈辱且不讨喜。所以，当别人劝一个被虐待的女人，"你有什么可难过的呢？离开他是你的幸运"时，根本不起作用。想帮助受虐女性恢复并自强，既要理解她被抛弃的悲伤和愤怒，又要明白，他的离开对她来说是另一番经历。

家暴者给伴侣留下的，除了情感和身体伤害以外，还有其他东西。比如债务、被损坏的物品、怀孕、受到心理创伤的儿童。要帮助受虐女性，就需要明白，家暴男对她们造成的伤害会在分手后持续很久。

安全地离开家暴者

判断一个家暴者是否会使用身体暴力，过程复杂且不准确。如果你担心你的伴侣被分手后会出现破坏性或暴力行为，要相信自己的直觉，即便他之前没有过暴力的举动。一项最新的研究表明，在判断伴侣将来是否会使用暴力这个问题上，女人自己的预测比基于其他因素的评估要准得多。

分手期是一段非常危险的时期。最近我遇到一个案子，一个女人和心理家暴的伴侣分手了。她离开后的几个月，他变得越来越可怕，以至于她都安排好死后由谁照顾她的两个孩子了。虽然他们在一起时他从来没打过她，但他后来确实杀了她，然后自杀了。那天，她去法院申请对他的限制令，他藏在离法院一个街区远的地方，在她离开时伏击她（我为这起他杀案件作了简短的发言，结果亲眼见到了她伤心欲绝的父母）。

评估家暴者动用暴力的可能性

无论你是否正在考虑分手，以下这些危险的信号都会对你有所帮助。其中一些元素频繁出现在一些有严重暴力行为的事件中。了解这些指示因素的时候，注意听自己内心的声音：

家暴者身上的危险信号

- 他的嫉妒心和占有欲非常强。
- 他的暴力行为和威胁手段升级了。
- 他跟踪你、监视你的去向或以其他方式纠缠你。
- 你正在采取措施结束这段关系或者已经结束了。
- 他在你怀孕的时候对你暴力相向。
- 他对你有过性侵犯。
- 他曾威胁说要杀了你或重伤你，曾经掐你的喉咙或者拿武器威胁你。
- 他能搞到武器并且熟知它们的用法。
- 他好像很痴迷于你。
- 他有抑郁和自杀倾向，或者对周围发生的事漠不关心的迹象。
- 他和谁都不亲近。
- 他有重大犯罪历史。
- 他对别人使用过暴力或进行过暴力威胁。
- 他有严重的药物滥用行为。
- 他曾有虐待儿童的行为。
- 他之前对你或其他伴侣的暴力行为很频繁或者严重。
- 他曾经杀害或虐待宠物，或使用过其他恐怖的手段。
- 他观看色情作品。
- 你之前试图离开的时候，他表现出极端的行为。
- 他熟悉你的日常信息，比如你亲朋好友的地址、你工作的地方或其他可用来定位你的个人信息。

遗憾的是，对于如何使用这些，没有一定的科学方法。如果我说，答案中有三到五个"是"代表中等危险，六个以上代表"非常危险"，就会误导人，因为事实并非这么简单。有些评估得出"低、中、高"的结果，致使女人忽略自己的直觉，从而低估了危险性。一些杀害或重伤伴侣的家暴者只占了几条，甚至一条都没占，所以，判断他有多危险，最终还得靠你自己的直觉。

安全计划

当你开始考虑伴侣的家暴会发展到什么程度时，就说明，你已经看到了他身上令人不安的神秘或可怕之处。这时候，我力劝你向女性权益组织寻求帮助，在家暴专家的帮助下，制订一个战略性的安全计划。这个安全计划可以包括两套不同的步骤，一套提高和家暴者在一起时的安全性，另一套则在你决定离开他时使用。要记住，离开家暴者的过程是很危险的，所以，如果你准备分手的话，就要多准备一些防范措施。据帮助受虐女性的专家称，那些成功分手的女人在分手前大多是有计划的。

为和家暴者伴侣分手而准备的安全计划包括但不限于以下元素：

- 规划不同的逃跑路径，以防你的伴侣追打，如果需要在外面过夜，计划好去处。
- 把备用车钥匙和重要的文件放在随手能拿到的安全的地方，以便离开时带走。
- 吵架的时候尽量远离危险的地方，比如满是刀具和尖锐物体的厨房，以防家暴者用它们攻击你。
- 申请一个私人的邮政信箱或其他可以收取私密邮件的地址。
- 和亲戚朋友及孩子们约定密语，并商量好如何回应，以应对突发情况。
- 开一个私人银行账户，以储备逃跑资金。

- 在一间可以上锁的房间里准备一台能打通的电话，以便在紧急情况下打电话求助。
- 随身携带手机。
- 申请持枪证件，携带防狼喷雾。
- 你自己要远离酒精和毒品，确保自己能做出正确的判断，必要的时候接受药物滥用治疗。

离开家暴者伴侣后，你的安全计划中还要增加一些内容，包括：

- 换掉家里的锁。
- 将你可能面对的危险告诉街坊邻里，并向他们描述家暴者的长相。
- 将你可能遇到的危险告诉你的同事们。
- 告诉孩子们，别和家暴者说话，如果他们见到他，马上求助。
- 把你的情况向当地的警察说明，包括你的前任曾经对你使用过的威胁和暴力手段，询问他们是否有特别的服务或保护措施。
- 把情况告诉孩子们的老师和学校的管理人员，向他们提供家暴者的照片和其他信息，包括限制令的副本——如果你有的话。
- 教孩子们拨打110。
- 变更你和孩子们出行的路线。
- 如果你打算上法庭，比如申请限制令或联系辩护律师，那就要和辩护律师一起制订一个安全计划，而且这个计划要特别提到你如何能最安全地利用法庭程序。如果你申请了限制令，要随时把副本带在身上，或者在家里、车上和公司留一个备份。

这些是安全计划内容的示例，你最好在家暴专家的帮助下制订计划，以保证自己和孩子们的安全。此外，你还可以在不透露姓名和电话号码的前提下拨打妇女维权公益服务热线，拟定安全计划，这样就能完全保证你的隐私。当然，如果你能参加受虐女性课程或者和辩护律师面对面交谈，那就再好不过了。同时，我还强烈建议你读《一旦爱情变了味》(When Love Goes Wrong)和《我的生活我做主》(It's My Life Now)，这两本书适用于所有正在努力逃离可怕伴侣的人。

如果你的家暴者伴侣令你害怕，最好制订一个安全计划，即便你现在不打算离开他。如果他表现出暴力倾向，或者你怀疑他有暴力倾向，那就完全有理由现在开始计划，要想好如果将来出现危险状况，怎么才能保证你自己和孩子们的安全。

一些受心理虐待的女性很确信伴侣的心理虐待不会升级成暴力或威胁。然而，根据我的经验看，大多数家暴者——虽然不是所有的——迟早会使用身体暴力，即便他们以前不经常使用暴力。所以，大多数受虐女性要花时间想一想，如果出现意想不到的情况，该如何应对。

如果你准备分手，更要制订安全计划了。如果你害怕自己的伴侣，那就先不要提分手，直到你有明晰的计划，并且觉得可以安全地知会他。接下来，你要断绝和他的一切来往。要和家暴的前任彻底断绝联系并非易事。你越是害怕他，就越想知道他现在在做什么，因为在以前，你的安全取决于你对他情绪的观察和应变。可是，和他保持联系是非常危险的。他可能说话很和气，可能会说最后再聊一聊或好好告别，然后他就会趁机对你进行身体攻击或性侵。我遇到过几个案子，男的找了一个没有恶意的借口，说再在一起"一次"，结果把提出分手的女方杀害了。希望和前任保持朋友关系也很正常，可是，和家暴的前任做朋友几乎不可能，和对你构成危险的家暴者做朋友是绝对不可能的。就算他不伤害你，也会引诱你重新和他在一起。

有孩子的受虐女性

对于带着孩子的女人来说，和家暴者分手会更加复杂，尤其当家暴者是孩子的合法父亲（亲生的或收养的）时。因为家暴者可能伤害孩子们，或者让他们站在你的对立面，又或者抢夺孩子们的抚养权，所以你还需要战略性的计划过程。这些问题我们会在下一章详述。

如果你决定马上逃走，尽可能带上孩子和他们的出生证明、社保卡，以及护照。有时候情况太危险了，不得不留下孩子们，家暴者就会上法庭争取抚养权，称她"抛弃了"他们。

记住重要的几点：

- 当家暴者不想分手时，他会把伴侣分手的决定当成挑衅性的独立宣言，并向她发起战争，证明她属于他。
- 离开一个家暴者实属不易，但只要有时间和计划就会成功。
- 分手后的很长一段时间，受虐女性都要时刻警惕自身安全，采取措施保护自己。
- 和家暴者分手后，至少等几个月再找新的伴侣。花点时间治愈家暴带给你的情感伤害，这样有助于你找到一个没有家暴倾向的伴侣。
- 读《我的生活我做主》。
- 你的人生不属于任何人，只属于你自己。

第三部分
世界上的家暴者

第十章　作为家长的家暴者

> 他对我很糟糕，可他是个很好的父亲。
>
> 在我离开他之前，他对孩子们一点儿兴趣都没有，可我刚离开，他就要申请抚养权。
>
> 我的孩子们吓坏了，不愿意见他，可是法庭不听我的。
>
> 没有他我不行，因为孩子们不听我的。

星期六下午，特纳一家都处在兴奋当中。十一岁的兰迪和他的姐姐亚力克斯正准备去参加双胞胎表妹的生日聚会，两人每隔几分钟就会吵起来。他们的妈妈海伦正在帮他们包装礼物和选衣服，时不时插几句嘴，解决他们的争端。他们的爸爸汤姆在车库修理兰迪的轻型摩托车，身上蹭满了润滑油。眼看就要迟到了，海伦变得很焦虑，因为汤姆并没有准备走的意思，还不停地说："别烦我，我说过我会按时出发的，总不能修到一半吧。"这时候，兰迪和亚力克斯之间的矛盾升级了，兰迪干脆跳到亚力克斯身上，对着她猛打。海伦听到亚力克斯尖叫，跑过去把兰迪拉下来，其间还被亚力克斯打了两下。兰迪也朝她吼道："你个贱人，每次都帮亚力克斯。"说完跑回屋，摔上门。亚力克斯哭得很凶，她对妈妈说："你得好好收拾他，我再也受不了了。我发誓，他再打我，我就会杀了他。他简直是疯了。"

海伦陪亚力克斯待了几分钟，然后开始往车里放东西。出发的时间已经过了。汤姆终于从车库出来，不紧不慢地擦完手，然后开始看报纸。海伦打断他说："你在干什么啊？我们得走了。"汤姆瞪了她一眼说："我只是看一下今晚的比赛什么时候开始。但既然你提到了，我还真该看一下有没有别的趣事。"然后，他面带冷笑地拿着报纸坐到沙发上，跷起脚，认真地看起来。十分钟过去了，汤姆还在沙发上。这时，海伦朝他喊道："我们已经迟到了半小时了。孩子们担心错过了游戏。"

汤姆的嘴角泛起一丝冷笑，他回答道："我觉得，你在用你那些破事烦我之前就应该想到这点。"

海伦大声说道："噢，你个浑蛋！"

这时候，兰迪从房间里出来，开始下楼。"我看你又开始发疯了。"他一边下楼，一边没礼貌地对妈妈说。下楼后，他见爸爸没有准备走的意思，于是看了一眼时钟。他本想说点儿什么，但又止住了。他捕捉到了爸爸生气的信号——虽然不明显——不想让自己成为他的目标。于是他上楼去，把情况告诉了亚力克斯，然后两人一起去找海伦，她正坐在床上哭。

亚力克斯着急地说："拜托，妈妈，我们自己去吧。派对已经开始了，我们就要错过了。"海伦摇头拒绝。亚力克斯又恳求道："为什么啊？我们为什么不能自己去？"

海伦简单地回答："我们不能自己去。"她不想跟孩子们解释，如果他们自己去了，他们的爸爸会让她付出怎样的代价。

然后兰迪说："你去跟爸爸道歉吧，妈妈。你知道，他就是在等你道歉，道完歉他就会起来和我们一起去了。"

海伦停止了哭泣，用冷酷的语气说："兰迪，我什么也没做。你为什么不叫他跟我道歉呢？我做错了什么？"

然后兰迪用一种居高临下的语气对他的妈妈说："好吧，妈妈。爸爸什么时候道过歉？别开玩笑了。我看我们还是别去了吧——你就是这个意思嘛。"

过了一会儿，他们的爸爸在楼下喊道："好了，我们出发吧。"他平静地放下报纸，收拾好自己。兰迪和亚力克斯高兴地去拿自己的东西。海伦差点站不起来，她觉得每个人都在伤害她。之后的一个多小时，她的脸色都很苍白。

快走出门的时候，汤姆看了一眼亚力克斯的衣服。他觉得太暴露了，于是朝她喊道:"小姑娘,上楼去换一件得体的衣服。别穿得像妓女似的去参加派对。"

亚力克斯又差点哭了,因为她很喜欢自己今天的打扮。"衣服是我和妈妈一起选的,"她带着哭腔抗议说,"她说我穿着好看。"

汤姆瞪了一眼海伦,严厉地说:"如果你不在两分钟内换好衣服,我们就走了,你留在家里!"于是亚力克斯哭着上楼换了衣服。

在去参加派对的路上,汤姆收起暴躁的情绪,和孩子们开起了玩笑。他的玩笑就是学海伦生气和担心的样子。孩子们不停地笑着,虽然亚力克斯还在怪爸爸妈妈,对妈妈还有愧疚感,但也在咯咯地笑。海伦则在一旁沉默。

在派对上,汤姆好像什么事也没发生似的。海伦借口说自己生病了,明眼人都看得出来她有点反常。在派对上,汤姆和大人小孩都能玩到一块,还抱着每个孩子在院子里转一圈。海伦看得出来,大家对汤姆的印象非常好,参加派对之前发生的那些,说出来也不会有人相信。

派对上有几个不熟悉的人,汤姆向他们介绍说亚力克斯是他的"女朋友",他以为这是一个有趣的笑话。他还一度当着亲戚的面评论亚力克斯:"她已经长成一个年轻漂亮的小姐了,不是吗?"亚力克斯当时就在旁边,她觉得很羞愧。汤姆见她不舒服,还继续说:"怎么了,夸你还不好意思了?"引得周围一阵大笑。然后,他抱了抱她,在她额头上吻了一下,对被逗乐的观众们说:"她是个乖孩子。"亚力克斯勉强挤出了一个笑容。

他们从派对上回来后,孩子们上楼去了。海伦对汤姆说,兰迪下午又打了亚力克斯,这次还把她弄伤了。汤姆回答说:"海伦,欢迎来到这个世界。那是姐弟俩闹着玩,好吗?是你还没有听说,还是奥普拉秀[1]上还没讲到这点,所以你不知道啊。亚力克斯比兰迪大两岁,她是姐姐。她就喜欢装受伤,因为她知道妈妈会心疼她,会责怪兰迪坏。你

---

1 The Oprah Winfrey Show, 美国收视率最高的脱口秀节目。

太天真了。"

海伦听出了他的冷嘲热讽,但还是强迫自己冷静,她说:"我觉得我们应该找学校的心理辅导老师聊一聊,向他寻求建议。"

汤姆迅速站起来,好像身上着了火似的。他朝海伦走近两步,用手指着她,朝她大喊,吓得她心怦怦直跳。"让这些人搅和进来,你会后悔的!你都不知道自己在干什么。你动动脑子好吗,蠢货!"说完他迈着重重的脚步朝车库走去。他打开灯,一边用收音机听比赛,一边继续修理兰迪的摩托车。直到海伦睡着了,他才回屋。

和家暴者生活在一起,孩子们也会产生压力和困惑。他们亲眼看到爸爸妈妈吵架,感受到家里的紧张气氛。他们听到尖叫声和骂人的声音时,会担心爸爸妈妈的感受。他们会想象家庭破碎的场景,如果家暴者是他们的爸爸,那么,在他们的想象中,分开的场景会很可怕。如果家暴者会捶墙、摔椅子或打他们的妈妈,那么,即便在家里气氛平静的时候,他们也会非常害怕。此外,处在家暴环境中,孩子们会充满内疚。他们要么觉得是自己害了妈妈,要么觉得自己本应该想办法阻止。

然而,生活在家暴环境中,孩子们要忍受的东西很多,目睹家暴的发生只是开端。家暴会波及家庭的方方面面。母亲和孩子们之间会生出敌意,兄弟姐妹之间也会互相对抗。谁和谁结成一派,后来谁又站到了另一边。孩子们对于父母的情感在两个极端之间摇摆,他们有时候讨厌家暴的爸爸,有时候又把他理想化,转而责怪妈妈。面对家暴者制造的隔阂,妈妈努力维持与孩子们之间的关系,兄弟姐妹想方设法帮助彼此,给彼此提供保护。这些汹涌的逆流让家庭生活动荡不安。

(为了简便,我在本章中把家暴者说成是孩子们的"爸爸",但很多时候,也可以指继父或者和他们的妈妈同居的伴侣。)

为什么家暴常常扩大成育儿的问题

> 问题 14：
> 作为爸爸的家暴者是什么样子？

虽然我的一些客户会在虐待伴侣的时候避开人，这样孩子们既看不到他家暴的过程，也不会卷进来，但是大多数家暴者会通过父亲角色表现出他们的家暴心理。男人的家暴心理为什么能影响他们的育儿选择，原因有很多：

1. 父母的每一个重要决定对所有的家庭成员都有影响。比如一个许多父母都在纠结的问题：六岁的孩子是该上一年级还是再等一年。推迟一年就意味着妈妈不能花很多时间在外面工作，这就会影响家庭的财政情况。如果选择上学，那么孩子就得早起去坐校车，这会影响父母的睡眠；此外，家里小一点的孩子失去玩伴，可能会变得喜怒无常，需要别人的关注。面对这些复杂的场景，家暴者会如何回应呢？他很可能像平常一样，认为自己的判断比伴侣的好，并自私地考虑这些变化会对他产生怎样的影响，而不去考虑什么才是对整个家庭最好的。因为涉及孩子们，他的整个决策方法就会突然改变吗？不大可能。

2. 家暴心态的核心是：家暴者将伴侣当成他个人的所有物。假如他把她当成自己的封地，有多大可能认为孩子们也得接受他的统治？可能性非常大。如果他是孩子们的法定父亲，那么他会把他们当成自己的延伸，或者反过来把他们当成她的延伸。无论是哪种情况，他的所有权心态都很可能影响他的育儿行为。

3. 家暴者的虐待行为要想完全不被孩子们看到是不可能的，毕竟他们就在身边。所以，他选择将他们卷进来，操纵他们的认知，并企图拉拢他们。

4. 孩子是家暴者用来对付伴侣的有力武器。对于一个深爱着孩子的妈妈来说，没有什么比伤害她的孩子或破坏他们的亲子关系更令她痛苦的了。许多家暴者发现，利用孩子来对付他们的妈妈，比其他方法更有效，当然，除了公然进行恐怖的袭击和威胁。心理受到伤害的孩子们，是一件诱人的家暴工具。

再论家暴心态：育儿启示

现在，我们回过头来看本章开头描述的特纳一家，一点一点分析整个过程。就以家暴心态的中心元素为向导吧：

控制

观察汤姆的行为，我们可以得出这样一个他未说出口的规则：

> "你别催我。
> 我高兴什么时候走就什么时候走。
> 如果你给我压力，我会拖得更久，以此惩罚你。"

汤姆不会因为孩子们会受到影响而放弃他的一系列规则和惩罚。实际上，他还有点高兴，因为这会让海伦更加痛苦。

我们还可以看出，汤姆直接控制亚力克斯，他控制她的穿着，推翻海伦的决定，从而破坏了她作为妈妈的权威。有时候，哪怕不曾出力，他也要管上一管。如果想在孩子的穿着上有发言权，就该参与到准备工作中来。然而家暴者并不认为他对于孩子们的权威程度和他的贡献与牺牲程度，以及他对孩子们及其生活的了解程度有任何关系。即便他没有照顾孩子们，即使他只做了自己喜欢做的那部分，即使他只是为了在外人面前表现自己是个好爸爸，他也觉得自己有权利决定什么是对他们好的。

和汤姆一样，家暴者都是专制主义家长。也许他们不会经常参与进来，但是一旦插足，就是他们说了算。尽管许多心理学研究表明，专制主义育儿很具破坏性，但我的客户们还是会为它辩护。父母既不过分严格，也不过分纵容，有结实的家庭结构，但也允许对话、冲突和妥协，这样，孩子才会表现好。

如此，家暴者的专制表现在他对待孩子的态度和行为中，包括霸道地蔑视伴侣平等发言的权利。

权利感

汤姆不认为夫妻俩选择要孩子，就得接受生活方式的改变，就得做出牺牲。他替兰迪修摩托车，是因为他喜欢。然而，孩子们的其他问题，他却不会管。在派对上，他表现得像个好爸爸，是因为他喜欢这种好爸爸的形象和地位。

他因权利感而产生的自私和自我中心主义，致使他与孩子们的角色颠倒了，他觉得孩子们有责任满足他的需求。汤姆在生日派对上对十几岁的女儿言语轻佻，向别人介绍她是他的"女朋友"，拐弯抹角地评论她的性发育，还在她尴尬的时候亲吻她。很明显，他让亚力克斯觉得不舒服，但他懒得去注意这些。他既有一位年轻漂亮的伴侣，同时，作为爸爸又为拥有一个漂亮的女儿而骄傲，如此他便满足了自己的需求。

家暴者的子女常常发现自己很难得到爸爸的注意和认可。如此，爸爸在孩子们眼中的价值就提升了，因为他的任何一点关注，对他们来说都很特别，都会令他们兴奋。讽刺的是，相比之下，他们的妈妈就没那么重要，因为他们知道自己可以依靠她。

家暴者觉得自己是无可指责的，这种态度让伴侣很难以孩子们的名义干涉他。为了孩子们着想，海伦想让汤姆快点儿，他却认为她是在"用她的那些破事烦他"，并且故意拖延时间以示惩罚。亚力克斯和兰迪不知道，如果他们的妈妈反抗他，她会付出什么样的代价，他们会付出什么样的代价，还觉得她一点儿都不在乎。

外化责任

汤姆导致孩子们参加派对迟到了,却对海伦说是她的错。他还说,孩子们打架没什么大不了的,只是她对亚力克斯过分同情了。他从没想过兰迪对女性的态度可能和他有关。这个家里出现的所有问题,都是别人的错,通常都是海伦的错。

目睹自己的妈妈受虐待的儿童,在学校常常不能集中注意力,和同学相处不好,或者表现出攻击性。事实上,他们会表现出一些直接遭受虐待的儿童所表现出来的症状。而家暴者会把这些归咎给他们的妈妈,怪她没有好好养育孩子,或者说这是孩子与生俱来的缺点。

一个家暴家庭破碎以后,孩子们会发现,没有爸爸在,生活要快乐得多,于是他们选择和爸爸疏远。这标志着他们的心理正在恢复。可以预测,这时候,家暴者就会说是妈妈让孩子们和他作对。他还能想到什么原因呢?

操纵

特纳一家在开车去参加派对的路上,汤姆突然变得幽默起来,和孩子们开玩笑,让他们和他一起嘲笑他们的妈妈。当他嬉皮笑脸时,很难一直生他的气。孩子们因为嘲笑妈妈而觉得羞愧——亚力克斯意识到了,兰迪的意识不明显——但乐于和他们的爸爸结盟。

有时候,和一个一直很糟糕的家暴父亲生活在一起,对孩子们来说要容易一些——至少他们知道当前的处境,知道是谁的错。但是,家暴者太会变脸了,经常让孩子们觉得困惑和矛盾,让他们希望他永远保持好的那一面。

此外,家暴者还会使用各种各样的手段,阻止孩子们把妈妈遭遇家暴的事情透露给外人,这又是一种重要的操纵手段。他可能会通过奖励的方式让孩子们保守秘密,或者让他们觉得,这是一件很丢脸的事,不能让别人发现。有时候,他还会公然给孩子们施加压力,强制他们保守秘密。如果孩子们不小心走漏了消息,还会遭到家暴者的报复——包括情感和身体上的报复（有时候，孩子们的妈妈也会让他们保密，因为她害怕一旦走漏了消息，她和孩子们都会有危险）。要采取措施，解除孩子们的负担，别再让他们背负这样的秘密，我会在本章最后讨论这一点。

优越感、不尊重

兰迪对亚力克斯的攻击行为令海伦担心，汤姆却公然嘲笑她。如此，他对她的家暴便延伸至她的育儿方面。在这种环境中长大的孩子，渐渐地会瞧不起他们的妈妈，他们会吸收家暴者传递出的信息，那就是：她不成熟、不理智、头脑不清楚、不够资格。即便在发生冲突时，孩子们大都站在妈妈这一边，但是，他们仍然觉得妈妈比别人、比他们低一等。兰迪居高临下地对他的妈妈说："我看你又开始发疯了。"他的行为就表明了这一点。他已经学会了通过爸爸的视角来看待自己的妈妈。

占有欲

汤姆把亚力克斯当成了一件属于他的东西。当他让她换衣服的时候，我们可能会想："他是不想让自己的女儿年纪轻轻就穿得太性感，这本没错。"可是，在派对上，我们发现，他并不反对她突出自己的性特征，他只是想把一切掌控在自己手里，想让一切达到他的满意程度。他要求她不能炫耀自己的身体，不是站在父亲的角度，更像是出于一个嫉妒心作祟的男朋友的心理。

不是所有的家暴者都把自己的孩子视为所有物，但许多家暴者是这样的。一个男人，既已将伴侣视为所有物，同样也容易将子女视为所有物。但子女并不是东西，父母物化子女，很可能给他们造成心理伤害，因为他们不认为子女享有权利。

公众形象

当孩子们看到别人把他们的家暴者父亲当成一个有魅力、受欢迎的人时，心中充满了困惑。看到汤姆在派对上那么受欢迎，亚力克斯和兰迪会怎么想呢？他们会认为他在家时的行为很正常，反过来也就意味着，他们的妈妈是错的。

虐待儿童的家暴者

许多研究表明，虐待伴侣者虐待儿童的概率比其他人大。家暴者是否会虐待儿童，主要取决于他对伴侣的虐待方式，尽管其他因素也很重要，比如他童年时是否遭遇过虐待。儿童面临的家暴风险如下：

肢体虐待

最可能打孩子的家暴者，就是那些经常攻击和威胁孩子妈妈的人。打人的伴侣虐待儿童的概率是不打人伴侣的七倍，他对孩子妈妈使用暴力的次数越频繁，孩子们遭到虐待的风险就越大。然而，还是有一些家暴者打孩子，但不打他们的妈妈。这类家暴者往往是：（a）非常严厉和独裁的家长；（b）有着很强控制欲的专制的伴侣；（c）成长过程中受到父母身体家暴的人。

性侵犯

乱伦者和家暴者的心态和手段都很相似。他们是一些有很强的权利感、以自我为中心、喜欢操纵别人，并且会利用孩子来满足他们情感需求的人。他们和汤姆一样，经常控制女儿（和儿子），将孩子视为他们的所有物。其实，汤姆已经表现出了许多性侵犯的预警信号，比如他让亚力克斯回去换衣服时表现出的嫉妒心理，还有他喜欢用轻佻的语气和亚力克斯说话的倾向。

许多研究还发现，家暴者出现乱伦行为的概率比其他人大得多。这些研究表明，乱伦者不一定会对伴侣采取多么严重的暴力行为，但通常会对她进行一定程度的侵犯。乱伦者的心态和手段和家暴者很相似，比如以自我为中心，要求别人满足他的需求，操纵，塑造良好的公众形象，要求受害者保守家暴秘密，等等。虽然直接性侵犯的比例不高，但是，家暴者有时候会越界，会有一些不当的行为，就像汤姆在派对上那样。像汤姆一样，把自己的孩子当成所有物的男人，有可能忽视她的隐私权，或者不尊重她身体的完整性。

此外，虽然大多数乱伦者会首先选择女孩下手，但男孩也有被家暴者侵犯的危险。尤其是在小时候，男孩更容易受到侵犯。女孩则一直都容易受侵犯，青春期的风险则会变得更大。

心理虐待

经常有客户的伴侣向我诉苦，说家暴者对孩子们造成了很大的心理伤害。家暴者的常见行为有：骂他们，贬低他们，打击他们的自信心，当着别人的面让他们难堪，破坏男孩的男子气概，对女孩的身体发育和长相进行不当的评论，等等。此外，他们还不出席孩子们的重要场合，不履行带他们出去玩的承诺，或者对他们漠不关心，这会进一步伤害孩子们的情感。看着自己的孩子不被爸爸关心，又是受虐女性的一大痛苦来源。

作为榜样的家暴者

兰迪和亚力克斯从汤姆对海伦的态度中学到了什么呢？父母的言辞和行为最能影响孩子们观点的形成，以及他们如何看待他人与自己。生活在家暴环境中的儿童，会学到这些：

"错在被家暴的人，而不在家暴者。"

汤姆的行为告诉他的孩子们，海伦被家暴是她自己造成的，因为她太容易激动、质疑他的决定、不应该生那么大的气。由此，兰迪（亚力克斯可能也一样）在对待别人的时候，可能会存在问题，因为有人教过他如何将自己的行为归咎给别人，尤其是女人。亚力克斯则会认为，其他人（尤其是男人）有权利虐待她，而且如果他们这么做了，就是她的错。

"生活的乐趣是通过控制和操纵别人而得来的。"

汤姆的行为告诉他的孩子们，可以把控制别人当作一种目的。这样一来，孩子们的心中根本没有分享、平等、合作、相互尊重这些观念。比如，等家暴男的儿子到了青春期，他们通常开始操纵女孩，在情感和性方面利用她们。他们对受害者没有同情心，他们在爸爸的影响下，不在乎女性的感受。

"男孩和男人应该处于控制地位，女人应该被他们控制。"

此外，亚力克斯和兰迪在对男人和女人的认识上，很可能形成一种有家暴倾向的观点，除非他们能在亲朋好友之中找到一些有说服力的反例。子女对于性角色的定义和识别，主要受父母的影响。

"女人软弱、无能、不合逻辑。"

汤姆有意无意地教孩子们贬低女性，就像他对海伦那样。他在公共场合对亚力克斯的不尊重，更加体现出这点。家暴男的女儿在自尊心方面一般都存在严重的问题。怎会不这样呢？看看家暴者爸爸在女性的价值和尊重方面是怎么教她们的。反过来，家暴男的儿子一般都会轻视女性，认为自己比她们优越，尤其是他们长大了开始谈恋爱的时候。

"妈妈负责辛苦烦琐的育儿事务，爸爸负责做决定和共享快乐时光。"

汤姆让亚力克斯和兰迪看到的是，在这个家里，妈妈出体力，爸爸出脑力。他们将海伦与日常琐事联系在一起，而汤姆则是陪他们度过兴奋时光的人。虽然爸爸经常发脾气，但他仍然是一个风趣的家长。比如，他们看见他在派对上玩得很开心,而妈妈则一直绷着脸不说话。

"爱你才会对你家暴。"

在家暴环境中长大的孩子会认为,被家暴是获得爱的代价。有了这样的认识,他们就很难意识到自己正在被家暴,很难反抗。

家暴男在将这些观点传递给下一代的同时,又将自己的儿子征募到了家暴男的队伍中。其实,他并不是想让他的儿子虐待女人——毕竟他也不认为自己是在家暴——但是,他想让他的儿子和他想法一样,包括采用他的借口和辩护理由。所以,结果还是一样的。而且,他同时也将自己的女儿招募进了受虐女性的队伍中。

家暴者如何影响母子(母女)关系

> 问题 15:
> 为什么家里的人互相生气,而不是生他的气?

汤姆的行为让家庭成员的关系有了裂痕,时间一久,裂痕越来越大。他种下的分裂种子已经长出了有害的果实。那么,他是如何影响海伦和孩子们的关系的?他又是如何塑造——和扭曲——他们对她的看法的?

破坏她的权威

亚力克斯和兰迪不难看出在这个家里谁的话最有权威,因为他们看到了海伦的决定可以被推翻。孩子们看到父母的权威如此不平衡,便会学着帮一边对付另一边,还会巴结有最终发言权的那一边。他们还会学着藐视受虐一方的权威。一些家暴者还会当着孩子们的面说妈妈的坏话,说她是疯子、酒鬼，说她不爱这个家，进一步破坏妈妈的权威。

即便不像汤姆那样直接否定妈妈的育儿方式，家暴本身也会破坏女性的权威。孩子们看到、听到爸爸贬低和压制他们的妈妈，对她不加理睬或进行身体威胁，就会认为，这么做对她没什么大不了，而且很有用。大多数受虐女性的孩子将爸爸的行为看在眼里，还会进行实验，模仿他的行为，看看是不是能起作用。

此外，孩子们还会和爸爸一起虐待他们的妈妈，以得到爸爸的认可。有时候，这样做很管用，但有些家暴者会迅速定下规矩，称只有爸爸才拥有不尊重妈妈的特权。在这种情况下，他们就把从爸爸那里学到的东西压制在心里，直到爸爸妈妈分开。然后，当家暴者离开后，他们就放松了，将爸爸贬低和威胁妈妈的那一套重新改造，加以利用，有时他们很快就会变得难以管教。

家暴者的孩子还从他们身上学会了要妈妈不断地为他们服务。比如，一个受虐女性的儿子会因为她没有无微不至地伺候他、逼他履行自己的责任、让他改掉坏习惯而大动肝火。而他的爸爸就是他的直接榜样。

干涉她管教子女

参加派对回来的那天晚上，汤姆不让海伦向心理咨询老师提起兰迪打姐姐的事。他并没有直接说如果她反抗，会受到什么样的惩罚，但是她很了解他，不愿以身犯险。就这样，她被禁止管教自己的孩子。

此外，还有许多受虐女性向我抱怨，她们的伴侣会直接干涉她们管教孩子。最常见的是，宝宝哭了，受到了惊吓，却不让她们安抚。有时候，这些男人会公开承认自己干涉伴侣。最近，一个叫雅各布的客户告诉我，他和伴侣帕特里夏有一个十一个月大的宝宝，名叫威力，只要威力一哭，帕特里夏就会立刻把他抱起来"讨好"他，雅各布受不了她这点，于是不让她去婴儿房。他们大一点的女儿患了严重的肝炎，在两小时路程以外的一个城市住院。每天，帕特里夏下班回来就立刻赶去医院简单看一下女儿，然后匆忙赶回家，希望在威力睡觉之前看他一眼。可是，如果帕特里夏没有在雅各布规定的时间前赶回来，雅各布就不允许她进入威力的房间，即便威力还醒着。不止一次，宝宝发现帕特里夏在家，大声喊"妈妈，妈妈!"，雅各布仍然不让她进去。他的借口是什么呢?"时间不是我规定的，"他说，"是我们共同认可的。"(即便是真的，这个借口也无法让人接受，何况帕特里夏告诉我，她从来没有同意过。)

我觉得有必要提一下，十年来，雅各布从来没有动手打过帕特里夏，而且他是一名住在豪华区的大学教授。这个例子让我们看到，一个不使用暴力的家暴者，他进行心理虐待的程度能有多严重，而且隐藏得有多深。

我还遇到过一些妈妈因为被家暴而出现了精神病理特征，比如做噩梦、严重的焦虑或者抑郁。研究表明，在受虐女性中，此类状况并不罕见。家暴者向孩子们灌输的观点是：他们的妈妈有精神问题，同时，他们也的的确确导致她在一定程度上精神不稳定。无论怎样，家暴者的行为都破坏了母亲和孩子间的关系。母亲和孩子要想重新建立良好的关系，既需要时间，也需要外在的帮助。

把孩子当成家暴的武器

许多年前，我有一个客户名叫韦恩，他是个年轻的爸爸，胆子很小，脾气也温和。他说自己是女权主义者。一天早上，他的妻子南希出门前说了一些令他不高兴的话，他非常生气，恨不得让她为自己说出的话后悔。然后，他在冰箱里给十个月大的宝宝找奶的时候，发现了一瓶过期的牛奶。他立刻就想到，可以把它当成终极武器，于是他给宝宝喝了这瓶过期的牛奶，害得宝宝生了一场大病。除此之外，还有其他一些行为也给南希造成了可怕的影响。这种控制性行为很有效：每一次反抗韦恩或者惹他不高兴之后，很长一段时间内南希都非常害怕。每天出门上班时，她都非常担心。

还有一个顾客告诉我，他和妻子吵架时说："如果你再不闭嘴，我会让你后悔的。"可她还是对他大喊大叫，于是，他拿着一把剪刀，来到十几岁女儿的衣柜前,把她的舞会礼服剪成了碎条。我听他的妻子说,他们的女儿痛苦极了。家暴者之所以这么对孩子,是因为他们知道,孩子们的妈妈会因为孩子的痛苦而痛苦,这比直接伤害她还管用。

塑造子女对于家暴的认识

我的许多客户都是经验丰富的"导向医生",他们能够分散孩子的注意力,让他们摸不清眼前的状况。且来看看以下场景:爸爸和妈妈正吵得不可开交,两人又是喊又是骂。孩子们分不清状况,也许是因为紧张的气氛让他们心里害怕。接下来的那一天,妈妈神情恍惚、情绪低落,因为一点小事就凶他们。而他们的爸爸消失了几个小时,回来时心情已经大好,还和他们开玩笑,好像什么也没发生似的。(家暴者很快就可以摆脱家暴事件对他们的影响。)所以,在孩子们看来,谁才是打破家中平静的那一个呢?很可能是那个心情不好的。因此,家暴者有时候会颠倒孩子们的认识,让他们觉得是妈妈脾气暴躁、不可理喻,哪怕他们亲眼看到了家暴的场景。

让妈妈进退两难

汤姆惩罚海伦,故意让孩子们迟到,兰迪和亚力克斯却对海伦不满,认为是她不肯让步。他们觉得如果她能迎合汤姆,不惹他生气,他们就能得到自己想要的,所以孩子们认为是她伤害了他们。他们知道,要爸爸让步是不可能的。孩子们不指望爸爸能做些什么,就让妈妈去解决矛盾。

然而,这还只是问题的一半。如果遇到其他问题,海伦为了避免被家暴,避免他对这次事件进行报复,可能向汤姆让步,然后孩子们又会责怪她这么做。他们会说:"为什么要让爸爸那样对你?你为什么要忍啊?"他们还会抱怨说:"爸爸对我们凶的时候,妈妈却什么也不做。"于是,无论反抗还是不反抗,受虐女性的孩子们都会埋怨她。就这点而言,他们的反应完全可以理解,但是他们的妈妈会发现自己和孩子们的距离更远了,关系也更紧张了。

有时候，儿童保护服务处的人会责怪受虐女性"没有保护好"他们的孩子，让他们受到家暴者的影响。那是他们不明白，孩子的妈妈为了保护他们做出了多少努力，而孩子的爸爸又是如何使手段干预她的。

家暴者如何在家里播撒分裂的种子

兰迪和亚力克斯前一分钟还是劲敌，下一分钟就变成了忠实的盟友。他们就像海边的鹅卵石，每被家暴的海浪冲刷一次，就会改变一次立场。兰迪会对亚力克斯使用暴力并不奇怪，生活在家暴环境中的男孩，常常对同龄人表现出不尊重和攻击性，甚至还对女性怀有敌意。家暴男的儿子学会了轻视女性，他们觉得自己比姐妹和妈妈优越，因此认为她们应该为他服务。所以，在家暴家庭中，兄弟姐妹之间打架的概率更高。

家暴本身就带有分裂的性质。家暴者的家暴行为导致家庭成员之间相互责怪，因为他们知道责怪他不安全。比如，如果爸爸妈妈因为一个孩子的坏行为而吵架，妈妈遭到爸爸的家暴，大一点的孩子就会说："爸爸之所以冲妈妈大喊，把她气哭，是因为你闹个不停让他生气了。我早就让你安静点，你非不听。"

汤姆的偏心进一步促进了分裂：他像对待兄弟一样对待兰迪，还替兰迪修摩托车，却忽略亚力克斯——除了在公共场合炫耀她以外。在育儿的时候，家暴者偏心的现象很常见。相比之下，家暴男更偏爱男孩，因为他们自己对女性有着消极的态度。他们喜欢站在他们这边的孩子，不喜欢同情和保护妈妈的孩子。那些和妈妈疏远的孩子还会得到家暴男的情感奖励。

此外，我的客户们还会使用其他分裂手段，比如，如果孩子们和妈妈亲近，他就会公然羞辱他们——尤其是男孩。他会说家庭成员的假话，还会让孩子们觉得，站在他那一边就好像加入了某个特殊、优越的俱乐部。另外，他还会采用集体惩罚的手段，一个孩子犯了错，他会惩罚所有的孩子，这就让孩子们互相反目。

为什么家暴者会播撒分裂的种子呢？其中一个原因是，如果家庭成员团结一致，他的权力就会减弱。我曾经有一些客户，他们的伴侣和孩子的关系一直很好，他们经常为此苦恼，总是抱怨说"他们全都和我作对"，或者说"她给孩子们洗脑，让他们站到她那边"。许多家暴者会使用"各个击破"的方法，避免出现这样的结果：如果家庭成员忙着彼此争斗，就顾不上他的家暴和控制行为了。

母子（母女）关系和兄弟姐妹关系的恢复

说也奇怪，在家暴者的家里，有些家庭成员偏偏关系很好、很团结。以下这些因素有助于恢复家庭成员之间的关系：

1. **了解家暴相关的知识**：比如，孩子们的妈妈在受虐女性组织的帮助下，更容易了解家暴的复杂过程，然后她会帮助孩子们看清真相。同时，也让她不至于责备孩子们，毕竟在家暴的影响下，他们会做出一些不当的行为。
2. **求助儿童服务机构**：如今，许多受虐女性组织会为儿童提供免费的咨询。此外，医院和心理健康中心等地方还专门为那些目睹了家暴的儿童提供服务。孩子们了解了情况后，家庭成员之间的关系会增进不少。
3. **免受家暴者的伤害**：如果有邻里社区的帮助——帮助他们离开家暴者或者要求他改变——家庭成员则更可能相互支持。警察和法庭可以威慑家暴者，一定程度上阻止他们犯错。家人和青少年法庭也可以采取措施保护儿童不受家暴行为的影响。
4. **获得有用的社区资源**：比如，我发现，在有很多小朋友一起玩耍的地方，孩子们的表现更好。如果孩子们有机会参加体育、戏剧或其他能带给他们快乐、让他们产生自信的活动，就不会因为自己的痛苦而伤害兄弟姐妹和妈妈。家庭以外的大人多关心家暴环境中的儿童，鼓励他们参加活动，也能在一定程度上帮助他们摆脱家暴者对他们造成的心理影响。

此外，帮助孩子们的妈妈同样很重要。找到一个可靠的亲戚或朋友，诉说你是如何被虐待的。打破孤立无援的状况对于治愈你和孩子们至关重要。

5. **母亲勤于育儿并得到帮助**：受虐的妈妈们应该得到社区的帮助，而不是当超级英雄。与此同时，妈妈们也要采取相应的措施。尽量别拿孩子们撒气。多阅读关于育儿和纪律策略方面的书籍，多听这方面的讲座。向亲朋好友学习育儿技巧，接受他们的建议和批评。这些对于受虐的妈妈们来说都是很大的挑战。如果不能完全做到这些，尤其不能同时做到时，也不应该受到责备。但是我发现，许多受虐妈妈会在环境允许的情况下，尽自己的努力做到最好，时间一久，她们的孩子会有明显的改善。

6. **家暴者的操纵手段不够高明**：有些家暴者不够聪明、没有说服力，无法塑造孩子们的观点，孩子们没有感觉困惑或矛盾，也不会总是责怪他们的妈妈、兄弟姐妹或他们自己。

孩子们如何看待他们的家暴者爸爸

孩子们对家暴者是又敬又恨。他们恨他的霸道和自私，又被他的魅力和权力吸引。他们很珍惜他和蔼体贴的时刻，也许是因为那样的时刻太少了。他们可能幻想自己长大了，可以反抗他，还经常梦到伤害他。如果他心情不好或者喝多了酒，他们会担心他。他们发现，当爸爸心情好的时候，家里一派祥和，一旦他心情不好，就会让全家人跟着痛苦。所以他们会努力哄他高兴。这些复杂的情感会让孩子们感到困惑和不安。

孩子们和妈妈一样，也会对家暴者产生创伤情结，即便他没有直接对他们实施家暴。当儿童保护工作者或抚养权评估人员走进家暴家庭时，他们会得出这样的结论：孩子们很依恋他们的爸爸——他们的报告上也是这么写的。但是，他们没有去了解这种依恋是创伤和操纵导致的，还是因为爸爸确实花了大量的时间陪伴他们。

家暴者用尽办法塑造伴侣和孩子们对他作为爸爸的看法。客户的伴侣经常说："他对我很糟糕，但他是个好爸爸。"可是，当我具体问到本章中提到的一些行为时，从她们的回答可以看出，"爸爸"大都存在严重的问题，只是她们不能识别出来而已。你读到这里，也会想到你的父母在养育你时存在的一些问题。想到你的父母是怎样对你的，再想到你的孩子可能也面临着被虐待的风险，那种感觉一定非常痛苦。下面的内容会教你如何帮助你的孩子应对自己的挑战。

分手后作为家长的家暴者

分手以后，家暴者是怎么当家长的呢？一些家暴者干脆从孩子的生活里消失了，他们怀着这样的态度："孩子们是她的问题。如果她想让我帮忙，就该对我好点。我可不想自由受到限制。"他以为生孩子是一个可逆的过程，就像失去的童贞还能找回来似的，简直是笑话。他可能给很少的抚养费，或者不给，甚至连一张生日贺卡都不会送。

其实，从长远看，比起留下来继续操纵和分裂孩子们，家暴者离开他们的生活对他们更好一些，但两者都不是最佳选择。家暴者爸爸离开后，孩子们会觉得自己被抛弃了。就拿我最近的一个案例来说，孩子坚持认为爸爸离开是因为"他不喜欢我"，尽管他的妈妈告诉他不是这样。此外，街坊邻里有可能会笑话孩子们，因为他们的爸爸"跑了"。

如果家暴者爸爸留下，又会出现一系列问题。首先，一般都是妈妈提的分手，家暴者不会甘心被抛弃。他们会把孩子们当成报复的武器，或者把他们当成人质，让她复合。比如，我有一个叫作纳特的客户，他和妻子离婚后就搬进了一个公寓。尽管有钱把新家布置得漂漂亮亮，但他故意把家里搞得脏乱差。空床垫随意扔在地上，墙上没有挂画，地板上没有毯子，也没有其他家具。孩子们周末去看他的时候，看到他的生活条件，差点吓坏了。他在他们面前哭诉，说自己多么想他们和他们的妈妈，说离开家后自己多么孤独。此外，他穿得很邋遢，不梳头，不刮胡子，看上去可怜兮兮的。孩子们很伤心，对爸爸的痛苦和孤独感同身受。于是，他们自然向妈妈施加压力，希望她能让他回家。

此外，孩子们甚至被当成直接的武器。一位客户的伴侣告诉我，她在一年前离开了他，可是后来他们又和好了，"因为他告诉我，如果我不让他回来，他就会性侵我们的女儿"。她没有告诉家庭法庭，因为她觉得他们不会相信她——家庭法庭向来都不相信女性关于性侵的指控。

受虐女性的前任通过孩子伤害和控制她们的方式多不胜数：

· 从他们那里打听妈妈的消息，尤其是关于她的现任的消息。
· 以邋遢困顿的形象出现在他们面前。
· 让他们和他一起生活。
· 继续破坏他们和妈妈之间的关系。
· 允许孩子们在他家里吃垃圾食品、看暴力和色情的电影、不做家庭作业，以破坏她的权威。
· 为了让她痛苦，不惜在心理上、身体上，甚至性方面伤害孩子们。
· 威胁说要把孩子们从她身边带走。
· 通过法庭争夺抚养权或增加探视权。
· 以探视为借口带走孩子们，却把孩子们交给别人带，通常是他的妈妈或新伴侣。

分手后，他为什么会把孩子们当成武器

他利用孩子伤害前任时，心里是怎么想的？

1. 他希望她过得不好。

　　家暴者最不希望的，就是伴侣在分手后过得很好，因为这就证明问题出在他。所以他想方设法利用孩子们给她找麻烦，让她不好过。结果，她感觉自己并没有摆脱他，她感觉他一直在身边对她的教育方式指手画脚。许多家暴者在分手后对母子（母女）关系造成的破坏更大。

2. 他失去了大部分管得着她的途径。

　　分手意味着家暴者失去了在日常生活中控制和贬低她的机会。分手后，他和她可能还有一些金钱往来，如果他愿意冒着被捕的危险，还可能跟踪或袭击她。但是，孩子是他唯一能用来长期吊着她的工具。

3. 他把孩子们当成自己的个人财产。

　　家暴者认为养孩子这项工作是伴侣的责任，却觉得自己拥有对他们的权利。分手后，他既失去了对伴侣的控制，也失去了对孩子们的控制，为此他觉得很气愤。我的一名客户将这种所有权心态体现得淋漓尽致。他向法庭申请唯一法定监护权，却要求妈妈保留物质抚养权。换句话说，他希望她照顾孩子，可是做决定的权利在于他。（幸亏他的要求被拒绝了。）

　　如果前任有了新伴侣，作为爸爸的家暴者会非常生气，用我客户们的话说，是因为："我不想另一个男人待在我的孩子们身边。"根据我的经验，被家暴过的女人找的下一个男人一般都比较尊重她，因为痛苦的经历教会了她们看清一些家暴信号。与此同时，她的孩子们也会被她的新伴侣吸引，他们会激动地发现自己也能得到来自男性的关心和关注。面对这种情况，家暴者可能产生敌对情绪。

4. 他对前任的看法高度扭曲。

　　我的许多客户真的认为把孩子们从妈妈身边赶走是为他们好，因为他们觉得她很糟糕。家暴者费尽心思想要证明前任不是个好妈妈，他指出她的一些毛病：抑郁、情绪波动、很难让孩子们尊重她。而这些，正是家暴对她造成的影响。家暴者觉得他需要把孩子们从她的手里救出来，这种想法太过荒唐和扭曲。

分手后，所有的家暴者都会给孩子们造成情感伤害吗？

幸好不是。我遇到过一些家暴者，他们比伴侣更心疼孩子，分手后也不会把他们当成武器。这种人一般都具有以下特点：

1. **他们在分手以前就对孩子们很负责**：那些离婚或分手后仍旧对孩子们好、关心他们、不破坏他们和妈妈关系的家暴者，在分手之前也是这样。他一般不会当着孩子们的面贬低伴侣，也不会在伴侣怀孕时虐待她。相比其他家暴者，他没有那么自私和自我。
不像非家暴者爸爸，分手之后，家暴者在育儿方面很少会有改善。我的一些客户会假装对孩子们更好，花更多的时间陪他们，因为他们要**争夺抚养权**，或者他们要让孩子们和他们的妈妈作对。这并非真正的改善，一旦竞争结束，不管输赢，他们都会回到从前的样子。所以，只需要问，分手后，家暴者对待孩子们"是和以前一样，还是会变得更糟"？
2. **他们不想清算旧账**：如果他不打算惩罚你或与你复合，想继续生活，那么孩子们的情况多少会好一些。
3. **他们不会利用法律制度争夺抚养权或增加探视权**：出于很多原因，许多家暴者不会选择家庭法庭作为控制女人和孩子的途径。一旦上了正式法庭，通往平静的道路就会变得漫长而痛苦。

家庭法庭上的家暴者

我经常担任抚养权评估员，或者说是诉讼监护人。抚养权评估员由法庭指派，主要职责是负责调查离婚或分手后儿童的生活环境，然后就抚养权和探视权的问题，向法官提出建议。几年前，我第一次接触这种案子的时候，遇到一个叫肯特的男人，他正在和前任蕾尼争夺三岁女儿的抚养权。肯特在当兵，所以他没有"弹性时间"。他告诉我，如果他得到抚养权，打算把特雷西送到日托中心，让女儿每个星期在那里待四十小时。而目前，特雷西由她的妈妈全职照料。肯特没有指责蕾尼照顾得不好，他只是说，他想让特雷西和他一起生活，因为他可以更好地照顾她。更重要的是，如果特雷西和他一起生活，蕾尼可以随时来看她，而蕾尼会限制他的探视时间。他说："和我一起生活，蕾尼才不会失去任何一方。"

有一天，肯特很气愤地对我说，蕾尼控诉他家暴，"但她一点证据都拿不出来"。接着，在我的盘问下，他向我描述了对蕾尼进行身体侵犯的十三种不同场景，比如有很多次把她推倒，还有一次用膝盖顶她的骨盆区，留下一大块瘀伤。他说他从来没有用拳头打过她，也没有扇过她耳光，很明显，他觉得这些才算家暴，所以他觉得她对他的指控纯属笑话。

这还不是全部。根据肯特所说，特雷西出生的头一年，肯特根本就没怎么照顾她，之后的两年，他对她的照顾也很少。（在争夺抚养权这方面，肯特没有其他家暴者狡猾。他的权利感太严重了，以至于他不认为我能从他的描述中看出什么问题。）

把一个小女孩从全职照料她的妈妈手里抢过来，然后放到日托中心，肯特为什么要这么做呢？我被迫得出这样的结论，他渴望控制蕾尼，想和她保持联系，以为赢得了抚养权就有把握控制她。

遗憾的是，很少有抚养权评估人员和法官能明白家暴者问题的本质。如果他们对他印象好，就会认为伴侣对他家暴的控诉是夸大其词。一旦他们采取了这样的立场，就很难认真去听他家暴的过程，很难认真取证。

在美国和加拿大，家庭法庭——依法判定抚养权和探视权的地方——是成千上万受虐女性的噩梦。一个女人，克服重重困难，终于摆脱了家暴者，最后却又落到他手中，只因为他是她孩子们的合法父亲，他可以通过法律制度继续他的家暴。

这类家暴者，自信满满地走上法庭，他认定法庭的工作人员能被他们的魅力和操纵手段影响。他习惯了长期面不改色地撒谎。他的外表和行为不符合人们对家暴者的社会印象。想象一下本章开头提到的汤姆，他出现在家庭法庭，有人会相信他是一个家暴者吗？

家暴者争夺抚养权的手段

家暴者在争夺抚养权的时候通常会使用以下手段：

利用他的财务状况

至少在分手后的几年内，大多数男人的经济状况都比他们的前任好一些。这种不平衡在家暴者身上更加明显，因为在分手前，他们可能在财务上控制和操纵伴侣，分手后，他又会想办法破坏伴侣的经济状况。家暴者可用的法务费用比伴侣多得多，或者他可以分得不错的房子，用来影响孩子们和抚养权评估人员的决定。此外，他可能不断地上诉，一次又一次将伴侣拽上法庭，彻底破坏她的财务状况。

要求心理评估

在心理测验的时候，大多数家暴者没有明显的精神病理特征，而他们的伴侣往往会因为长期忍受家暴而显得精神病态。评估心理医生会得出这个女人有抑郁症、癔症或报复心理的结论。一些评估者还会考虑受虐女性以往的经历和当前的状况。比如，如果她说自己被跟踪，很可能被贴上"妄想症"的标签。基于此，她说自己被家暴也没有人相信。我看到过几个评估报告，上面说那些男人不太可能有家暴行为，因为他们的心理没有问题，或者他们没有表现出攻击性。（因此，大多数家暴者还说自己是被冤枉的。）不幸的是，许多受法庭指派的心理医生不明白，他们那一套标准理论和测试方法如果运用到家暴案例中，会导致严重的问题。

扮演和事佬的角色

我的许多客户喜欢采用这一套说辞："我们经常吵架，也经常令彼此伤心难过，我理解她的痛苦，但是为了孩子，我们得先把这些放到一边。她一心想报复我，却忘了孩子们需要什么。所以我才要求共同监护权，这样我们就都能多陪陪孩子，她却要求我每隔一周的周六才能见孩子？"

这种说法的根据是：分手后女人比男人记仇（但在家暴者身上，事实正好相反），女人为了让他离孩子们远点，就冤枉他，说他家暴。家暴者这么做的目的是让法院工作人员不相信前任的话，不理睬她提供的证据。

假装悔改

奇怪的是，许多法官和抚养权评估人员认为家暴不影响他们对抚养权和探视权的判定。他们没有意识到家暴者会成为孩子效仿的对象，会破坏母亲和孩子的关系，会把孩子当成武器，也对这些不感兴趣。所以，如果家暴者称自己对家暴行为感到后悔，就足够让法院的工作人员对他们网开一面说："过去的就让它过去吧。"

互相指控，迷惑法院工作人员

我的大多数客户都是撒谎高手，他们说谎的时候一脸认真，还能和别人进行眼神交流，甚至能编造出丰富的细节。以至于法院的工作人员难以相信这样一个看起来很友善的人会家暴。我经常听到法院工作人员对我说："他指控她对他做了同样的事，所以我想，他们是相互家暴吧。"遇到这样的情况，法院可能会接受他的反指控，而不会进一步分析证据。

指控她让孩子们和他作对

有些家暴者想让孩子们和他们的妈妈作对，但没有得逞。有时候，孩子们看清了家暴的真相，就会采取措施保护自己和妈妈，也许还会向外人透露他的家暴行为。面对这种情况，家暴者就会说是她让孩子们和他作对的。很不幸，一些著名的心理学家甚至在其著作中写道，让孩子们远离家暴者爸爸不利于他们的身心健康，而孩子们之所以会这么做，可能是因为他们的妈妈。此外，家庭法庭往往没有意识到，让孩子们远离家暴者这个消极榜样，远离他对他们妈妈的敌意和轻视多么重要。遗憾的是，越来越多的家暴者以"亲代疏远"为借口，赢得了抚养权或足够的无监督探视权，尽管有足够的证据证明家暴者不仅虐待孩子们的妈妈，而且虐待孩子们。

其实，孩子们的妈妈限制孩子们和家暴者接触是在适当地保护他们。她同时也是在培养孩子们的自我保护本能。如果不支持和鼓励孩子们保护自己，那么在他们以后的生活中，就更有可能容忍其他人的家暴。

我发现，"亲代疏远"的指控有时候针对的是一些很称职的妈妈，因为她们和孩子们的关系很好——这被家暴者称为过分亲密和过度依赖——还因为孩子们看清了家暴者，选择远离他。

喜欢一些流行的错误观点

在家庭法庭上，一些误导性的言论经常出现在家暴者的陈述中。首先便是，在抚养权纠纷中，爸爸们普遍遭到家庭法庭的歧视。研究结果表明，事实恰恰相反，自20世纪70年代末以来，在美国的抚养权纠纷上，占明显优势的一般都是男方。其次就是，共同监护对孩子们更好。研究结果也表明，其实是更糟，除非父母在离婚后能和睦相处、合作抚养——这对被家暴的女人和家暴者来说几乎是不可能的。最后，家暴者还会说，女方对他家暴的指控存在很大问题，孩子们的抚养费太高了，家暴和抚养权的判定没有关系，他也遭到了同样的家暴，等等。

家暴者的这些手段之所以能成功，很大程度上依赖于法庭工作人员不了解那些揭露家暴行为的女性，有时候还带有性别歧视，还依赖于他们觉得某个男人"不像"家暴者的这种刻板印象。带有偏见的态度取代了他们对证据的认真调查和考量。遗憾的是，家庭法庭不像其他社会组织（比如警察局和刑事法庭）那样，它在识别和应对家暴方面并没有取得任何进展。

受虐母亲面对的矛盾的社会信息

为了保护孩子们不受家暴的影响，一个母亲该扮演什么样的角色呢？面对这个问题，受虐女性会产生一种非常矛盾的心理。和家暴者在一起的时候，专业人员和其他社区成员强烈谴责她继续和家暴者在一起。他们会说"你爱他胜过孩子们"或者"你一定不在乎他们的感受"。如果她不离开家暴者，儿童保护处的人还会威胁说要带走孩子们，因为她"没有保护好他们"。如果她相信那个男人会改，他们很可能会说她"不肯接受现实"或者"不切实际"。这些指责，完全忽略了她作为母亲面临的巨大挑战，也忽略了离开一个家暴者非常困难的事实。

可是，当她真的离开家暴者后，他们的态度又完全变了。突然，她就听到大家说：

"是，也许他真的虐待过你，但是也没有理由不让他见孩子啊。毕竟他是孩子们的爸爸。"
"你不觉得你心中的仇恨蒙蔽了你对孩子们的判断吗？"
"你不相信人是会改的吗？为什么不给他一次机会呢？"

换句话说，让孩子们和家暴者生活在一起，她会受到惩罚。不让孩子们和他在一起，她也会受到惩罚。后者可能比前者更危险，因为她不在跟前，看不到他对孩子们做了什么，也无法阻止家暴者在分手后常见的一些行为。

在美国和加拿大，家暴者爸爸通常享有无监督探视权，或者抚养权。当孩子们开始出现一些可预测的症状，比如行为举止和注意力问题、睡

228

眠障碍、不尊重妈妈的权威和情绪恶化，法院工作人员和法院指派的评估人员普遍会说，这是父母离婚后孩子的正常反应，或者说孩子们其实是在对妈妈的心情做出反应。我遇到过几起案例，家暴者除了虐待孩子们的妈妈外，还会虐待孩子，可是，法院仍然允许他有不受专业监督的探视权。许多受虐女性称，一旦她们被贴上"有报复心理"和"过度情绪化"的标签，或者被控影响孩子们的陈词，就很难说服法庭客观地检验她们提供的证据。

家庭法庭对待母亲们的态度是当代法律体系中最耻辱的秘密之一。这是我所知的唯一一种禁止母亲保护孩子们不受家暴伤害的社会制度。所幸，在过去几十年来，美国和加拿大的人们（包括许多没有家暴倾向的爸爸们）已经意识到这个问题的严重性，并且提出了许多要求家庭法庭改革的倡议。我也是其中的一员，我正在帮助一个有强大基金支持的组织准备一份关于受虐女性及其子女通过抚养权和探视权诉讼再受伤害的报告。

做好争夺抚养权的准备，以防万一

如果你没有打过抚养权官司，请记住以下几点：

- 记下你的伴侣对你和孩子们的家暴行为。如果他给你写恐吓信，把信留着。如果有朋友或邻居看到他虐待你和孩子们，请他们出来做证。如果你曾尝试报警，不管警察来没来，都要保存好报警记录。如果他在答录机里留下了家暴或威胁的信息，要把它录下来。
- 如果请得起律师，最好请一个。如果没有资源，就申请法律援助。在选择律师的时候，找一个在家暴方面有经验，并且懂得尊重女性的律师。要注意，一个律师有名气并不代表他擅长打争夺抚养权的官司。
- 要小心行事。比如，不要立刻拒绝他探视，即便你担心孩子们会受他的影响。就算你理由充分，法院也会指责你不让孩子们见他们的爸爸。

- 如果可能，在社区里给孩子们找一个靠谱的治疗师。有了专业人员的参与，你就不是唯一一个认为孩子们的爸爸会给他们造成痛苦的人。有时候，如果只有你一个人对付他，他就会用撒谎等手段说服法庭工作人员。
- 如果你的孩子告诉你，她曾被爸爸性侵——这是十分令人难过的经历——那么你面对法庭和当地儿童保护机构的时候，一定要尽可能保持冷静。因为一旦被贴上"提到性侵就发疯"的标签，无论你的反应多么合情合理，你所说的话都没人相信。
- 大多数受虐女性最终都能得到孩子们的抚养权。不过，计划得越周详，越不容易出现意外。可以拨打妇女维权公益服务热线：12338进行咨询。

作为家长的家暴者，包括他们在抚养权和探视权争端中的行为，是一个比较复杂的主题。至此，我也只是提及它的表面。若想进一步了解这个问题，请参照《虐妻者家长：家暴对家庭生活的影响》（*The Batterer as Parent: Addressing the Impact of Domestic Violence on Family Dynamics*）（与杰西·西尔弗曼博士合著），本章中涉及的所有问题那本书里面都提到了。虽然那本书主要针对身体暴力者，但你会发现，书中的大部分内容同样适用于心理暴力者。

你越是意识到你的伴侣当着孩子的面进行的家暴会给他们造成严重影响，就越能保护他们的情感不受伤害。他们需要知道，你是一个可以依靠的家长，会一直对他们好，他们和你在一起很安全，因为家暴者的行为不可预知，时不时还会让他们害怕。如果他们出现行为问题、注意力不集中，或者容易退缩和抑郁，记住，这些都是母亲受到虐待的孩子的正常反应。遇到这些情况，你的耐心和理解对他们至关重要，你要让他们知道，他们在你眼里不是坏孩子。记住，在家暴者父亲或继父身边长大，即便没有受到直接的虐待，孩子们也很容易觉得困惑，容易产生焦虑。

首先要治好你自己,同时保证你自己的情感和身体安全。当受虐女性开始寻求帮助,意识到家暴的本质,不把家暴者的行为归责给自己和孩子们的时候,她的孩子们也能够感觉到她的变化。

你还可以采取如下措施:

坚决要求孩子们完完全全尊重你。 孩子们可能学着他们的爸爸,对你实施一些无礼的行为。要尽快制止这些行为,以免情况变严重。如果你的伴侣搞破坏的话,当着他的面,你可能对孩子们做不到那么严格,但也要尽可能地制止,尤其是他不在的时候。

坚决要求得到对女性的起码尊重。 你的伴侣控制你、家暴你,会制造出一种氛围,让身处其中的孩子对女性产生消极态度。一旦你发现这种情况,要立即打断。

别让伴侣妨碍你教育子女。 大胆地说出他妨碍你的事实,并要求他停止,除非你害怕他报复你。

别为了你的伴侣撒谎,或者替他遮掩。 你可能会觉得应该保护伴侣在孩子心中的形象,所以替他找借口,告诉孩子们一切都是你的错。但是,如果你替他遮掩,长此以往,会破坏你和孩子们的关系,这是你最不愿看到的结果。此外,如果你鼓励孩子们否认自己的自我保护本能,会让他们更容易受到他的伤害。(不过,有时候,为了保护孩子们,你需要对他们撒谎。)

尽可能做一个好妈妈。 为了帮孩子们抚平家暴的影响,受虐女性不得不成为一个好妈妈。尽管很不公平,但事实就是如此。利用一切资源,比如育儿书籍、训练课程、家长互助小组和幼儿游戏组[1]。

在确保安全的情况下,考虑离开,至少离开一段时间。 帮助孩子们治愈的最好方法是不让他们目睹家暴的过程。但是,我之前也说过,要计划周详,以免家暴者在探视或进行其他法律允许的活动时伤害孩子们。

---

1 Playgroups,一种风靡国外的社区活动,相当于3—5岁孩子的幼儿园。

如果家暴者已经让你和孩子们产生了距离，或者让他们互相反目，你们仍然可以恢复健康关系。这时候，要把重建你们的关系放在首要位置，向社区寻求服务，突破家暴者伴侣建立起的障碍。鼓励孩子们把在家里看到的糟糕画面说出来，必要时寻求咨询师的帮助；不要让孩子们为了保守家暴秘密而产生负担。一些受虐女性项目为儿童提供团体咨询，这是孩子们吐露家暴秘密、了解自身情绪反应的绝佳环境，同时他们还能从这里知道，家暴者的行为不是妈妈的错，也不是他们的错。

总之，不要放弃。修复破裂的关系需要时间和毅力。我最近遇到一个案子，一对夫妻离婚了，女方担心自己和儿子的关系再也变不好，因为儿子和家暴者爸爸站在一边，并且经常模仿他对她的态度和行为——包括一些暴力行为。尽管三年来经历了无数绝望的时刻，但她都坚持下来了，现在，她的儿子终于意识到了他爸爸的欺凌和操纵行为，母子之间的关系也渐渐修复。

记住重要的几点：

- 家暴者会影响到家里的每一个人。
- 一个好爸爸是不会虐待孩子的妈妈的。
- 家暴者会故意或无意地离间关系。受虐母亲和她的孩子们应该寻求帮助，以进行自我恢复和修复彼此之间的关系。
- 如果你准备离开家暴者，尽快就抚养权问题进行法律咨询。

第十一章　家暴者和他们的盟友

我以前觉得自己和他妈妈的关系很好，可现在，她好像很讨厌我。

我好像再也不能给我们的朋友打电话了，因为他们不想夹在中间。

有时候，我感觉，一定是错在我，因为就连我自己的家人都站在他那边。

他发疯的时候我都懒得报警了，因为他有一群能捞他出来的哥们儿。

抚养权评估人员向法庭报告说我疯了，孩子们应该和他一起生活。

在以下这些例子中，有一些很难解释的事情：

- 一个女人因为害怕她的家暴者丈夫，所以跑出去躲了起来。他怎么找都找不到，于是去了她父母家。他告诉他们，他为之前那样对他们的女儿感到很抱歉，他还说很想她，说自己会改。他哭着请求他们把她的地址告诉他，"以便我写信给她，告诉她我的想法"。**他们竟然真的把她的地址给他了。**
- 有个男人加入了一个因违规而未获得州卫生部门认证的家暴者课程。他抱怨说他的女朋友也家暴他，而他的咨询师，一个取得了执照的心理医生，**鼓励这个家暴者申请对受虐伴侣的限制令**。这是那个心理医生公然告诉我的。
- 一个离异受虐女性的女儿详细地揭露了她爸爸在探视期间性侵她

的事。这位母亲去法庭申请对女儿的专业评估。就在那天，这位母亲的妹妹和那个家暴者一起出现在法庭。离婚前，她很讨厌她的姐夫，现在两人却成了朋友。她的妹妹不仅告诉法官性侵的事子虚乌有，还要求法庭把女孩的抚养权交给她。（所幸，法官并没有把抚养权给她，评估继续进行，最终证实了性侵的事。）

- 一个家暴者的治疗师在从未见过**受虐女性**，也未和她交流过的情况下，仅凭家暴者对伴侣的描述，就给她下了心理诊断，而且他明知被控家暴的是他。

- 一个母亲因为家里遭到破坏，带着孩子们躲到了受虐女性庇护所。她知道那是她的家暴者前夫所为，并认为这是明显的威胁。逃了几天后，她把自己的行踪告诉了法庭指派的评估人员。可是，评估人员给法庭打报告说，她没有理由害怕前夫，还建议把孩子们交给他们的爸爸，尽管她曾表示她的丈夫有家暴史。在这份报告里，他并没有提这个女人是从庇护所给他打的电话。根据评估人员的报告，包括一个三岁女童在内的三个孩子都被送到了家暴者的家里，而他们的妈妈只拥有短暂的、受监督的探视权，因为她现在已经被贴上了"有潜逃风险"的标签。

家暴者是怎么吸引盟友的？为什么有些人会热衷于、有时候还心怀恶意地做家暴者的代理人呢？要回答这些问题，我们不仅要了解家暴者的心态，还要了解社会对此事的接受态度和模式，因为家暴者往往会利用这些态度和模式诱使其他人替他"干脏活儿"。

家暴者为什么要寻找盟友

控制和威胁伴侣并没有那么容易。男人控制女人比女人控制男人容易一些,但也有一定的难度。没有人愿意自己的权利被一步步否认。所以,站在家暴者的角度，他们也会面临不断遭到伴侣抵抗的问题。时间一久，独自欺负伴侣也会让他疲惫。

当然，家暴者还会遇到其他障碍。社会上对于家暴态度的改变，尤其是一些重要的法律和政策，让家暴者更难逃脱惩罚。举个例子，相比十几年前，实施身体威胁和性侵的家暴者更可能被逮捕。而且如今，他的伴侣可以选择向法庭申请禁令，让家暴者远离自己。

也许，最重要的是围绕着家暴的沉默被打破了。我最近遇到一个关于心理家暴者的案子。一天，女人的闺密们把她约出来，以"调解"为由，迫使她意识到她的家暴者丈夫给她造成的影响。与几年前不同的是，受虐女性可以通过许多方式寻求帮助，或者说就像这个例子，许多人会主动提供帮助。

在这样的背景下，家暴者想让伴侣自责、拒绝别人的帮助，比从前更加困难。让别人不站在她那边，最好的办法是把他们拉到自己这边。此外，他觉得自己应该有盟友，因为他认为自己是受害者。

你也许想不通，如果家暴者觉得自己的行为合情合理，为什么还要扭曲事实以获得帮助呢。首先，家暴者不愿意为自己的糟糕行为做出解释，他害怕别人因此而讨厌他，而且他不确定别人会接受他的辩解理由。其次，他对自己的行为还存有一些内疚和羞愧，他之所以寻找盟友来确认自己的行为，以免陷入自我怀疑，一部分也是为了逃离这种感觉。他觉得愧疚感是他的弱点。最后，他可能还会撒谎，因为他自己也相信了自己那套扭曲的说辞。比如，自我陶醉的家暴者把编造的谎言当成了事实，这也是在一些家暴（和儿童性侵）例子中测谎器不管用的原因。

问题 16：
为什么有那么多人站在他那边？

可能被家暴者说服、成为他代理人的人有许多：朋友、亲人、老师、心理医生、牧师、警察和法官，还有她的亲人，以及他的新伴侣。让我们从受虐女性的角度来看这些人，看看家暴者是如何招募他们的，以及他们为什么愿意和他站在同一战线。

家暴者的亲戚

"有时候，他和他的父亲一起朝我开火，他们贬低我、取笑我。他的父亲简直和他一模一样。"

"他的叔叔家暴他的婶婶，家里人人都看得出来，但谁都没有说一个字。"

"他妈妈原来和我处得很好，可自从他因为打我被拘后，她就不和我说话了，好像错在我似的。"

虽然三十年来，社会上对家暴的态度有了一定的进步，但是从客户的伴侣给我讲的这些故事中可以看出，一些基本的东西还是没怎么改变：没有人愿意相信自己的儿子或兄弟是家暴者。父母不想受指责，于是说："我们的孩子是不会家暴的。我们把他教得很好。"指控一个人家暴，会把注意力扯到上一代。如果一个男人的父亲或继父家暴他的母亲，那么，他自己成为家暴者的可能性是一般人的三倍。此外，如果一个男人的父亲或继父是家暴者，那么，他和家暴者一样，容易产生权利感，责怪受害方。

家庭忠诚度和集体否认家庭问题是两个强大的代理。多年以来，家暴者已经让他的亲人们对他的伴侣有了一定的看法。他们可能亲眼看见过她在公共场合对他的行为"反应过度"，因为他们不知道他背地里对她做了什么，所以无法正确判断她的行为。所以，他们理论上反对家暴，却又拼命地维护家暴者。

受虐女性的亲友

好像光是家暴者的亲戚支持他还不够，就连女方的亲戚也站到了他那边。在我最近参加的一个会议上，一名律师站起来问我："为什么我当事人的家人们会帮家暴者争抚养权呢？"

每个家庭都有矛盾，家暴者正是运用他们的操纵技巧利用了这些矛盾。举个例子，一个叫伊恩的家暴者听说他的前妻蒂娜和她的父母闹翻了，因为她不去教堂。于是，他开始定期去做礼拜，终于有一天，他"碰巧"坐在了蒂娜的亲戚旁边。他和他们说起了他的"担心"，担心她失去了信仰，还说蒂娜不让孩子们去教堂，令他很难过。他还说："孩子们告诉我，她酗酒严重，还经常带不同的男人回家。"这些往往会让人联想到不做礼拜的人。很快，小矛盾就变成了大矛盾。

女人一般不愿意把伴侣虐待她的细节讲给家人听。她觉得很丢脸，更不希望被他们问："那你为什么要和他在一起？"家暴者就会利用她家人的不知情。他一边谨慎地制造他不是在说她坏话的印象，一边巧妙地播下恶毒的种子。比如，他可能会说："她到处跟人说我虐待她，这真的太让我伤心了。她这么说，我都没脸出门了。我没什么好隐瞒的。我可以告诉你们，有一次我打了她一巴掌，但我知道错了。可她说我妈妈是'婊子'，因为她离了两次婚，我真的很生气，但我知道，再生气也不该动手。"

他离开后，她的父母就会想："啊，她可没说自己骂他妈妈的事。如此一来，事情就有点不同了。我发现，嘴长在她身上，她想怎么说都行。他不该打她，不过很显然他现在后悔了。他还愿意承认自己有错，她却把责任都推给他。有时候，她和我们吵架时也是这样。她不知道一个巴掌拍不响。"

其实，骂他母亲的事根本不存在，我的客户们经常会编造谎言来掩盖他们的坏行为。但是，他是否说谎并不重要。重要的是，这体现了一个至今普遍存在的社会价值观，如果一个女人曾有过无礼的行为，那么男人对她家暴就显得没那么严重了。

接下来，社会又会给女人压力，让她"好好相处""别让这个家散了"，不管她是否遭遇家暴。许多人都持有一个错误的观点，那就是：两人关系不好才会出现家暴，所以他们觉得女人同样有责任"让事情往好的方向发展"。到了这个时候，家暴者就会对伴侣的朋友们说："我是真的想解决问题，可她连试都不愿试一下。我想，她可能觉得不值得为我努力吧。而且她也不愿意找自己的问题，她把一切都推给我。"

她的家人和朋友们不知道的是，一个受虐女性拒绝"找自己的问题"，说明她已经迈出了一大步，不再"自我责备"，正在走向情感恢复。她不用对他的行为负任何责任。那些让她负责的人，往往都站在家暴者的立场。

除此之外，受虐女性的许多亲友还是站在她们这边的。他们的存在至关重要，因为受虐女性能不能从家暴中恢复，能不能获得自由，主要取决于她能从亲友那里得到多少忠诚、尊重、耐心和支持。[愿意支持和帮助受虐女性的人应该去读一下苏珊·布鲁斯特写的《成为暴风雨中的锚》(*To Be an Anchor in the Storm*)。]

治疗师和评估人员

我们需要暂时退回去一大步，回到弗洛伊德时代，也就是现代心理学诞生的时代。19 世纪 90 年代，弗洛伊德刚开始工作的时候，发现很多女性患者向他透露自己童年时遭遇过性侵。于是弗洛伊德推断，儿童时期的性虐待是成年女性出现情绪障碍的主要原因之一，他还写了一篇精彩的论文，叫《歇斯底里症的病因论》(*The Aetiology of Hysteria*)。然而，他的开拓性见解并未受到同事们的称赞，反而遭到嘲笑。他们嘲笑他竟然相信那些名声极好的男人（他的大多数病人都来自良好的家庭）会是乱伦之辈。

几年后，弗洛伊德面对沉重的压力，放弃了这个结论，转而提出"恋母情结"，这一理论奠定了现代心理学的基础。根据这个理论，年轻女孩其实是希望和父亲有性接触的，因为她想和自己的母亲争当他生命中最特别的那个人。弗洛伊德由此又得出一个结论——患者向他描述的性侵情节其实根本不存在,那只是女人们小时候的愿望和幻想,她们希望那是真的。这个观点出现后,在心理健康领域,长达一百年的时间里,人们责备家暴受害者,不相信妇女儿童对家暴者的指控。

人们如此否认家暴,就为另一些心理学家搭好了舞台——他们认为那些(因为太明显而)无可否认的暴力或性侵行为应该是相互的。于是心理学文献中就出现了一些因儿童"引诱"大人或女人"挑逗"男人而引起的性侵事件。

我多么希望这些理论早就没有了影响力,但事实不是这样。在抚养权纠纷领域,当今国际上最有影响力的一位专业心理学家称,女人"抵抗男人的控制"或"企图逃跑",这才引起了男人的暴力。她提倡恋母情结理论,包括女孩们渴望和父亲有性接触这一观点。她在作品中写道,少女们和她们的暴力父亲之间一般存在"相互引诱"。一些法庭还基于这样的"研究"制定相关方案。如此,弗洛伊德的遗产很好地延续着它的影响力。

我抱着对心理健康领域有所改善的希望,查阅了当前临床心理学和咨询心理学方面各类研究生专业培训计划的目录,其中包括一些处在前沿的培训计划。我发现,不仅没有一个课程是针对家暴的——无论是虐待伴侣还是儿童——而且,其他学科的课程描述中也没有一项提到家暴。我又继续给其中一所临床心理师培训学校打电话,问他们是否有针对家暴的课程,他们告诉我:"如果学生们对那个主题感兴趣,会自行组织一场讨论会。"

这一心理学思维在抚养权评估领域仍有重要影响。一些心理健康方面的专业人士仍然习惯性地忽略或不重视妇女儿童的家暴指控,他们认为那些女人有歇斯底里症、怀恨在心,他们认为所有的问题本质上都是相互的。有时候,抚养权评估员还会热心地支持家暴者,和他们一起指责女人离间孩子们和父亲之间的关系,不理会家暴的证据。

此外,许多治疗师在工作中也会犯大量此类错误。比如一些咨询师对我说过:"他不是那种会家暴的人,他待人友善,而且很有见地,是她的火气太大了。"女人们却声音颤抖地告诉我,他们的治疗师只会帮他说话，而严厉地责备她们。我这里留着一封某个心理咨询师写的信，内容和我的一位客户有关。这个客户向我承认，他把伴侣打得浑身是血、多处骨折，差点就死了。这名咨询师在信上嘲笑我们给那个男人贴上"虐妻者"的标签，说他通情达理、有见地，不该继续参加我的家暴者课程。从这封信上看，这位咨询师并没有让当事人描述他打人的过程。

在这一主流心理学思维之外，有许许多多优秀的从业者和理论家，他们很注重创伤和暴力的影响，他们相信大多数受害者说的都是事实。朱迪斯·赫尔曼（Judith Herman）、巴塞尔·范德考克（Bessel van der Kolk）、彼得·贾菲（Peter Jaffe）、安吉拉·布朗（Angela Browne）、约翰·迈尔斯（John Myers）、苏珊·谢克特（Susan Schechter）、安娜·萨尔特（Anna Salter）、贝弗利·詹姆斯（Beverly James）等理论家和从业者有力地反击了当代盛行的敌视受害者的氛围。我认识许多尊重女性客户、帮助女性从家暴中恢复的治疗师。然而，那些接受过创伤领域培训的心理医生不在其列。于是，一场心理学思维的革命开始了。在为你自己或你的孩子选择治疗师之前，要仔细了解他们对于创伤和家暴的知识和价值观。我建议你极力避免与你的家暴者伴侣一起去咨询，原因我们后面会进行解释。

作为主要盟友的家暴者的新伴侣

在第一章，我们认识了一个名叫保罗的男人，他和妻子离婚了，现在正和劳拉约会。劳拉非常同情保罗，因为他人这么好，他的前妻还指责他家暴。于是，劳拉决定"支持"保罗，甚至帮他争夺抚养权，因为他的前妻"失去控制了"。许多家暴者的前任对我说过，他们的现任扮演着和劳拉类似的角色："他的女朋友比他还可恶。她和我说话时总是一副嫌弃的样子，还到处说我的坏话。我倒宁愿和他交流。我觉得有些事就是她怂恿他做的。她是个贱人。"

也许他的新伴侣真的是个坏女人，但也有一半的可能不是。你可以透过她的眼睛看一看。家暴者对她就像曾经对你一样，刚开始约会的时候很体贴、爱护。他会垂眼含泪地对她诉说你的可恶和不可理喻，还告诉她，你指控他家暴是因为他拒绝被你控制。如果你和他有孩子，他会在新女友的面前哭诉，说自己多么想念孩子们，说你因为怀恨在心不让孩子们见他。他的新女友听了心都在滴血。比如，我最近遇到一个案子，那个家暴者父亲决定六个月不见他的儿子——他还把这个决定写下来，写在了文件上——却公然控诉女方不让他探视。也许，保罗也用类似的方式误导了劳拉。在劳拉眼里，保罗是一个和蔼可亲、有爱心的父亲，他想和孩子们搞好关系，却被你百般阻挠，她怎么能不讨厌你呢？

他在新女友面前保持良好行为的时间可能更久一点，因为他要和你斗下去。当然，他的另一面迟早会暴露出来，但到那时候，他就会把一切怪在你头上，说是因为你伤他太深。这时候，他的新女友会努力证明自己是个好女人——不像你。她希望，只要向他表示忠诚，他就会像之前那样体贴、可靠。于是，为了表明自己真的站在他这边，她会和他一起与你为敌。

等到他自私、家暴的那一面暴露无遗，他的新女友再也无法理解时，她已经陷得很深了。那时候，她甚至已经和他结婚了。要让她承认他是个家暴者，她就得面对自己对你犯下的大错，就得吞下苦果。因此，她反过来会越来越恨你，认为自己被虐待都是你造成的，是你"导致他变成这样"，因为你伤他太深了。

几年前，我工作中遇到一个女人，她对我说："我真的很讨厌他的前女友，可现在我才发现，他一定对她做了同样的事。"她对她产生深深的愧疚感。一般来说，女人要花很长时间才能接受自己被这样利用的事实。

我们不了解保罗的前妻，但是，在我接触过的客户的前任里，处在她那种立场的人不下二十几个。一些女性的家暴者前任试图通过法律手段把孩子从她们身边抢走，她们的痛苦我们本就无法感同身受，这时候，还有一个女性盟友帮助他们实施恶毒的计划，这简直令人难以承受。这些母亲问我："她知道自己在做什么吗？她难道就没想过，一个母亲面临孩子被带走的威胁是什么感受？如果几年以后，他反过来这么对她怎么办？"

同时，我认为，我们不该太过苛刻地评判他的新伴侣。我有时候会对女人们说："你也知道他的操纵手段多么厉害，他肯定编故事骗了她。我并不是要你原谅她的行为，只是提醒你，这一切背后的人是他，不是她。如果你耗费精力去讨厌她，只会让他得益。"但是，我们需要创建一种社会道德：谁想支持被控家暴的人，就有责任了解全部的事实，而不是仅听一面之词。如今，虐待妇女的现象太过泛滥，以至于如果没有经过非常认真的了解，谁也不会认为某人的家暴指控是不实的或者被夸大了。

我还遇到过几个案子，这其中，家暴者的新伴侣是男的。他们和某些家暴者的现任女友一样，成为家暴者对付前任的枪手。此外，一些同性恋群体对女性持有消极态度，他们在家暴中扮演着啦啦队队员的角色。

有权有势的家暴者盟友

生活中，你肯定遇到过一些喜欢用权势压人的人。不是只有家暴者才喜欢威胁和操纵别人，也不是只有家暴者才懂得积聚力量，用以达到自私的目的或实现情感满足。在职业人士中——包括那些有可能帮到家暴者及其伴侣的人——有些人的从业动机不是关怀与尊重，而是控制欲。在从事公安工作的人里面，不是每个人都想成为人民的公仆，有的人主要是想带着枪，发展自己的势力，凌驾于法律之上。我知道许多高尚的法官，他们为人民解决困难、主持公道。但我也看到另一些人，以侮辱那些求到他面前的人为乐，不顾他们的困难和看法，恣意妄为。在治疗师中，有许多人的目标是与客户协作解决问题，而其他人却瞧不起他们的客户，一副高高在上的样子，妄断别人的"真实"想法和感觉，随意指点别人。有些抚养权评估人员热心地想要帮助那些被离婚所累的人，只可惜，还有许多人迷恋手中那点权力，随意写抚养权建议报告。

那些迷恋权力和滥用权力的人和家暴者有许多共同之处。比如，专横的老板必然会遇到这样的情况：某个员工受够了被他骂，一怒之下冲出办公室，辞职不干了。强迫女下属和他进行性接触的经理早晚会被告性骚扰。受害者的这些自我防卫会令那些滥用权力的人震怒,他们反而会觉得受害者不可理喻、故意挑衅。所以,当这样的人听到某个女人说自己被家暴时,他们会想:"这个女人就像以上那些受害者。我和她们打过交道,知道她们是什么样的人:无论你为她们做多少事,她们都不懂得感激;她们不清楚自己的位置;她们把所有事都说成虐待。"于是,一些有权有势的家暴者将女人的反压迫个人化,强烈渴望以家暴者的名义报复她们。实际上,我经常在一些专门攻击受虐女性的职业人士身上看到这种渴望。有时候,他们的言辞让我坚信他们就是这么想的。同时,他们还认为,女人爱夸大事实,男人之所以家暴是因为被她们惹怒了。

一个喜欢滥用权力的职业人员,如果谁以任何方式挑战其行为,或试图说明家暴者对自己造成的影响,他尤其会产生强烈的反应。他们有一种潜在的态度:"我的知识、地位、判断力和见解都明显在你之上,有我在,你怎么敢有自己的想法?"和这样的专业人员打交道后,受虐女性会觉得自己仿佛被痛打了一顿,又经历了一遍言语和身体上的虐待。比如,有些受虐女性曾对我说:"有一次,他欺负完我以后,警察来到了我家,可是他们不但没帮我,反而对我很凶、很无礼,倒像是在巴结他。我抱怨说他们不能这么对待我,他们却说,如果我不闭嘴,他们就逮捕我。"我遇到过一些法官和抚养权评估人员(男女都有),他们不相信那些检举家暴、申请保护的女性,看不起她们。如果她们胆敢反对他们的专业回应,他们就会在言语上侮辱她们、报复她们。如此看来,一些专业人员的心态和手段和家暴者很像,这样的结果就是,让女性再度沦为受害者。

诸如警察局、法庭和儿童保护服务处等机构,在社会的压力之下,为受虐女性的拥护者或家庭暴力专家留出了一些位置,确保受虐女性不再沦为本该保护她们权益的系统的受害者。如果你需要和这类系统打交道,咨询一下他们是否有家暴方面的专家,如果有,请求专家处理你的案子。

律师

某些家暴者的律师可谓别具一格。有些律师在扮演家暴者帮凶这一角色时，既恶毒，又没有原则。不止一个女人告诉过我，当她们在法庭上见到家暴者的律师或收到他们写的法庭文件时，都会心惊胆战。

当然，家暴者或被控家暴的人有权拥有法律代表。但是，律师提供法律指导就意味着要侮辱和嘲笑女性，对她进行不实的指控，相信他说的一切，甚至替他撒谎吗？当然不是。但是，有些家暴者的辩护律师和一些打抚养权和探视权官司的家庭法律师就是这么做的。他们的这类行为，有的是受经济利益驱使：他们专门替被控家暴的人打官司，此消息一旦传开，他们就能积累成功经验。家暴者们听说某个律师擅长"直击女人的要害"，也很乐意请他，因为这和他们的初衷一致。有时候，家暴者的律师同样会给女人们造成伤害。

因此，我们迫切地需要针对那些被控家暴者的律师创建一套法律标准，既能保证被告在法庭上有发言权，又要避免律师成为家暴的武器。

错误观点之中立

我们不可能以完全中立的眼光看待家暴者和被家暴者。朱迪斯·赫尔曼在她的名著《创伤与复原》中阐述道，相比受害者，"中立"其实更多维护了犯罪者的利益，所以它就不是中立。虽然家暴者希望你完完全全站在他那边，但是如果你选择中立，他也会接受你的决定。对他来说，这就意味着你认为双方都有错，那它就不是家暴。

有一天，我和某个人提到一对有家暴问题的男女，两人都是她的朋友。"他们俩都希望我站在他们那边，"她告诉我，"但是我拒绝站队。他们得找出自身的问题。我要让他们两人都知道，我会支持他们。如果我公然支持她，他更会寸步不让。"她还补充说："要忍住不去站队。"听她说话的语气，好像自己保持中立是很成熟的表现。

事实上，保持中立相当于和家暴者勾结，无论这是不是你的初衷。如果你知道她遭受了长期或严重的虐待，却不为之发声，那么你的沉默就含蓄地表明家暴并非不可接受。家暴者们会把沉默当成赞同，或至少当成原谅。同时，对于受虐女性来说，沉默意味着没有人会帮她——这也是她的伴侣想让她知道的。那些对家暴置之不理的人，不知不觉就成了家暴者的盟友。

打破沉默并不意味着批评家暴者或者对抗他。当然，也不意味着要拿她告诉你的事去质问他，因为，如此一来，家暴者会因为她告诉了别人而报复她。打破沉默是指，你可以私底下告诉受虐女性，你不赞同他的行为，她不该受到那样的对待，无论她做了什么。如果你听到或看到他使用暴力或威胁她，就需要报警。

社会上的人如何采用家暴者的观点

每个人都可能在不经意间接受家暴者的观点，成为他的盟友。人们通常没有注意到自己正在支持家暴观点，不然他们不会这么做。我们来看几个最常见的例子：

· 有些人会对受虐女性说："虽然他做错了事，但你也应该可怜可怜他。别忘了，他也是个人啊。"

在我遇到的受虐女性中，从来没有人忽略她的伴侣是人这一点，反倒是他忘了她是个人。她要想恢复，就必然得承认他的家暴，必然要真实、有力地说出他是如何伤害她的。家暴者认为，她直言不讳地说出这些，是在伤害他。那些劝她的人认为，同情他比她远离家暴的权利还重要，这和家暴者的观点其实是一致的。许多受虐女性的亲友觉得自己有责任让她知道他骨子里其实是个很好的人——换句话说，要她关注他的需求，而不是她自己的。这样做是错的。想要帮助受虐女性，就该告诉她，她是一个很好的人。

· **有些人会对受虐女性说:"可他是你孩子们的爸爸啊。"**

家暴者会用孩子来困住女人,称她分裂家庭,让孩子们失去爸爸。但是,明明是他让孩子们失去了他们需要的那个爸爸,迫使他们和一个虐待自己妈妈的爸爸一起生活。孩子们需要一个没有家暴的家。

· **有些人会对她说:"你发过誓的,现在遇到困难了,你要遵守你的誓言。"**

家暴者认为长期的虐待、公然的不尊重、羞辱,甚至暴力都不足以成为一个女人想离开一个男人的理由。如果谁对她说"床是你铺的,好好去睡吧[1]",这也是在支持家暴者的价值观。

· **有些人对她说:"你说得好像自己是个无助的受害者似的。"**

如果家暴者听到别人对他的伴侣说这句话,他会高兴得跳起来。因为他对她说过一模一样的话。家暴者认为,伴侣夸大他对她造成的伤害是因为她想获得受害者的身份。他把自己惯用的这一套推到她身上。如果受虐女性向你讲述她的不幸遭遇,请你认真倾听。

· **有的人会对她说:"这些反家暴分子都是反男性的。"**

反家暴怎么是反男性呢?难道要我们假装不知道大部分家暴者是男性吗?这个说法很像家暴男对伴侣说的:"你认为我家暴是因为你对男性有偏见!"只需要指出有多少男性参加了反家暴斗争,就可以有力地反驳这一点。还要记住,受虐女性也是男人的姐妹、女儿、母亲和朋友。男人的生活也会受到家暴的影响,因为家暴发生在那些我们认识和在乎的女人身上。

---

1 指自作自受。

以上，我只是举了几个例子，像这样的情况还有很多。当你听到这些话的时候，提醒说话者，他正在替家暴者说话。大多数人并不想站在他那边，如果你及时提醒，他们就会放弃。

在持续帮助或忽略家暴者的情况下是不可能阻止家暴的。保护家暴者或者为他创造条件和家暴一样，都是不道德的。这一重要观点需要牢牢嵌入我们的文化中。与家暴者共谋，将害了受虐女性和她们的孩子，最终也会害了家暴者，因为这样他就不能面对自己的问题。如果那些有权有势、训练有素的职业人员和家暴者串通一气，我们尤其要揭发他们。如果我们让家暴者找不到同盟，他们就只能孤军作战，也就更容易停下。

遗憾的是，这需要受虐女性自己去教育周围的人，让他们了解家暴是怎么回事，停止支持家暴者。家暴者可以轻易找到盟友，除了他自身的魅力和操纵手段以外，还与人们对家暴的无知和错误观点，以及他们对女性的消极态度有关。你会发现，自己经常在激烈地争取，避免人们采用家暴者的观点，虽然很艰难，但是为了获得周围人的强大支持，你不得不这么做。

记住重要的几点：

- 当别人在你和你的家暴者伴侣之间采取中立立场时，实际上是在支持他，抛弃你，不管他们说得多好听。
- 那些帮着自己的儿子、兄弟、朋友或伴侣，助长他们家暴行为的人，算不上反家暴者。
- 如果一个男人称自己被冤枉成家暴男，那你应该小心再小心。大多数家暴指控都是真的——虽然不全都是。家暴男没有"看起来不像那种人"一说。
- 诸如"他也是个人，也需要情感支持"等话，不能作为支持他家暴行为的借口。让家暴者承担责任并不是什么残忍的行为。

第十二章　家暴者和法律制度

他因为打我，正在服缓刑，可是，他好像觉得这是个天大的笑话似的。

他已经被逮捕过几次了，但每次都能逃脱惩罚。

我打电话报警，称他违反了限制令，可他们却说，这次他没有家暴，也没有威胁我，所以即便违反了限制令也不足以让他们采取行动。

地方检察官想让我做证，可是我再也不会去法庭了。上一次，他的辩护律师羞辱了我。不值得。

法官告诉我，要解决我们之间的问题，需要夫妻一起去咨询。

他从监狱里给我寄恐吓信。我应该怎么做？

大多数女人的家暴经历之下，都藏着害怕：害怕你反抗他，他不会放过你；害怕他发现你和他讨厌的、你的朋友见过面；害怕他会对你的孩子下手；害怕他又让你怀孕；害怕你试图离开会遭到他的报复。

有时候，一个女人可以向我描述出自己具体害怕什么，因为她伴侣的欺凌和残忍行为有一定的模式。你可能会怕他侮辱你、冲你发火，怕他蔑视你、讨厌你。如果他是个暴力者，你一想到他猛击拳头时那扭曲的、满脸愤怒的样子，就会吓得浑身发抖。有时候，他仿佛能杀了你——他可能还会威胁说要杀了你。

然而，有些时候，她们却说不出自己在害怕什么。她也许会对某个朋友说："我不知道他会做什么；我搞不懂他，但是他肯定会做点什么，而且绝不是什么好事。"等待未知惩罚的过程更加痛苦。虽然他从没使用过暴力，但他知道，凡事总有第一次。而且他很清楚，你也知道这一点。

所以，他会想办法明白或者含蓄地提醒你，不要"把他逼急了"。

恐惧对你的影响会升级。他第二十次吓你和第一次是不一样的。你会变得愤怒、无力或麻木，或者同时产生这些感觉。你会发现，自己越来越不知道该怎么办。

如果你的伴侣会使用身体威胁或性侵，那么，你保护自己权利和安全的办法之一就是利用法律制度。如果你的伴侣性侵或威胁你，你可以报警，或去法庭申请限制令（也叫作"保护令"或"和平条约"）。限制令可能要求家暴者从家里搬出去，即便房子是在他名下；可能要求他远离你；或者要求他不能以任何形式接触你，除非你另有安排。

第一次决定让警察和法庭介入时，女人的心里是拒绝的。因为这是她爱的或至少曾经爱过的人；是与她有过一段历史的人；是与她分享过身体上的高潮和低谷，以及情感秘密的人；也许和她还有孩子。她会满心疑虑地想，我要向法庭申请对这个人的限制令吗？我要报警，让警察抓他吗？我真的要让他背上犯罪记录，甚至让他去坐牢吗？然后，她摒弃了这些看似荒谬的想法。她告诉自己，男女之间的问题是靠沟通解决的，或者去情感咨询，又或者分开一段时间，不是靠法律和警察解决的。

但是，如果这个女人的伴侣继续威胁她——可怕的行为一旦发生，就很难停下来——她早晚会发现情况已经超出她的掌控。于是，向法律求助就没那么不可行了。

或者，她是被动走法律程序的。邻居、路人或她的孩子们看见情况严重了，就会报警。现在，邻居们已经不太可能对家暴行为充耳不闻了。家暴属于"私事"这种传统观念已经迅速消失。现在，学校会教孩子们拨打110，还会告诉他们，他们在家里家外都有获得安全的权利。

在现行法律之下，如果一个女人面对的只是伴侣的语言暴力或经济暴力，没有身体伤害、性侵和身体威胁等因素，求助于警察或法庭一般没用。然而，伴侣的行为也可能对她造成严重影响。这时候，她就需要寻求其他帮助，可以从参加离她最近的受虐女性课程开始。

问题 17：
他为什么总是能逃脱惩罚？

法律系统中的各种角色

报警或者去法庭申请限制令是勇敢的一步，这一步也可能为自己争取到权利。可是，受虐女性还可能会收到意外的"惊吓"。法律制度本来是她的朋友和保护者，但是，有时候，公职人员好像忘了他们的职责。对家暴的法律回应需要多方参与，每一方都有可能帮助到受虐女性——也有可能犯错误。警察来到你的家里，就有责任保证你和你孩子们的安全。如果你的伴侣有暴力或威胁行为，警察就应该逮捕家暴男。如果他违反了限制令，警察就应该把他带走，即便他"只是严格意义上违反了"限制令或者"有好的理由"，比如称是你打电话叫他过来的，或者他只是给孩子们送点礼物。

如果警察没有逮捕家暴者，或者没有人报警，那么责任就落到了法院头上，法院就该起诉他。如果你向法院报告说你的伴侣攻击或威胁你，又或者违反了限制令，那么，你的话就是证据。然后，法院仅凭受害者的报告，就可以起诉他。可遗憾的是，针对家暴或性侵案件，他们一般不愿意这么做。法院对检举家暴的女性持有一种特别的怀疑态度。此外，如今，在一些法庭，歧视女性的情况仍然很常见——就连女性也会歧视女性。

如果法院起诉家暴者，接力棒就交到了地方检察官的手上。而检察官的工作就是认真对待这桩案件，努力定他的罪。被告是不是你的伴侣不应该影响他的定罪，而且，检察官还应该考虑到，正因为他是你的伴侣，所以他的罪行更具有危险性。检察官和家暴者之间进行协商，如果没有提到家暴的中心问题，比如，只是说如果家暴者接受治疗就减轻指控，或者因为两人分手了就取消指控，那么这样的协商是不算数的。可事实是，许多案件到了最后总是协商了事。

然后就轮到了法官。法官不仅是做出判决的人，也是决定家暴者是否有罪的人——除非有陪审团参与。法官对证据的采用标准是否和其他案件一样？或者他针对家暴和性侵是否会采用更高的标准？研究表明，在家暴案件中，要让法官和陪审团宣判被告有罪相对困难，因为他们对原告有偏见，再加上他们不相信那种"类型"的人会犯这样的罪。

同时，法官也是那个同意或拒绝限制令的人。有些法官会认真倾听原告的声音，有的法官却认为女方在撒谎或夸大事实。很多法官会同意家暴者申请的限制令，让他们用来对抗受害者，或者对双方都进行限制，这就认证了家暴者的说法：他的伴侣也要为引发他的家暴行为负一部分责任。

最后，轮到法院的缓刑部门。家暴者很少真的进监狱，除非他已经第三次或第四次被定罪，这也就意味着他可能是第五次乃至第十次被逮捕。于是，他的缓刑监督官就成了那个决定家暴者是否尝到苦果的人。我遇到过一些缓刑监督官，他们明确地告诉家暴者："家暴是很严重的罪。我决不允许你通过把责任推给受害者而逃脱惩罚。你得认真对待这个问题。"我也遇到过另外一些缓刑监督官，他们通过使个眼色、点点头，和家暴者站在一起。他们和家暴者一样认为法庭对男性有偏见。他们暗示家暴者，不要把家暴者课程太当回事："你只须按要求参加集体会议就行了，我们很快会让你度过缓刑期。"

警察局和法院的大门，有时候会通向冷漠和敌对的世界。警察和法庭人员没有经验，不知该如何面对那些经历了长期或严重家暴的人。就算他们没有做什么不好的事，他们无礼的态度和一板一眼的样子，对那些经受了心理伤害和威胁的女性来说，都像是一记冰冷的耳光。遗憾的是，他们常常有着和家暴者一样的态度。我都数不清有多少女人对我说过："我希望法院的那些人可以过一天我的生活，尝尝那是什么滋味。"

另一方面，一句友好的话、一本有用的宣传册和耐心的倾听都能够深深打动一个遭遇家暴的女人。越来越多的女人对我说"那些警察真是太好了。他们私下找我谈话，问我发生了什么，还告诉我可以去哪里寻求帮助"或者"法官毫不犹豫地说，如果再遇到问题或者需要其他保护，随时回来"。如果遇到在家暴领域经验丰富的公职人员，得到人道、智慧的回应，受虐女性不仅外在的自由能得到保证，内心的感受也会得到确认，如此，她们的精神才不会垮掉。她们离开的时候心里会想：也许一切并不是他说的那样；也许还是有人在乎的；也许我没有那么不好，活该被时时诋毁；也许他并不能愚弄每一个人。她们进一步相信，生活中除了残酷和优越感以外，还可以有别的东西。

接下来，我们会介绍家暴者为了阻止受虐女性得到帮助，和让自己逃避责任，是如何看待和操纵法律系统的。有了这些意识，个人和团体就能更好地给警察、法庭和检察官施压，监督他们正确履行职责，令他们帮助解决问题，而不是制造麻烦。

家暴者如何看待法律与后果

我的客户们支持禁止家暴的法律——前提是那些法律只适用于其他人。他们每个人心中都有一个"真正的家暴者"，但那不是他。在他心里，真正的家暴者比他更暴力、更残忍，而且他还有一个不该被家暴的"好伴侣"。许多客户对我说过："你知道的，我不是那种一回到家就无缘无故家暴伴侣的人。"这一类家暴者总是将自己的家暴行为最小化，为自己的行为找借口，当警察逮捕他或者法庭令他搬出去时，他会觉得很震惊。他觉得法律对他不公平，感觉很愤怒。他会想：还有那么多可怕的虐妻者，为什么他们没有被逮捕，我却被逮捕了？真是荒谬！

因为他不承认自己是家暴者，所以他就要去找别人的错处——又是看到自己的脸脏了却去擦镜子的人。他的想法非常扭曲：

· "她真的夸大了我的行为。"

他的第一道心理防御是指责她不诚实、精于算计："她对警察说我用拳头打她的脸，是因为她知道那会使我看起来真的像个坏人。我只是扇了她一个耳光，而且还没有她扇我那么重。"每当听到这样的话，我的回应是，她和你说的不一样，并不意味着她说的是错的，实际上，受虐女性对家暴事件的记忆往往比家暴者更清楚、更准确，这是出于人类对危险的警觉。就算这一次他没有用拳头，又有什么不同呢？很显然，他一定把她打得不轻，才让她以为他是用拳头打的，所以，他并不值得我同情。再说，就算是扇耳光，也足够伤害一个女人，让她担惊受怕。

- **"法官根本不想听我说她都做了什么。在法庭上，错的自然是男人，所以女人们可以为所欲为。"**

家暴者觉得，"在真正需要的时候"使用威胁手段是合情合理的，所以，当法庭人员不相信他的话或不想听他说时，他会很生气。他认为，如果法庭因为他威胁她而对他采取行动，那么也应该同时制裁她，因为她和他不喜欢的人来往，让她住口她却顶嘴，在他攻击或威胁她的时候还敢还手，等等。

- **"法律系统被女人控制着。"**

即便在今天，主宰法律系统的也是男性：警察、检察官、法官和缓刑监督官大都是男性。此外，制定法律的州立法机关里也是男性居多。所以，家暴者是怎么得出如此不靠谱的结论，认为是女人躲在暗处，给他使绊，让他承受不该有的后果？这荒谬的结论背后有两个原因。第一，他已经习惯把自己的行为归咎于女人。所以，当社会要他为自己的行为负责时，他就把"责任发射机"打开，扩大归咎的范围，将目标对准所有女性。第二，如果他不把责任推给女人，就得承认大部分男人是反对他的做法的。文化价值观在变化——虽然很慢，但确实在改变，家暴者再也不能总是指望其他男人支持他们——这会让他们觉得自己遭到了背叛，所以不愿面对这个事实。

- **"我之前从没有为家暴行为承担过后果。不应该突然要我承担。"**

一旦家暴者从震惊中回过神来，他就会陷入一个核心假设，那就是他能逃脱惩罚。于是，他开始像操纵伴侣和她周围的人一样，操纵法庭人员。只可惜，他以为谁也动不了他，事实却好像不是这样。家暴者逃避惩罚的办法多得惊人。而且，那些经常出入法庭的家暴者比从未被逮捕过的家暴者更糟。他觉得任何罪名都没法附着在他身上的这一信念得到了确认，他觉得他在世人面前证明了清白，结果就是他的家暴行为可能升级。

· "什么也阻止不了我。"

相比之下，最后这种态度没那么普遍，它存在于少数不计法律后果、不惜一切代价坚持控制伴侣的人身上。这种男人就算进了监狱，也会想方设法进行家暴和控制，他们要么写信，要么通过朋友传递消息，继续让她担惊受怕。坐牢并不能让他认识到自己犯了错，只会增加他报复的欲望。面对这种固执的家暴者，受虐女性和支持她们的群体需要采取额外的措施。

我们在观察家暴者面对各类法律机构采用的方法时，心里要牢记这几种态度。因为根据这几种态度可以预测出他的行为。

当警察来敲门

如果你相信家暴者是因为失控了才家暴，可以看一下警察到来时的情形。数以百计的女人曾告诉过我："他好像按了开关似的。警察来时，他突然变得十分冷静。同时，我却吓坏了，所以他们当然会觉得问题在我。他们不相信他能那么快冷静下来。"如果家暴者真的不能管理好自己的愤怒情绪，真的那么容易受伤，或者真的在童年时受到过深深的伤害，他们就做不到立刻停止，以免惹祸上身。他们最常见的套路是：

· "我们只是发生了口角，没有动手打人。"

他希望警察忽略掉一切打斗的痕迹，比如被打翻的椅子、摔碎的盘子或者手臂上的擦伤。他以为他的伴侣会吓得不敢说实话，或者她觉得自己有责任保护他。

· "我要出去，她就不停地打我，我只能把她推开。"

有多少女人愿意把一个愤怒中的男人困在家里？寥寥无几吧，除非对方威胁说要自杀或者攻击她的某个朋友或亲人。就算她真的不让他出去，除了打人以外，他也还有别的选择，比如从后门走。还从来没有哪个男的告诉过我，他拿不到电话，没办法通过电话求救——这却发生在成百上千的女性身上。

我的许多客户把自卫当成借口，可之后，他们又承认，自己既没有被伴侣吓到、伤到，也没有被绑着、堵住嘴。所以，他们那是报复，不是自卫。在我的两千多名客户中，我只能想到有一个人是真的因为伴侣有严重的暴力问题才还手的，即便如此，他也不是特别害怕她。

· "她喝醉了，还想开车出去，我只是想抢回她手里的车钥匙。"

这是一个狡猾的借口，因为女人们有时候确实会有酗酒或吸毒等问题，但这一般都是家暴者造成的。然而，她的成瘾问题并不能作为进一步虐待她的借口。只可惜，如果警察进来的时候看到这个女人吸了毒，他们可能更倾向于相信家暴者。但是，如果我提几个问题，随后一般都会发现，她离开家是因为他骂她，越骂越起劲，为了避免即将到来的身体伤害，她要试着逃出去。

· "她说如果我不再给她点钱，她就要报警称我打她。"

我的许多客户都说过这样的话，不禁让我怀疑他们是不是同一所家暴学校毕业的。然而我遇到过一个例子，情况或多或少还真的是这样，那个男人甚至一开始就说自己有目击证人。

· "我只是为了保护孩子们不被她家暴。"

同样，如果孩子们的妈妈真的伤害他们，就算是没有家暴倾向的男人，也会动手阻拦，但是他可以把孩子们弄走，没必要伤害他们的妈妈。

此外，在从起诉到定罪的整个过程中，一直都撒谎诬陷，这点极难做到。如果一个女人真的很恨一个男人，想和他斗到底，还有许多别的办法，而且那些办法更令人满意、花的时间更少、更不容易失败。没有任何证据显示家暴的诬告概率比其他罪名高，但有研究表明它的概率比其他罪名低。

如果你指控一个家暴者违反了限制令，他还有另一套说辞，比如：

· "我们只是碰巧遇到了。我不知道她会去那里。"

在判断这个说法是否合理的过程中，我发现，那些一心想遵守限制令的男人会想办法离那个女人远一点，而另外一些家暴者好像总能"碰巧"一再地违反限制令。

· "我不知道连给她写信也不可以。"

就算这是真的，也表明此人藐视伴侣和法庭，因为这意味着他根本没有认真阅读限制令的内容。再说，他也不需要请律师帮他分析"不可以联系原告"这句话。

· "我已经两个月没探视过孩子们了。"

没有哪个借口比这更能博取警察局和法庭人员的同情了。我的一些使用这个借口的客户本来拥有探视权，可是他们不喜欢相关的条款，所以选择不使用这项权利。他们说："如果我一个星期只能有一个下午的探视时间，如果我只能在别人的监督下见他们，那我干脆不见了。"这就是他们自诩的好爸爸。

在一些案子中，孩子们的妈妈或者法庭拒绝家暴者探视，他就往家里打电话,他其实很清楚自己在做什么,他知道那会引起孩子妈妈的恐惧,知道那是一种侵犯。如果他真的像自己说的那么爱孩子们,就该给予他们最需要的——解决他的家暴问题——以此证明自己的爱。

当警察接到报警来到家里,被家暴的女人有可能会替家暴者遮掩。想想她的立场:她知道警察过一会儿就离开了,要么留下她和家暴者,要么剩她一个人。如果警察逮捕了他,他早晚会被放出来——那时候他会比任何时候都愤怒。她盘算着,对她来说最安全的立场就是维护伴侣。如果维护他,警察走后,他可能不会痛打她。就算是她自己报的警,她也未必希望他被逮捕,大多数女人报警只是为了阻止家暴者的恐怖行为。但她真的希望他坐牢吗,哪怕是一两天?很少有女人真的希望伴侣坐牢,除非她们已经遭遇了很长时间的家暴。

与此同时,女人们很显然比十五年前更愿意对警察说实话。虽然家暴者会说"是你把我送进监狱的!",但实际上是他们自己,而且越来越多的人开始明白这一点。何苦为了他不受牢狱之苦而让自己忍受家暴呢?为了不让警察再次临门,他知道自己需要做些什么。改不改取决于他。

当然,如果你害怕你的伴侣出来后会杀了你,警察逮捕他的时候,我也不建议你什么都不做。每个女人都应该根据自身的安全情况做出相应的决定。在对于你伴侣的问题上,你才是专家。根据你的经验,你可能知道法律制度不能控制他的行为,于是为了保证安全,你就要想别的办法,比如逃走。

我应该申请限制令吗?

在美国和加拿大,被亲密伴侣或前任肢体虐待、性侵或身体威胁的女性,可以向法庭申请限制令,让家暴者远离她。(如果不存在这些威胁或伤害行为,纯粹的心理家暴还达不到申请限制令的条件)。但是,有些地方存在很大的漏洞，比如，在有些州，女人不能够对家暴她的同性伴侣申请限制令，再比如，如果没有和家暴者同居或结婚，也不能申请限制令。还有些地方，申请限制令需要支付一大笔费用。具体情况你可以打电话给法庭或当地的受虐女性保护组织，询问是否有资格申请限制令及申请限制令的流程。

是否要申请限制令，什么时候申请，这是一个复杂的问题，没有人能替你作答。你在做决定的时候，可以考虑以下几点：

1. 他害怕警察和法庭吗，怕坐牢吗？如果害怕，限制令就能够让他远离你。可如果他不害怕，限制令只会刺激他，让他变得更可怕。我遇到过一些客户，限制令对他们来说，就像一面红旗在公牛的面前晃来晃去。
2. 你是否主要担心他威胁你、打骂你？还是担心他会做更可怕的事，比如杀了你？限制令可以阻止一些骚扰和不致命的伤害，但如果家暴者想杀了你，它就没什么意义了。所以，如果你担心会发生最糟糕的情况，就要采取多种措施保护自己的安全（见第九章"安全计划"），把申请限制令作为计划的一个方面。此外，只要你觉得对你的安全有用，就可以申请限制令。
3. 你所在地区的警察和法庭是否负责？如果他违反了限制令，他们会严肃对待吗？如果你对他们说家暴者违反了限制令，他们会相信吗？如果得不到法律系统的支持，限制令对你来说就是弊大于利。

我遇到过一些案例，限制令极大地保护了女性的安全，让她们心安，帮助她们向前生活、追求自由。但每一个家暴者都不一样。我也遇到过一些案例，女性很后悔申请了限制令，因为限制令让她的生活变得更加可怕。如果条件允许，在决定是否申请限制令之前，找一个受虐女性的辩护律师聊一聊。此外，无论是否申请限制令，都要采取其他措施保护自身安全。

限制令应该是安全计划的一部分（见第九章"安全地离开家暴者"）。

如果他被逮捕了，接下来该怎么办？

一旦家暴者被传讯后释放，他会努力实现以下目标：（1）劝女方撤诉或者不出庭做证；（2）接受尽可能最轻的宣判结果。

我早期有个客户叫菲尔，是一名摩托车手，他向我介绍了这期间使用的许多手段。他因为伤害女友贝蒂被抓，随后自愿加入了我的家暴者课程。刚来的几个星期，他很惹人讨厌，因为他态度傲慢，对什么都是"漠不关心"的样子。可是，几个星期以后，他的态度变温和了，他开始对其他家暴者的行为做出恰当的评论。贝蒂说她看到了菲尔身上消失了几年的东西：他变得更加冷静了，他更愿意听她说话了，有争执的时候他会选择走开而不是吓唬她。更重要的是，一天下午，他还去她姐姐家帮她修栅栏。以前他根本不愿和她姐姐说话，一直觉得她是个"贱人"。此外，他参加我们的课程，贝蒂很高兴。

但是，之后发生了两件事，让贝蒂陷入困惑。一天，他们发生了激烈的争吵——最近他们已经很少吵架了——他对她大声喊道："都怪你把那些该死的警察叫来，害我要处理法庭上的一堆麻烦。"这一席话好像和他最近的表现不相符。不过，第二天他就道歉了，还把自己的行为叫作"倒退"。几个星期后，两人又发生了争执，他朝贝蒂低声吼道："如果你出庭做证，你会后悔的。"后来，他坚持说，他的意思是她会因为像对待"犯人"那样对他而感到内疚，但贝蒂总觉得他还有别的意思。

到了审讯的那天，菲尔已经连续三个多月表现得很好了。贝蒂向法官报告了菲尔的变化，菲尔说他参加了我们的计划，还说他已经认识到自己的问题，并愿意改正。菲尔没有等法庭命令就主动咨询，这点打动了法官。于是，法庭撤销了对他的指控。

审讯结束后，菲尔和贝蒂一起从法庭出来，然后上了各自的车。分开的时候，菲尔似乎冷笑着说："噢，原来好男人就是这样的。"此后，他再没出现在家暴者课程。而且只过了一晚，他就又习惯性地虐待贝蒂。

由于陆陆续续地看到许多客户步了菲尔的后尘，我们最终采用了一个策略，那就是处在被捕到法庭处置期间的人一律不收。我们不想成为家暴者操纵伴侣、逃脱法律后果的又一工具。

女人们常常后悔没有将起诉进行到底。一个女人可能会对我说："我真傻。我不知道自己为什么会相信他的鬼话。我应该继续起诉、出庭做证的。看我把事情搞得多糟。"如果你有时候也会这样，不妨停下来想一想：他这么有说服力；他知道怎么把你弄糊涂；多年以来，他了解了你的弱点，并且知道如何利用它们，这怎么是你的错呢？他善于操纵，为什么要怪你呢？之所以要花很长的时间才能认清一个家暴者，是因为他善于东躲西藏。如果家暴者那么好识别，就不会有女人被家暴了。

有的国家法院系统在家暴方面很有经验，他们了解受虐女性的处境，受害者服务人员也积极负责，在这样的背景下，百分之八十的女人都会将起诉进行到底。不想和不了解你需求的法院系统打交道，并不是你的问题。同时也记住，放弃申请限制令或撤诉，并不意味着你将来不可以再次运用法律手段保护自己（虽然你中途放弃可能遭遇警察或法庭的偏见）。

法庭的轻断

我的一些身体暴力者客户好像有九条命似的，总能躲避牢狱之灾。这些年来，通过与缓刑监督官、法官和检察官等人打交道，我发现，法庭还没能摒弃这样一些观点："只要妻子继续追究，男人迟早会败诉""真正导致家暴的是酒精"或者"因为有歇斯底里症或者怀恨在心，女人总是夸大家暴的情况"。家暴者天生善于用谎言说服别人，引起别人的同情，法庭的这些态度与家暴者这种天生的能力正相吻合。

家暴的刑期通常比其他伤害罪的刑期短，即便家暴的伤害程度和致死率比同性间打斗的伤害程度和致死率高。法庭人员不想把家暴者送进监狱，因为他们把家暴者当成一类值得同情的特殊犯人，也因为他们往往相信那些责备受害者的辩护理由。

多年的态度是很难改掉的。几年前，一次针对法官的培训课结束后，一名法官走到我跟前对我说："对于那些将伴侣打得鼻青脸肿，打得住进医院的人，我理解你的做法。可是如果只是偶尔推一推伴侣呢？我不能像对待虐妻者那样对待他。你还没有说遇到这种情况该怎么办。"我本想向他解释，对于女人来说，男人推她也是很可怕的，可是我看得出来，他的心门已经关闭了。

我还遇到过比这更糟的法官，他们面对检举家暴的女人比面对家暴者更愤怒。但我也遇到过另一些法官，他们认真地寻找证据，用尊重的态度倾听双方的声音，最后根据事实而不是偏见做出裁决。如果家暴者有罪，他们会严厉地告知他他所犯的罪行，不听他的借口，并对他实施相应的惩罚。

我更遇到过一些法官，他们喜欢给予家暴者严厉的口头警告，而不是对其实施制裁。他们认为，来自法官的严肃警告能让一个家暴者停止家暴。可事实上，如果没有判刑，法官的警告只是一个笑话。家暴者会在法庭上装出一副受到了惩罚的样子，然后一路笑着回家，他很得意，觉得自己又有了权利。

但是，我并不提倡对家暴者判太久的刑。家暴者会把在监狱里的大部分时间用来酝酿仇恨和计划报复。坐牢并不能改变他们对女人的态度。实际上，监狱属于比较反女性的环境之一。可是，为了让家暴者重视此事，法庭不得不把他们关进去。短期监禁，加上出狱后的长期缓刑，再辅以家暴者课程，这些就能促使家暴者面对他们的问题。在涉及家暴的案子上，如果是初次定罪，至少得判几个星期——以便他能继续为家庭提供收入。对家暴者的判刑，可以遵循酒驾的"阶梯式"量刑法。后一次比前一次判刑更久、罚款更重。遗憾的是，目前使用这种方法的地方还很少。

对于判刑的家暴者，一个很重要的方面，就是要让他们长期（不少于一年）参加专门的家暴者课程。而且不能用心理治疗或愤怒管理代替家暴者课程，因为这些服务并不涉及构成家暴的行为和驱使这些行为的核心态度（见第三章）。在第十四章，我们会介绍一个优秀的家暴者课程如何发挥作用，以及如何评估某一课程的优劣势。

正在服缓刑的家暴者

我曾经指导过一名优秀的年轻家暴顾问，名叫帕特里克。他是个热情而勇敢的人，可是，大家往往只注意到他的年轻——他二十三岁了，但看起来就像十九岁一样——和矮小。我们想着，早晚有一天，那些暴力的家暴者会威胁他。果然，有一天，帕特里克就一名客户的破坏性行为训斥他，那个男的就让帕特里克"去外面"打一架。从他的身体姿势可以看出他的拳头已经痒得不行了。然而，帕特里克礼貌地拒绝了，还让那个家暴者出去。那个男的想了想，快步走了出去。

我们把这件事报告给法庭，以为这个男的很快就会进监狱，因为他在缓刑期间威胁他的顾问。可是，两周后，我们听主监督官说，她把他叫过去"认真地聊了聊"，然后指导他加入另一个家暴者课程。换句话说，他的"后果"是完成了我们的课程。我还遇到过一个例子，也是在这个法庭。当时，我们怀疑一名客户滥用处方止痛药，于是申请约见给他开药的医生，可是客户拒绝了。没过多久，他的监督官就给我来电，生气地说，客户的药方用不着我们管。这位监督官还毫不掩饰地告诉我说，他的止痛药也是这位医生开的。（难怪他不希望我们仔细调查此事。）

我的客户们能看出监督官对于家暴的态度。他们每个人都会说出许多借口和理由来试探监督官。他知道，监督官留给他发牢骚和责怪受害者的空间越多，监督就越松懈。反过来，监督官对家暴的态度主要反映了主监督官的态度。据我观察，警察局就是这样。当然，有些法庭的缓刑部门是支持受害者的，他们送来的人大都很配合我的课程，并且会完成所有的要求。可是，如果缓刑部门一开始就同情家暴者——像之前描述的那样——家暴者就会反复出现行为和态度问题，反复缺席，而我就不得不因为他们的不配合而把他们踢出去。为什么他们会这样呢？因为他们知道，在那个法庭上，结束课程并不会导致严重的后果，所以他们不愿意忍受那个和他们作对的家暴者课程。

当家暴者发现自己能操纵监督官，或者和他们建立联系时，他不仅会扭曲地看待受虐女性，还会对家暴者课程"分而治之"。他会说："我知道我做错了，我也真的想改。可是家暴者课程不能帮助我们改正。他们只会说我们是坏人，我们说什么都是错的。他们讨厌我们，拿我们出气。"然后，监督官就给我打电话，把他的诉苦转达给我。我一般都会这样回答："你找个时间过来听两三节课，亲自看看我们是怎么上课的。"有一个监督官来听了几次课，然后开始定期每个月来一次。他发现我们对家暴者的教育很有耐心，有教育意义，这之后，他就再没有被家暴者操纵过。

家暴者对于家暴者课程的扭曲态度和他对伴侣的态度一样。如果一个客户话太多，我让他安静一会儿，别主宰整个小组的讨论，他会告诉他的监督官："咨询顾问说我们只可以听，不可以说。"如果我限制一个家暴者，不让他在课上搞破坏，他就会像个受害者似的，垂头丧气地说："好吧，我知道了。我们永远都是错的，女人永远是对的。"如果一个家暴者行为不当，我警告了他三次还不听，最终被我赶了出去，他会说："我们不说你想听的，你就把我们赶出去，你连第二次机会都不给我们。"从他这些话中，我们可以看出他在家是怎么对待伴侣的——以及为什么她会这么生气、沮丧、发狂。

努力拉关系

每当遇到一个法律系统里的新角色，家暴者都会试着拉关系。如果是男性，他就谈"兄弟义气"，拿女人开玩笑，或者以反女性观点为基础，博取同情。如果是女性，他就恭维她，和她调情，或者从她的生活细节着手："我听说你女儿病了？她现在怎么样了？"他的这些做法，无声地传递出一个信息："你看，我不是家暴者。我和你一样，只是一个讨人喜欢的普通人，而且我想和你做朋友。"我的家暴者客户们往往会使用同样的招数，所以我再了解不过了。

利用法律系统达到自己的目的

在和家暴者打交道的十五年来，我看见我的客户们越来越擅长让警察和法庭为他们所用。如今，受虐女性被逮捕的情况比以前多了，因为家暴者利用身上的伤证明他才是受害者。我发现，家暴者越暴力，就越可能在打架时受伤。因为伴侣为了挣脱他，会乱打乱踢乱抓。但是有些警察看到家暴者的伤就会说："我们会逮捕她，因为他被抓伤了。"

此外，家暴者们还学会了赶在伴侣之前去法庭申请限制令，有时候还会把孩子们的监护权夺过来。家暴者不停地在心理和身体上伤害伴侣，却还能递给她一份让她远离住处的限制令，没有什么比这更能让他们得意的了。而对于女人来说，明明已经很受伤了，法庭还要赶走她，这又是一个巨大的打击。但是，受虐女性的故事不该就此终结。

过完法律这一关

尽管家暴者有着无比的自信和优越感，一些警察局和法庭的工作人员对家暴的态度也有所倒退，但是，法律系统在对待家暴方面还是取得了很大的进步。每年，有成千上万的女性成功申请到了法庭的保护令，这其中，绝大多数人达到了自己的目的：保证了自身的安全，离开了家暴者。现在，许多州已经授权警察部门逮捕家暴者，地方检察官也会努力定他们的罪。

如果你选择向警察局或法庭寻求保护——或者，如果你是因为邻居或亲戚报警而被卷入法律系统——记住以下原则：

· 寻求帮助，寻求帮助，寻求帮助。

这点我已经说过千万遍了。和警察、法庭打交道，你可能会觉得孤立无援、害怕，或者无能为力。于是，在尝过这些滋味后，许多人不再寻求官方帮助。对此，方法之一就是要利用一切有效的资源。你周围有没有那种可以派人陪你上法庭的受虐女性计划？你所在的县有没有为受害人或目击者聘请辩护律师，他们在法庭上是否可靠？有没有朋友或亲人可以陪你去申请限制令？你所在地的警察局有没有专门处理家暴案件的人员，让你可以和他讨论？记住，任何一个"家暴"方面的专家都能帮助你对付那个恐吓、威胁你的家暴者，即便他从未打过你。尽可能多地和这些人接触，情感和后勤支持能起到很大作用。

· **在不是太危险的前提下，与检方合作。**

许多研究表明，被起诉的家暴者停止暴力的可能性比没被起诉的家暴者大。如果你的伴侣突然想认真改正，你也不要停止法律诉讼，相反，你要继续起诉。法庭会给他制定方案，激励他。如果没有法庭的推动，家暴者的改正之心就会随着时间消失。

有些女人对我说："可是如果我继续起诉，就会惹怒他，然后他就不愿意面对他的问题了。"这是一种常见的错误观点。你不能乞求和请求一个家暴者改变。只有那些愿意接受自身行为后果的家暴者才会真的改变。如果他因为你起诉他就生气，那么你可以百分百肯定，他是不会改的。你可能还会担心，坐牢会让他丢脸，让他以后很难找到工作。但是，很少有公司会查看犯罪记录，因为某个人犯了家暴相关的罪而拒绝他的公司更是少之又少。至于丢脸，他需要有这种体验。一开始，他可能不会否认，可是一旦法庭的威胁过去，你会发现他很快又变回去了。

· **不要放弃限制令。**

在法庭的限制令到期之前，离你的伴侣远点，哪怕你非常想他，哪怕他看上去像变了个人似的。对于那些申请了限制令，后来又放弃的女性，法庭往往存在一定的偏见，就像警察和检察官看不起那些不愿出庭做证的女性一样。我理解你的害怕与压力：你害怕如果自己不退一步，他会做出极端的事情；你不敢失去他的财务支持（尤其是在有孩子的情况下）；别人劝你再给她一次机会，等等。但是，法庭不会考虑这些问题，女性如果放弃过一次限制令，那么下一次求助的时候，法庭便会不太愿意帮她。如果没到十分危险的情况，坚持下去。

· **别过早地放弃。**

有些警察擅长处理家暴案件，有的不擅长，正如有些法官会让家暴者付出代价，有些会让他们逃脱惩罚。这一次没处理好，并不意味着永远都处理不好。有些家暴者在一段时间后就厌倦了和法律系统打交道。当一个案件反复出现，有些公职人员最终就会采取行动。

然而，我说的那些也有例外。你也许会发现，你所在社区的法律资源对你很不利。如果家暴者是警察或者有警察朋友，那么拨打110会让事情变得更糟。如果家暴者是法官，那么打官司并不会让你变轻松。如果一直处于这样的情况下，那么在某个时间点放弃法律系统，开始想别的办法是十分合乎情理的。在采取行动之前，请先拨打妇女维权公益服务热线。

· **为自己请个律师。**

如果家暴者还在缓刑期，请求与缓刑监督官面对面聊一聊。这样一来，你的伴侣就很难扭曲你的形象，缓刑监督官也会考虑到你的安全。如果检察官打算和解，你得要求参与协商的过程，确保你的要求在达成协议之前被满足。如果家暴者是在不可抗力下参加家暴者课程的，你需要经常与家暴者课程的工作人员交流，确保他们站在你这边，而不是他那边。（第十四章中的指南能帮你辨别一个家暴者课程的好坏。）

法律系统本身不能解决家暴问题，但是，如果它能起到正确的作用，就能帮助你维护自己的权利。你和那些帮助你的人越是能看清家暴者试图利用法律系统的把戏，就越能借助法律系统让他为自己的行为负责。

记住重要的几点：

- 如果不是要被迫承担后果，家暴者很难改变。完成家暴者课程与承担法律后果是相辅相成的，并非完成了家暴者课程就无须承担法律后果。
- 许多家暴者把法律系统当成另一次操纵的机会。他能否成功取决于身处重要位置的公职人员是否擅长处理家暴案件——以及他们中有多少人和他想法一样。
- 女性若想利用法律系统保护自己的权利，就得自己寻求帮助，并准备好为自己的需要和利益辩护。她首先应该给受虐女性计划打电话。
- 要想利用法律系统保护自身安全，就得结合其他自我保护措施（见第九章中的"安全计划"）。
- 在大多数州和省，任何形式的身体侵犯，比如推、戳、撞和威胁都是犯法的。你不必等到受伤严重才寻求警察的帮助。
- 对于法律和法庭禁令而言，没有所谓的"轻"犯。如果法律系统不让他尝到厉害，他会以为法律系统只是说说而已，并且会升级成"严重"违反。

第四部分
改变家暴者

第十三章　家暴者的养成

我们经过一个杂志架,他指着《大都会》的封面说,"你怎么不长这样?"

他最喜欢"枪炮与玫瑰"的一首歌,歌里唱道:"我爱她,但我又不得不杀了她。"他经常放这首歌。

他爸爸对待他妈妈,就像他对我一样。

你可以看看他和他的兄弟们是怎么谈论女性的,好像她们是一片一片的肉似的。

很久很久以前,有个小男孩,怀揣着美梦长大。在他很小的时候——自他懂事开始——就有人告诉他,镇边上有一片美丽的土地是属于他的,别人替他管着。等他长大以后,那片地就会完全属于他。在他家人和亲戚的口中,那地方就像仙境一般。可是他们并没有明确地告诉他他什么时候才可以拥有那块地,只是暗示大概在他十六岁或二十岁左右。

十五岁的时候,男孩去看那块地,在上面散步,他做梦都想拥有它。两三年后,他觉得是时候收回它了。可到了那时,他发现了一些讨厌的情况:时不时有人去那里徒步和野餐,他跟他们说,没有他的允许不要去那里,他们却坚持说那是公共用地!他回家问亲戚,他们又说那块地就是他的。

在他十八九岁和二十出头的那些年,他因为镇上的人不尊重他的所有权而越发沮丧。一开始,他想通过妥协解决问题。他划出一块地方作为公共野餐地点,甚至自己掏钱买了些桌子放在那里。然后,他在其他地方竖了标牌,上面写着"禁止擅入"，希望人们能止步。可是，没想到人们并没有因为他的让步而感激，仍然到处跑。

最后，男孩终于不堪忍受人们对他权利的侵犯。他开始对擅入者破口大骂，成功赶走了一部分人。那些没被他骂走的人最后成了他身体攻击的目标。还有一些人打也打不走，他就开枪吓唬他们。于是，镇上的人就把他当成了疯子。

当地一个胆大的人花了一天时间去翻小镇的地产记录，终于证实了一些人一直怀疑的：这片地确实是公共财产。男孩家里人的话只是基于传说和误解，并没有确凿的文件记载。

面对这个证据，男孩非常愤怒。他认为镇上的人合起伙来篡改了记录，认为他们剥夺了他最珍贵的梦。此后的几年，他的行为非常不稳定。有时候，他似乎相信是自己小时候被误导了。可有时候，他又开始通过法律手段争夺那片地，还布置陷阱，伤了游客。他的亲戚们鼓励他斗下去，对他说："别让他们夺走属于你的东西。"许多年后，他才接受了这个现实：他的梦想再也不能实现了，那片地是属于大家的。他渐渐认清自己被严重误导的事实，认识到自己的行为多么恶劣，这是一个非常痛苦的过程。

为促使家暴者改变，不仅要清楚家暴思维是如何运作的，还需要知道它的来源。不想受家暴的折磨，就要深挖问题的根源。

前边的故事暗指会导致一个人成为家暴者的童年社会经历。我在之前的章节中提到过，家暴与心理问题无关，而与价值观和信仰息息相关。一个男孩对伴侣关系的价值观来源于哪里？来源有很多。最重要的几个来源包括他的家庭、邻里，他看的电视、读的书，他听到的笑话，他从玩具里获得的信息，以及最能影响他的成人榜样。成人榜样之所以重要，不仅在于言传身教，还在于向他灌输的期待。总之，一个男孩的价值观形成于他在所处文化中的经历。

每个男孩的社会化都是独一无二的。即便是年龄相近的两兄弟也不可能有完全相同的价值观。文化的传播就是这样一个闭联集[1]。比如，在宗教氛围浓厚的文化中，有些小孩长大会成为虔诚的信徒，有些小孩会彻底反对这种信仰，但大多数人都处在一般水平。一个小孩落在这个集的哪里，一部分取决于他从社会环境中接收到的信号强度，还有一部分取决于他的个人素质。比如说，一个叛逆的孩子可能成为无神论者，而一个很会哄父母开心的孩子可能比他们还相信神。

男孩是怎么学会家暴的

儿童在很小的时候（三岁或更早）就开始吸收所处文化中的规则和习俗。他们直到青少年期都在学习这些规则和习俗。通常，家庭对他们的影响最大，至少头几年是这样，但它只是诸多因素中的一个。他们对行为对错的判断，他们的道德是非观，他们对性别角色的认识，都是通过电视、视频、流行歌曲、儿童书籍和笑话等获得的。他们观察亲朋好友的行为。他们观察哪些行为会被奖励，哪些会被惩罚。到了四五岁时，他们开始对法律和警察感到好奇，这两者都对他们道德观念的形成起着重要作用。青少年时期，年轻人拥有更多机会接触到外面的世界，受大人的影响越来越小，受同龄人的影响越来越大。即便成年后，人们也会读取周围的社会信息，据此调整自己的价值观和信仰。

> **问题 18：**
> **他的做法是从哪里学来的？**

现在，我们来看社会如何影响一个男孩的发展，如何影响一个年轻

---

1 Continuum。

人对家暴的态度。我所描述的,有些可追溯至几百年前,有些就发生在不久以前。我举的一些例子来自儿童文化——比如儿童书籍、儿童电影,还有一些来自能影响儿童(儿童通过观察模仿大人,或者大人告诉他们什么是对的、什么是错的)的成人文化。

- **法律和法律体系与家暴女性的行为串通一气。**

19 世纪以前,在英语国家,对妻子实施身体家暴都是合法的。那时候,女人没有警察和法庭可以依靠,如果她因为家暴而选择离婚,孩子们的抚养权就归丈夫。到了 19 世纪末,那些严重殴打女性的行为才被立法禁止。可是,直到 20 世纪 70 年代,对家暴"过火"者的判决才开始执行。直到 20 世纪 90 年代,才开始执行到底。几百年,乃至几千年来,家暴都是男人维持家庭秩序的工具。直至 20 世纪六七十年代,妇女运动和一些关注殴打及性侵女性现象的积极分子出现,家暴才被当成一种犯罪。

这段法律史对于虐待妇女的文化观点的塑造起着重要作用。要消除存在了几百年的不良社会态度,很可能需要几代人的努力。塑造这些法律,又反过来被法律影响的文化观点,反映在人们的一系列态度上——他们认为家暴是女人"挑起"的,他们同情那些因为家暴而受到法律制裁的男人,他们怀疑女人谎称自己被家暴。这些态度,小孩可以从大人的一言一行中学到。

同时,儿童也能看到法律系统的反应。一个小男孩的爸爸经常打他的妈妈,可是多年以来,他的爸爸并没有遇到多大的麻烦,这就告诉他,大家不认为爸爸的行为是错的。(实际上,如今,任何年龄在十岁或十五岁以上的男性都不太可能看到过爸爸因为家暴被起诉,因为在 20 世纪 90 年代以前,这种起诉并不常见。)当一个女人问我:"为什么肢体虐待伴侣的男人认为自己能逃脱惩罚?"我要这样回答:在以前,他确实是可以的,即便现在,伤害伴侣受到的惩罚也比伤害陌生人轻得多。一直以来,对女性的身体虐待都能得到如此的包容,让人以为男人的家暴行为不会受到惩罚,使处理和克服精神虐待的问题越发困难。

· 宗教信仰常常会纵容家暴者。

当今世界上最具影响力的宗教经典——包括《圣经》《摩西五经》《古兰经》，以及一些重要的佛教和印度教著作——清楚地指明：女人要服从男人。比如《创世记》里有这样一段话："他又对女人说，我必多多加增你怀胎的苦楚，你生产儿女必多受苦楚。你必恋慕你丈夫，你的丈夫必管辖你。"这些年来，我的许多客户都曾引经据典，为自己的家暴行为辩护。同理，反对离婚的宗教禁令又将女人困在家暴婚姻中。1985年出版的《当爱情出现问题》一书，提到了一项针对保守派新教徒神职人员的调查，结果表明，21%的人认为，无论如何，家暴都不能作为一个女人离开她丈夫的借口，26%的人认为"女人应该顺从她的丈夫，应该相信上帝要么会让家暴停止，要么会赐予她忍耐的力量，这些都是上帝赐予她的荣誉"。

在有信仰传统的环境中长大的孩子，从小就被教育：宗教规则是判断对错的终极指南，它的存在甚至高于民法。男孩在认识亲密关系中的恰当行为、女性地位和男性权利的同时，也形成了早期的宗教素养。如果宗教背景中最具破坏性的方面强调的是家庭或社群，那就埋下了危险的种子。

· 明星在反映社会态度的同时也在形成社会态度。

我在写这本书的时候，白人说唱歌手埃米纳姆获得了格莱美奖。获奖的那年，他出了一首新歌，名叫《金姆》（Kim），是以她妻子的名字命名的。歌曲以演唱者把一个女婴放到床上，然后准备谋杀他出轨的妻子作为开头。他对妻子说："你要是敢动，我会把你打得屁股尿流。"他还说，他已经杀了他们四岁的儿子。然后，他又告诉妻子，他会带她出去，将小婴儿一个人留在家，之后会把她的尸体放在后备厢里带回来。从头到尾一直能听到金姆害怕得尖叫的声音（当然这是埃米纳姆表演出来的）。偶尔能听到她求他别伤害她。可他告诉她，他要把这件事伪装成她杀了儿子然后畏罪自杀的样子，这样他就可以逃脱惩罚。金姆大声求救，然后就听到她被掐死的声音，同时，埃米纳姆也在大喊"贱人，去死吧，去死吧！去死吧！"。再然后，就听到尸体从干树叶上被拖过去，扔进车里，然后车门关上了。

埃米纳姆将这首赞美杀人犯的歌录制下来本身就很可怕了，更可怕的是，他还获得了格莱美奖。青少年男孩或年轻男子会从这件事中得出什么结论？我敢说，如果被杀的是犹太人、黑人或者残疾人，他肯定不能获格莱美奖。可令人难过的是，当杀死的是他的妻子和孩子，加上还完成了一个逃脱惩罚计划，却并不会影响获奖。

不幸的是，像埃米纳姆这样的人还有很多。枪炮与玫瑰乐队有一首歌是这么写的："我曾爱过她／但我不得不杀了她／就算我让她下黄泉／也还能听到她的抱怨。"接下来的情节是，他知道他会想念她，所以把她埋在后院。这首歌支持了身体家暴者普遍拥有的观点，即男人的家暴是由女人的抱怨挑起的。还有一个典型的例子是喜剧演员安德鲁·戴斯·克雷，他的"笑话"中常常涉及殴打和性侵女性，他的节目在全国范围内都很受欢迎。这些明星会说："拜托，只是玩笑而已。"可实际上，价值观就是在这些玩笑中传递的。如果一个男人因其早期经历已经有了家暴倾向，那么他的家暴观点会从这些节目中得到证实，他对伴侣的同情也会消失殆尽。我遇到过一个案例，男人在音箱里循环播放枪炮与玫瑰的歌，还对妻子开玩笑说，他就要这么对她。可是，两人吵架或者他眼看着就要动手的时候，他所谓的玩笑对他妻子来说就是一种恐怖的威胁。

· **流行剧和电影把家暴女人浪漫化了。**

几年前，我在波士顿看过一部戏剧《弗兰基和约翰尼结婚了》。剧情大概是这样：约翰尼爱上了弗兰基，知道她很适合他。一天晚上，他来到她的公寓，向她表白。她当时并不喜欢他，也如实告诉了他。然后，接下来的剧情，全都是约翰尼不停地向她施加压力。他批评她、贬低她，告诉她，她之所以不想和他在一起是因为害怕亲密和承诺。他让她知道，他比她更了解她自己，更知道她需要什么。但弗兰基还是无动于衷。

于是，约翰尼的压迫升级了。有一次，弗兰基被约翰尼纠缠了几个小时，精疲力竭的她准备回去睡觉，却被约翰尼抓住胳膊拦下。然后她去厨房做了一个三明治，心想着，睡不成觉，吃点东西总可以吧。可这也没能实现，因为约翰尼从她手里拿走盘子，连同三明治一起扔进了水槽。

弗兰基一怒之下让约翰尼离开她的公寓。可他拒绝离开。她威胁说要报警，他却说："报吧，让他们来。要不了一个小时，他们就会把我放了，我又会回来找你。你早晚要面对我。"

弗兰基已经发现她的任何权利都得不到尊重，接下来会发生什么呢？你瞧，她想通了！这真是一次能改变一生的突破！她瞬间战胜了害怕与人亲近的心理——结果证明约翰尼说得对——高兴地投入约翰尼的怀抱。弗兰基和约翰尼相爱了。戏剧落幕了。（想必弗兰基现在可以吃饭和睡觉了，不过我们也没法确定。）

然而，那晚最令人震惊的一幕还在后面。没想到，挤在亨廷顿戏剧公司座位上的大约两百五十个受过良好教育、经济富裕的成年人，站了起来，发出雷鸣般的掌声，满面笑容。观众席上，除了我以外，没有一个人坐着。那时候，我从事家暴方面的工作已有五年，我知道我们刚刚目睹了什么。好像除了我以外，没有人注意到，我们刚才看到的，他抓她的胳膊、不让她吃饭睡觉、威胁她、强制她是不对的。弗兰基不愿意和约翰尼在一起真的是因为害怕与人亲近吗？也许是因为他傲慢自大、强制别人、有身体暴力呢？在这种情况下，谁会不害怕与他亲近呢？谁都应该害怕。

这部剧传达给年轻男子的观点就是：如果深爱，是可以采取强制乃至一定程度上的身体暴力和威胁的，以及男人可以比女人自己还清楚什么是为她好。这部剧中穿插的观点驱使着我许多客户的行为。就算小男孩看不到这部剧——因为观看的都是成年人——他也会受到看了这部剧的父母的影响。

· **男孩早年关于性别角色和两性关系形成的教养可能促进家暴。**

直到最近，男孩从很小的时候就得知，他成年后会有一个妻子或女朋友，她会为他做一切事情，会带给他快乐。他将来的伴侣是属于他的。她的首要责任就是相夫教子，而他的主要职责就是扮演好"操作头脑"的角色，用他的智慧和力量指引家庭。在这些期待中，还交织着其他关于女性的信息。他可能会听闻男孩比女孩高等，如果他周围的男人都有这种态度，那就更不用说了。（在许多家庭里，对男孩最大的侮辱，就是对他说"你就像个女孩似的"。）等他长大，对性有了认识，他可能会听闻：女人最重要的能力，就是让男人体会到性快感。从他爸爸和爷爷身上，从他的同龄人身上，从他听的歌里，他可能会听闻：如果伴侣不服从他，他就可以辱骂她或对她进行身体威胁，以此作为惩罚，确保她将来乖乖配合他。

研究表明，几乎一半家暴男的爸爸或爷爷是家暴男。家庭是学习价值观和性别角色期待的重要场所。男孩容易通过家暴者的言行吸收他们的态度（见第十章）。即便爸爸从来没有公然说过女人是次等的，也没有说过在吵架的时候是男人说了算，但他的行为已经传达了这些信息。

1955年的一期《每月管家》杂志上，一篇名叫《贤妻指南》的文章有力地描写了男孩和男人长期以来对性别角色的期待。文章还写了"不要过问他的行为，不要质疑他的判断或诚信。记住，他是这房子的主人，正因如此，他会公平、正当地行使自己的意愿""他回家晚了，甚至彻夜不归也不要抱怨。与他一天的经历相比，这又算得了什么呢"。此外，妻子最好能确保他回家的时候孩子们安安静静的，最好能让家里保持干净整齐，丈夫晚上不带她出去玩，她也不要抱怨。因为她要"理解他所承受的压力"。过去五十年来，我们社会对于性别角色的态度显然有了很大的进步，可是这篇文章中提到的期待，如今仍然存在于我的许多家暴客户身上。这些深厚的文化价值观需要几代人来挖掘和去除。

· 一些面向儿童和青少年的媒体信息也支持家暴。

著名的"贝贝熊"系列丛书中有一本书叫《作业的烦恼》，这本书里说，爸爸生气的时候，妈妈和孩子们都很害怕。（就在书的封面上。）

有一次，他打翻了椅子，还把拳头举过头顶。故事的最后，孩子们通过做爸爸喜欢的事来讨好他，妈妈高兴地看着孩子们和爸爸一起依偎在沙发上。在罗素·霍本[1]写的《弗朗西斯该睡觉了》一书中，爸爸威胁弗朗西斯说，她再说怕黑，不肯睡觉，他就会揍她，于是她因为害怕挨打，就孤零零地睡着了。

有时候，童话故事也会支持家暴心理。比如，在《美女与野兽》中，野兽对美女很凶，将她与外界隔绝，可她还是很爱他，她的爱最终感化他，让他变好——正是这种错误的观点，让一些女人困在一段家暴关系中。在《小美人鱼》里，为了能在陆地上生活，嫁给自己爱的男人，爱丽儿选择放弃自己的声音。不会说话的女孩是许多家暴男梦寐以求的。

就连一些针对儿童和青少年的电影里也包含了纵容家暴者的信息。比如，近期一部金·凯瑞的电影里有这样一个镜头：公园里，一个男人坐在一个正在给婴儿喂奶的女人旁边，他突然把婴儿推开，自己去吸她的奶。这种性侵行为被以幽默的方式呈现出来。

如今 MV[2] 和电脑游戏成为儿童和青少年文化修养的主要来源。在MTV[3] 和 VH1[4] 上，许多性别角色信息比从前还糟糕，那上面的男人具有侵犯性、处于控制地位，而女性的价值仅体现在她们的性吸引力上。MTV 上最近播放了一个纪录片，里面提到经常有色情文学作家参与录制MV，可想而知，他们录制下的女人，肯定是供男人使用的。

一些 MV 里甚至公然出现了家暴场景。比如，在一首歌的 MV 里，有个男人一直跟踪一个女人，那个女人不停地想要逃走。其中有一段，她跳进车里准备逃走，他打开另一扇车门跟着她上了车。最后，她放弃逃跑，爱上了他。这个 MV 传递出的信息是：跟踪她证明他很爱她，跟踪她其实是为她好。在 MV 里，女人说"不"的时候，总是口是心非，

---

1 Russell Hoban，1925 年生于美国，后居于英国。著名科幻作家，同时也是有名的儿童文学作者。
2 Music Video，音乐视频。
3 Music Television，也称音乐电视网或全球音乐电视台，是全球最大的音乐电视网。
4 VH1 是 Video Hits One 的缩写，它成立于 1985 年 1 月 1 日，为 MTV 的姐妹电台。

她们逃跑，是希望被追回来。还有什么比这更能体现家暴心理的？

· **色情电影、杂志和网站成为了学习的园地。**

　　男孩长成青少年以后，会有一股更强大的力量，来形成他们对女性的看法和他们对待女性的方式：色情作品。许多色情电影、杂志和网站可以充当家暴者的训练手册，无论他们是否打算接受训练。这些色情作品教他们，女人不值得被尊重，她们的价值就是作为男人的性对象。互联网的出现，让青少年男孩更加容易接触到色情作品。比如，最近一项研究发现，四分之一的青少年男孩接触过性素材，而且大都是受了互联网的教唆。许多主流的色情素材里包含了一些故事和照片，这些故事和照片把虐待女人和儿童描述成很过瘾的事，有时候还会利用强奸情节来激起性欲。看色情作品并不能让青少年更了解性，但能影响他们对待女性、两性关系、性侵和家暴的态度。如果你受得了的话，不妨花点时间看一些色情作品，想一想它传递给年轻人，尤其是小男孩什么样的信息。

　　我听说了最近发生在某个上层阶级郊区的一件事，一群中学生每天放学后习惯在电脑上看黄色录像。他们在某网站上看到一些内容，有一天便聚在一起，硬拉来几个女孩——平均十二岁左右——替他们集体口交。后来，此事被他们的父母发现了，随即传出丑闻。但是，大家还没有意识到是那些色情画面对男孩们产生了重要的影响。

· **男孩们常常得知他们不用为自己的行为负责。**

　　男孩的侵略性逐渐被当成医学问题，尤其是在学校，于是他们接受诊断、用药，但其实，他们是因为暴露在暴力和家暴的环境中而受到了心理创伤和影响。把男孩们的问题当成医学问题来处理，忽略了他们真正的烦恼，让他们更加认为自己"失去了控制"或者"生病了"，没有帮助他们认识到自己只是受不良价值观的影响做出了错误的选择。我有时候甚至听到一些大人对他们的女儿说，男孩有侵略性行为，你应该感到高兴，"因为这意味着他真的喜欢你"。这种观点会让男孩和女孩将家暴与爱混淆，让女孩更加无助。

媒体在大肆报道校园欺凌和暴力事件的时候，比如科隆比纳校园枪击案，往往忽略了性别问题。他们的新闻头条是"学生杀了学生"，但其实百分之百的情况都是"男生杀了学生"。在有些案子中，谋杀与仇视女性脱不了干系。比如有一个案子，两个男孩称女朋友要和他们分手，他们一怒之下杀了她们。但从来没有人提出要将改变男孩的反女性态度作为防止校园暴力的策略。

· **当文化与家庭经历吻合的时候，二者会相互加强。**

如果一个男孩在一个母亲受到虐待的家庭里长大，那么，诸如埃米纳姆的《金姆》一类的歌曲就会对他产生深远的影响。他可能会觉得，他所在的社会公开支持他在家中目睹到的虐待女性的现象。他每从周围的环境中接收到一条支持虐待女性的信息，他把母亲的受虐归咎给母亲、并开始模仿家暴行为的可能性就增加一分。我的咨询经验告诉我，那些长大以后最有可能家暴女人的男人，在成长过程中可能有一个家暴男榜样，并且吸收了大量的有害文化。但我们也要小心：我半数以上的客户并非来自有家暴男榜样的家庭。前面所讲的文化影响本身就足够让一个男孩成为家暴男。因此，教男孩们尊重女性，并且批判性地思考周围的社会信息非常重要。

我认识的许多受虐女性的儿子，其中有警察、作家、治疗师和活动分子，都曾为反对虐待女性做出贡献。这些男人的例子表明，男孩的家庭影响只是故事的开端，他可以选择将童年的不幸转化为积极的行动——如果他学会了另一种思考和行为方式。

现在，让我们说回男孩的成长。受不同文化的影响，他形成了对未来的看法，这种看法一直伴随着他。在他的想象中，有一个美丽迷人的女人，她会完全满足他的需求——她自己没有任何需要他作出牺牲或努力的需求。她会属于他、迎合他，而他可以在他认为合适的时候随意不尊重她。在他的心里，这就是"**伴侣**"一词的含义，但是更准确地说，这其实是"仆人"的含义。

当这个男孩真正约会的时候，尤其是当他到了认真发展关系的年龄，童年时幻想的女人就会与现实生活中遇见的女人发生碰撞。她有时会公然反抗他。她的生活中还有其他对她来说很重要的人，而不是一切以他为中心。她经常要求他在乎她。她并不总认为他的意见是正确的、优于她的。她甚至一度要与他分开，好像她不是他的个人财产似的。那个男孩并不认为他的要求有什么不合理的地方，他只是想得到他认为自己应得的东西。实际上，我们的男青年认为自己给予女朋友的自由比其他许多男人都多，就像开篇故事中那个男孩认为在"他的"土地上让出一个野餐区已经很慷慨了一样。而且，就像那个男孩对"入侵者"的反应一样，他想重新控制他的伴侣时就会变得越来越沮丧、不稳定和有强制性。他很可能不停地强迫一个女孩，直至她屈服，这才有了他的第一次性经历。因此，他在一段关系的早期，就有了性强迫的习惯。他甚至可能表现出精神有问题的样子，就像那个冲徒步旅行的人发火的年轻人一样，但其实，从他受到的主要社会影响来看，他的行为是完全符合逻辑的、理智的。总之，他觉得他的权利被否定了——我的客户们刚开始参加家暴者课程时几乎都持有这种态度。家暴者觉得自己被欺骗、被剥夺了，觉得自己受了委屈，因为他的权利感让他的是非观严重扭曲了。

总之，我们不要把家暴者当成一个"不正常的人"，而是把他看作一个很好地、完全地吸收了社会经验的人。在成年之路上，他认真地跟随着他所在的文化向他提供的路标——至少尊重和女性的关系。

文化借口

我的家暴者客户们有时候也意识到了这些塑造他们价值观的社会因素，但他们还是坚持着长期以来的家暴习惯，并把这些观点作为新的借口。他们不说"我喝醉了"或是"我小时候遭到过虐待"，他们逃避责任的手段已经达到了一种新的熟练程度，他们说"我之所以这样做，是因为我有了一些体现权利感的期待和学会了贬低女性"。我告诉这些客户，他们的做法其实是换汤不换药。"你们学到的第一课似乎是如何为虐待女性找借口。而且就我看来，你们仍然在使用这个借口。"家暴者确实需要了解社会影响，但不能以寻找另一种借口的方式来了解。

家暴作为一种压迫方式

虐待女性的家庭就好比某个大型压迫体制的缩小版，两者的压迫方式极为相似。家暴者为其口头家暴找的许多借口，往往和那些权迷心窍的老板用以羞辱员工的借口一样。家暴者说服自己控制你是为你好，就好比某个独裁者说："这个国家的人民太原始了，无法实现民主。"家暴者的分而治之策略让人联想起企业负责人为了解散工会而优待某些工人群体。因此，家暴者的形成并不仅仅局限于他所在的社会教给他的关于男女关系的价值观。除此之外，他还能不自觉地从小时候或年轻时见到的、其他形式的压迫中学到一些态度和手段，一些他曾认可、甚至欣赏的态度和手段。

观察某些压迫性的组织或体系，从某个种族主义者的乡村俱乐部到某个军政府，你会发现许多如本书所述的行为和借口。使用控制手段、威胁那些试图反抗的受害者、破坏别人的独立、为了把责任推给受害者而消极地扭曲他们、压迫者精心树立公众形象——所有的这些，连同其他一些类似的手段，统统都会呈现出来。当权者会一边说谎，一边努力压制被控制的人、阻止他们思考，就像家暴者的做法一样。其本质都是一样的：压迫体系之所以存在，是因为掌握权力的人很享受自己的位置，不愿放弃他们通过利用和控制别人而得到的特权。简言之，**家暴心态就是压迫心态。**

不同类型的权力滥用之间相互关联，加重了受虐女性的惨痛经历。

如果你是有色人种女性、低收入女性或者女同性恋，那么，你时不时会发现，伴侣对你的控制和虐待方式与你在其他地方遭遇的控制和虐待方式非常相似。有些家暴者还会故意利用伴侣的社会弱点。比如，我有几名客户，他们的伴侣是无证移民。她们曾被威胁说，如果揭露他们的家暴行为，就会被驱逐出境。有些地区会为特定的受虐女性群体——比如移民和女同性恋，提供帮助服务。有些地方设有代理处，那里有与你背景相似，并且能理解你处境的人。

当我们静下心来，全面了解社会对男孩成长产生的影响时，我们会发现，难怪他学会了家暴的模式。即便他周围的文化信息没有教会他虐待女性，他也可以从其他有影响力的家暴者身上学到一些手段，可以通过责怪受害者学到某些东西。但更令人惊讶的是，还有这么多男孩长大以后没有变成家暴者。所以，家暴并不是天生的，男人也并非天生渴望权力，要不然，不可能有那么多人背离他们的"文化"。在反对家暴的运动中，有一个很出名的男性战士就是在家暴家庭里长大的，我有幸与他共事过。他本来可以效仿他的父亲，但是他没有。他选择批判性地思考他的经历，然后走上了相反的路。在美国、加拿大和其他国家，许多反家暴的著名领袖都是男的。

压迫心理是能够消除的，并且能被新的意识所取代。《奇异恩典》（*Amazing Grace*）这首歌你可能也听过，它的创作者原来是个奴隶贩子，后来成为一名废奴主义者。家暴者可以学着尊重女性，与她们平等相处——如果我们坚持让他们那么做的话。但是，若不狠狠地逼他们，他们就不会改变，因为他们的文化价值观和权利感在推动他们保持原样。

逼他们一把，让他们为自己的行为负责，现在正是时候。我们所处的国际环境要求我们尊重人权，尊重每一个人的价值和尊严，无论男女老少，不管贫穷富贵，亦不分人种。当前的背景也许是最适合终结家暴的时候。当然，阻力一直都存在，它躲在暗处，有时候会隐藏许多年，然后再次爆发。你可能会经历灰暗的时刻，心想"我斗不过它，我要放弃了"。但总有一天你会成功。

记住重要的几点：

- 家暴者不是天生的，而是后天形成的。
- 要想改变家暴者，我们得再次塑造他对权力和利用的态度。
- 家暴行为会被许多社会信息增强，这些信息中，有的专门针对对女性的家暴，有的反映出整个压迫文化。
- 你的勇敢反抗——不管你有没有意识到，很多时候，你都为了自己（和孩子们）勇敢地站了出来——是给大家的礼物，因为所有形式的虐待都是交互的。

第十四章 改变的过程

> 他开始治疗后，变得更加以自我为中心了。
>
> 我觉得他这次是真的有愧意。
>
> 他平常总是太过封闭自己的情感，所以我希望他最后能稍微敞开一点。
>
> 我们的婚姻顾问说，我们两人都需要改变。
>
> 你觉得他会改吗？我不知道我应该等多久。

十五年来夜以继日地从事家暴方面的工作，让我确定了一件事：要想改变，没有捷径可走，不可能一夜之间就改变了，也没有什么容易的办法。改变并非易事，会让人不舒服。作为咨询顾问，我的工作就是帮家暴者理清思绪。家暴者并非没有希望——如果他们愿意努力——但这也是一件复杂且劳神费力的事。对于家暴者来说，保持原样，比走出既有的模式容易许多。但还是有一些人愿意深挖自己的内心，将那些驱使他们家暴行为的价值观连根拔除，用一种全新的方式和伴侣相处。家暴受害者所面临的挑战，就是学会判断家暴者是否真心想改。

面对家暴者的第一大挑战就是鼓励他自己行动。因为他已经习惯了那些控制性行为和威胁行为带来的好处，他很不情愿做出实质性的改变。所以，伴侣无论怎么温柔地劝说、恳求和诱哄都没有用。很遗憾地告诉你，我从来没有见过这种方法奏效的情况。那些在我的课程上取得重大进步的人，要么是知道，如果不改，伴侣就会离开；要么就是有一个非常严格的缓刑监督官，要求他们必须面对自身的家暴问题。换句话说，家暴者改变的最初动力，一般都是外在的，而不是内在的。即便有的家暴者在伤害伴侣后深感后悔，但我从没见过哪个人的懊悔能让他认真对待自己的问题。在我的课上认真学习了几个月后,有些学员确实开始获得一些促使他们改变的内在动力,比如,他们开始真正理解伴侣的感受,意识到自己的行为给孩子们造成了严重的伤害,有时候甚至会觉得没有家暴的生活更加快乐——尽管他们不得不放弃家暴带给他们的所有特权。但是,家暴者要花很长时间才能达到这种程度。

然而,如我在前言中提到的,即便参与了高质量的家暴者课程,大部分家暴者也没有多大的改变。不过,即便只是少数人改变了,或只是家暴的程度变轻了,那这项工作也是值得的。另外,至少家暴者课程能帮助受虐女性认清家暴者和他们的操纵手段。比如,在家暴者课程上,辩论和对阵最激烈时,家暴者的潜在态度就会暴露出来,家暴者顾问就可以帮助受虐女性找到驱使他家暴行为的想法。随访调查发现,对受虐女性来说,家暴者课程最有用的地方,就是能帮助她们认清家暴者。(这些调查表明,那些并不是专门帮助受虐女性、并非将服务受虐女性作为主要职责的家暴者课程能做的极其有限,甚至可能会加重受虐女性的困难。)

家暴者要想取得真正的进步需要走一段复杂而又重要的路。在给客户指路的时候,我会给他们讲一个故事:

> 从前有个男人,他的邻居种了棵树在他家房子后面。那是一棵又大又漂亮的枫树,夏天可以遮阴乘凉,秋天落叶红似火,冬天则像一座宏伟的木雕屹立在风雪之中。那个男人讨厌邻居家的这棵树,因为它遮住了他家的院子,导致院里的草长得不好,他心爱的菜园里的菜也生长不良。他多次要求邻居砍了这棵树,或者大幅修剪树枝,可他们总是这样回答:"那些伸到你家的树枝你可以随便砍,其他部分我们是不会砍的,因为这棵树太漂亮了,我们很喜欢它。树遮了你家院子,我们很抱歉,可是,树就是那样的啊。"
>
> 一年夏天,邻居一家外出度假,要一周后才回来。那个男人决定不再受这棵树的折磨。于是他拿出电锯,把树锯倒。为

了让这棵树不倒在邻居家的房子上，也不倒在他家院子里，他锯得很小心。把树锯倒后，他就回家了，心里非常满意，或许还有一丝丝害怕。第二天，他把电锯扔进了垃圾桶，想抵赖，装作不知道是谁干的，即便事实已经很明显了。

他的计划只有一个漏洞：他不知道邻居有多受欢迎，不知道当地的人都与他为敌、不看他、不和他说话的滋味多么难受。终于有一天，那个男人意识到自己的生活会永远完蛋，除非他勇敢地面对自己的自私行为。他需要采取什么措施来改正呢？

承担责任的步骤

1. 他必须承认，并且彻底承认树是他砍的。他害怕看着别人说"是的，是我做的"——即便他们已经知道了。但他必须这么做。他不能再说树是邻居砍了嫁祸给他的。他认错之后，还得承认那是棵漂亮的老树，而不能为了挽回面子，说它又小又丑。

2. 他必须承认他是**故意砍的树**，也就是说，他的行为是一种选择。他不能说自己喝醉了，或者气昏了头，不知道自己在干什么。他也不能说："我本打算轻轻砍上几下，给他们点警告，但没把握好力道，把树砍倒了。"总之，他**不能再找借口**。此外，他还得承认，他的破坏性行为是有目的的，他要**老实交代他的动机**。

3. 他必须**承认自己错了**。这意味着他不能再责怪邻居，也不能抱怨之前家里被树遮住了多么委屈。他必须真诚地道歉。

4. 他必须承认邻居有权因**为他的行为**生气，也就是说，他必须真正**接受他的行为造成的后果**。自己闯的祸，要自己承担苦果。他不能怪别人"为了一棵破树小题大做"，不能说"都过了那么久了，不该再提了"。道歉固然重要，但他必须承认，道歉只是开始，如果不能正视他给别人造成的损害，那么道歉也没有意义。

288

5. 他必须**承认他的行为造成的后果**。首先,他得赔偿经济损失。然后,针对邻居的刑事诉讼,他必须认罪,免得街坊四邻纷纷出面指证他。同时,他还不能扮可怜:"可怜可怜我吧,我砍倒那棵树只是因为它遮住了我家的院子,我却要赔那么多钱,我根本赔不起。"

6. 他必须**长期认真地弥补**。再多的钱也买不来那么一棵大树,他的破坏行为造成的影响无法去除。所以,他必须弥补。他需要去苗圃里买一棵健康的小树,把它种在邻居家的后院。此外,他还得给树浇水、施肥,精心呵护它,让它免于病害,坚持好几年。毕竟小树要很久才能养活。

7. 他还**不能要求别人原谅他**。他必须认识到,即便他做了我所说的这些,他的邻居仍然会伤心难过,他没有权利告诉别人多久可以忘记伤痛。因为这些伤痛都是他造成的。因为他承认了错误,别人可能会对他好一点,但是也没有必要喜欢他。邻居们可能永远不想和他做朋友——这不是他们应该做的。即便他们对他友好了一些,他也应该把别人的原谅视为善意,而不是应该的。

8. 他必须**始终友好地对待邻居**。比如,他不能五年之后又砍掉邻居的玫瑰丛,说"好啊,我以前是做得不对,但是我这五年来已经表现得够好了不是吗?你不能指望我成为一个完美的人吧"。让一个人别砍邻居家的花和指望他做个完美的人不是一个概念。

9. 他必须**放弃对邻居的消极态度**。他必须停止说他们的坏话,并且承认他不喜欢他们主要是因为他们没有姑息他、拒绝被他欺负,承认他们对他的敌意都是他造成的。

我和我的客户们讲这些的时候,问他们有没有不同意的地方。他们说这些要求都很公平,而且是必要的——前提是我们讲的是树和邻居的事。但是,当我把故事里的这些套在家暴伴侣的人身上时,他们就改变主意了。他们不愿意花力气去改,他们觉得床垫发霉了,换一条新床单就好了,生活还像以前一样继续。

这些步骤如何适用于家暴

方框中的内容总结了故事中的步骤如何运用到家暴者的改变过程上。

改变的步骤

1. **承认自己对现任或前任有过心理、身体家暴或性侵的历史。** 停止否认,停止将自己的行为造成的影响最小化,更别说自己不记得发生过什么。如果他继续遮掩他的行为,不管是欺骗自己还是欺骗别人,他就不能改变。

2. **无条件地承认家暴是不对的。** 他需要找出他惯于使用的辩护理由,包括他责怪你的理由,还要详细地说出为什么自己的行为不对,而不是为自己辩解。

3. **承认他的行为是他的选择,而不是失控的后果。** 比如,他承认,每次发生家暴事件时,他都一度允许自己实施家暴,而且他可以选择家暴的程度。

4. **承认家暴对你和孩子们的影响,并且能感同身受。** 他要详细地说出家暴的短期和长期影响,包括害怕、丧失信任、愤怒、失去自由和其他权利。而且他不能说在这个过程中自己受了多少委屈。

5. **承认他的控制性行为和权利感驱使的态度具有一定的模式。** 他需要详细地说出他使用过的家暴手段。同时他必须承认驱使那些行为的潜在信念和价值观,比如他觉得自己有被关注的权利、瞧不起你,或者如果他们的行为是被伴侣"挑起"的,他们就不用负责。

6. 在摒弃那些家暴行为和态度的同时，形成尊重人的行为或态度。比如，发生冲突的时候，认真听你说话；分担做家务和照顾孩子的责任；支持你独立。他必须承认，你拥有权利，而且你们的权利是平等的。

7. 端正你在他心目中的扭曲形象。他必须承认自己习惯关注和夸大对你的不满和你的弱点，并学会赞美你和关注你的优点。

8. 弥补他造成的伤害。他必须觉得，因为自己的家暴行为，他对你和孩子们有所亏欠。他可以坚持对你们好、支持你们，几年之内将自己的需求搁置一边；告诉那些被他误导的人，在关于家暴的事上，他撒谎了；把损坏的东西买回来；以及整理好其他被他的行为破坏的东西和事。（同时，他还要承认，他永远没办法完全补偿你。）

9. 接受他的行为造成的后果。对于那些因家暴而产生的问题，他不应该再抱怨或者责怪你，比如你失去了和他做爱的兴致，孩子们更喜欢你或者他不得不服缓刑。

10. 承诺不再出现家暴行为，并且遵守这个承诺。他不能提条件，比如，不能说只要你不提高音量他就不骂你。如果他退步了，他不能辩解说，"我已经好好表现了五个月，你不能要求我十全十美"，不能以为表现好一段时期就可以偶尔家暴。

11. 承认需要放弃自己的特权，并且说到做到。这就意味着放弃双标，不和其他女人搞暧昧，周末时不留你一个人在家看孩子，允许你表达自己的愤怒。

12. 承认戒除家暴也许是一辈子的事。任何时候他都不能说自己完成了，不能对你说"我已经改了，你却没改"或者说自己受够了听你说他家暴，"过去的已经过去了"。他需要面对一个现实，那就是他可能永远都要面对这个问题，而你要用很多年才能看到他改变的效果。

13. **无论过去和未来，都愿意为自己的行为负责。**他必须放弃认为自己无可指责的态度，并且愿意接受反馈和批评，一旦有所退步，要诚实面对，要为自己的行为及其影响负责。

跳过了任何一个步骤，家暴者都不可能做出持久的改变。有些步骤会比其他步骤容易些，比如，我的客户们会觉得道歉是一件非常容易的事。实际上，家暴者还可能把道歉穿插进家暴中，以致道歉变成他手里的另一件武器。他心里有一个未说出口的原则，那就是只要他道歉了，不管多么随意，多么不真诚，伴侣都应该满意。她不该再表现出任何形式的不满，也不该在任何地方对他有所要求。如果她多说了一句，他就立马回到家暴模式，大声冲她喊道："我已经说了对不起了！你可以闭嘴了！"

但是，即便是真诚的道歉也只是开始。我的许多客户做到了前三步：他们承认了大部分的家暴行为；他们承认家暴行为是出自选择而非失控所致；他们也道歉了。可是，到这里，他们就止步不前了。权利感仿佛在他们的脑海中咆哮："你已经放弃了很多，别再让步了。他们已经说服你承认所有的过错，尽管她至少有一半的责任，看她干的那些破事。她应该感激你向她道歉，那并不是一件容易的事。你能做这么多，算她走运了。换作别人根本不会理她。"他好不容易走出来，又被这个声音拖回泥沼中。

第四步要求家暴者承认伴侣有权生气。其实是指他要认真对待她生气的原因，认真思考，而不是像平常那样，把她的情绪激动当成借口，把她的意见硬塞回去。我解释这一步的时候，客户们看着我，好像我长了第三只眼似的。"我该怎么做？她吼我的时候，我应该坐着任由她吼吗？"我的回答是："其实，不只如此。你还应该反思她的意见并且认真地回应她。"然后，我们开始在课上进行练习。我问他们伴侣生气时都说了些什么，然后引导他们去理解伴侣生气的原因，并让他们承认伴侣有权为此生气。

继续后面的步骤。第六、第七步要求他为所做的事进行补偿。因为家暴，他欠下了一笔债，所以他要偿还。第八步要求他以后不再犯，不只要为过去的行为道歉，还要做到彻底和永远停止家暴。换句话说，他要真正改掉驱使他家暴行为和不尊重伴侣的态度。第十一步要求他放弃家暴赋予他的特权。在经历这些步骤的时候，有些客户克服重重困难，坚持了下去，而有的客户则拱手认输，又开始了家暴行为。

家暴者眼中的改变

为了引导客户战胜家暴，我心中得时时牢记一个事实，那就是他们会把平常的习惯、态度和操纵手段带到改变的过程中。所以，伴侣说要改的时候，女人会觉得像在坐过山车。当伴侣、法庭或家暴者课程要求家暴者的时候，他们通常会表现出这些态度：

· "改变的游戏和其他游戏如出一辙。"

家暴者能用他们的操纵手段制造一种假象。就如我们在第一章中提到的卡尔，他表面上在家暴者课程里认识深刻，可回到家里依旧会对佩吉说很难听的话，而且很快又会肢体虐待伴侣。有数不清的家暴者和伴侣分手后来参与我们的课程，希望我们为他们调解，可一旦得到自己想要的，他们就消失得无影无踪。他可能对他的伴侣说："我在家暴者课程上学到了许多，如果你让我搬回去，我会更加努力。"但是，一旦让他搬回去，他又开始找借口说：家暴者课程太贵了；他已经不需要去了；他不想和一堆"真正的家暴男"待在同一间屋子里，因为他和他们不一样，"我们之间只是有些小矛盾而已"。

·"我可以停止家暴，学会用非家暴的方式控制和操纵伴侣。"

从客户们的话中，我听出了这样的态度（大都是无意识的）："我以为你们会给我一些工具，帮我控制伴侣的疯狂行为。可你们并没有帮到我。"他所谓的疯狂行为，是指她的每一次反抗和她每一次对自己身份的捍卫。许多客户在加入家暴者课程的前几周就放弃了。他们回家后找各种借口，但真正的原因是，他们希望在家暴者课程上学到一种更委婉的办法，用来操纵局面，家暴者课程却要求他们尊重伴侣。

·"改正是谈判的筹码。"

家暴者常常用承诺改变来做交易，因为他认为伴侣也有错："如果你不在我看比赛的时候让我给孩子们收拾烂摊子，我就不再骂你'贱人'。如果你不再和异性朋友聊天，我就不骂你'婊子'。如果我心情不好的时候你不和我吵架，我就不把你推到墙上。"对他来说，这些都像是公平交易，可事实上，他是在要求一个女人牺牲自己的权利和自由来换取不被他家暴——这样的交易本身就是一种家暴。

·"我不介意改变一些行为，只要不让我放弃那些我最珍贵的态度和行为。"

在参加家暴者课程的前几个月，我常常会发现家暴者特权的核心，它们就像他领地上的后方堡垒。他可能会放弃一些前方的位置，但他已经在这周围垒满了沙袋，准备打一场持久战。比如，我的客户可能会同意不再频繁地打扰伴侣，不再主宰每一次吵架，但是如果我告诉他他也需要照顾孩子，即便在足球赛季也要如此，他就不会答应。如果尊重伴侣需要使他离开他的后方，那么他宁愿继续家暴。也许有的客户会同意不再把钱全花在自己身上，可是，如果我让他改掉拈花惹草的老毛病，他就会觉得损失巨大，从而放弃。

一个没有放弃核心权利的家暴者是改不了的。这点最容易被人们忽视。这种男人取得的进步只是一种幻觉。如果他保留了欺负伴侣的权利，哪怕只是一项，那么也是保留了家暴的选择。一旦他保留这种选择，就会渐渐回到家暴模式,直到之前的控制行为重新升级。

家暴者将自己和他们的特权紧紧地联系在一起,他们后来发现,与伴侣享有同样的权利和义务,生活在同一层面上几乎是一件难以接受的事。他们憎恨那些要求他们改变、指控他们虐待的女人,因为她们要让他们放弃享受。但是,除非他们愿意放弃那种特殊地位,不然就无法改变——这也是他们参加家暴者课程要做的重要的事情之一。

在我看来,要帮助家暴者改变,就必须帮他度过那个坎。比如,我会告诉他,他可能会产生一些愧疚感,当这种愧疚感出现的时候,他的权利感会让他想要倒退回去。当他开始保留一些家暴行为,责怪他的伴侣或者替自己不值的时候,我就会提醒他。我必须帮他认识到他家暴行为的真正动机。总之,我得帮他改掉对伴侣和子女缺乏同情的毛病,逼着他去理解那些被他伤害之人的感受。家暴者无视自己给别人造成的伤害,我的任务就是要剥夺他们的这种特权。如果他愿意将这个漫长而艰难的过程进行到底,他才有可能改变。

如何看待一个家暴者说自己会改

> 问题19:
> 我怎么知道他是否真的在改?

一个家暴者是否真的有进步,在这点上,被他虐待的女人最有发言权。家暴者参加了我的课程的几周后,他的伴侣会打电话来,焦急而又渴望地问:"他表现怎么样?你觉得这个课程对他有用吗?"她希望家暴专家认真了解她的伴侣,判断他是否真的能改。可是我做不到。我得把判断的任务交回给她。

只有你才能判断你的伴侣是否改了。有的家暴者参加了我的课程,在课上是模范生,知道了该怎么做,表现出的情感也没有问题,可是,当我问他的伴侣时，才发现他回到家后家暴行为照常发生，甚至变得更糟糕。还有些人，在课上脾气很差，回到家后，行为却有显著的改善。客户们在我面前的表现其实并不重要。

判断家暴者是否会发生长远改变的时候要记住两点：

1. 除非他认真对待自己的优越态度，否则他不可能改变。从长远看，表面上的变化并不会带来任何未来的希望。
2. 他对你多么好并不重要，因为几乎所有的家暴者都有好的时候。重要的是看他是尊重你还是强制你。

记住这些基本要点，你可以根据以下这些问题来判断他是否真的会改。我们希望答案是肯定的：

在你和他意见大不相同的时候，他是否学会了尊重你的意见？

是＿＿　　否＿＿

他是否接受你向他表达愤怒的权利，尤其是在涉及他虐待你的问题上？

是＿＿　　否＿＿

他是否尊重你的自由和独立的权利？是否不再限制你交友，不再要求知道你去了哪里、和谁在一起？

是＿＿　　否＿＿

他是否已经停止找借口，不再把他对你的虐待归咎到你身上？

是＿＿　　否＿＿

他在性方面，是否表现出了对你的尊重，是否不再对你施压？

是＿＿　　否＿＿

他是否不再和其他女人调情，不再做出一些让你担心他会出轨的行为？

是＿＿　　否＿＿

吵架的时候，他是否会认真听你说、不打断你，然后认真地对你的观点做出回应，即便他不喜欢这些观点？

是＿＿　　否＿＿

你是否可以随便抱怨，不管你提新账还是旧账，他都不会报复你？

是＿＿　　否＿＿

他是否不再把他的家暴行为当成意外事件，并开始承认他利用家暴行为控制你？

是＿＿　　否＿＿

他是否认真对待你提出的不满，并且实实在在地做了些什么（比如，改变对待孩子们的方式）？

是＿＿　　否＿＿

在交谈和争论的时候，他的控制性行为（比如冷嘲热讽、翻白眼、大声叹气、顶嘴、用很凶的语气和你说话或其他不尊重你的行为）是否大大减少或者没有了？

是＿＿　　否＿＿

你抱怨他再次出现控制性行为的时候，他是否听进去了，并且努力改正？

是＿＿　　否＿＿

他的行为是否前后一致，他是否能为自己的行为负责，不用你时时提醒也能考虑到自己的行为会对你产生什么影响？

是＿＿　　否＿＿

他是否明显没那么苛刻、自私和以自我为中心了？

是____ 否____

他在钱方面是否公平、负责，比如允许你保留自己名下的财产？

是____ 否____

他是否停止了那些你认为是威胁和恐吓性的行为？

是____ 否____

他在做家务和带孩子方面的贡献是否明显变大了，是否不再认为你做家务是理所应当的，或者像对待仆人那样对待你？

是____ 否____

他是否支持你提高自己的能力，而不是搞破坏？

是____ 否____

你们是否有过激烈的争吵，而且在这次吵架中，他是以非家暴的方式和你争吵？

是____ 否____

对于以上问题，如果你都回答"否"，表明你的伴侣还需要改进。如果他决心改变，便会认真对待你，当你说出你的担忧，他会承认自己仍须改进一些态度和习惯。如果他已经做出了一些改变，但发现你还不满意，便表现得不耐烦或对你百般苛责，那这就是一个信号，说明他的家暴行为不久将卷土重来。根据我和家暴者打交道的经验，一些小的或不大不小的变化通常会随着时间流逝而消失。真正能保持进步的是那些彻底改变的人，尽管这个过程很漫长。因此，当你打算与一个曾虐待过你的人重新在一起时，你对他的要求要比对无虐待前科的伴侣的要求更高。有时候，某个女人跑来对我说，她的伴侣变得更好了。其实他什么都没做。他没有骂她、吓唬她，但他也没有花时间和她在一起、陪她说话，或向她表示任何爱意。他只是通过疏远来避免家暴。我的一个客户的伴侣对我说:"他好像有两个齿轮:愤怒和中立。"

疏远可能比逃避更加糟糕,这可能是在惩罚你,因为你要求他改变对待你的方式,且态度坚定。我的一些客户一旦意识到伴侣不会再容忍他们的虐待,就会离开她们。然而还有一种更典型的做法,那就是原地不动,让公然敌对变为被动攻击。他知道什么都不做比做些什么对你的伤害更大。

前面的问题可以帮助你区分家暴者是真的改了,还是正在经历"好"的时期。如果你的伴侣真的在放弃家暴的路上,你会注意到他与以前大不相同。我那些成功改掉家暴行为的客户的伴侣说,她们感觉就像和另一个人在一起生活,现在她们感觉到了更深层次的变化,是那种态度上的真正转变,而不只是他用以缓和关系的表面的甜言蜜语。

家暴者没有改变的明显标志

家暴者的一些言论和行为可以很清楚地表明,他没有进步:

- 他说只要你也改,他就改。
- 他说只要你"帮"他——给予他情感支持,让他宽心,原谅他,还有花很多时间陪他——他就会改。意思就是,他希望你放弃一切暂时离开他的计划。
- 他指责你没有注意到他已经改了很多了。
- 他指责你不相信他会持续改变。
- 他指责你把他想成那种会家暴的人,即便他以前确实家暴过(或者威胁说要打你)。好像他觉得你应该认为他"绝不会做那样的事",即使他曾经做过。
- 他让你想起他曾经做过现在却不做的那些事,这相当于一种巧妙的威胁。

- 他对你说，你考虑得太久了，他"等不及"了，这其实是在向你施压，让你不要花时间去想，不要去估计他到底有多愿意改。
- 他说，"我在改了，在改了"，但你并不觉得。

对自己诚实

你要对自己诚实，才能正确判断你的家暴者伴侣是否有望改变。因为你爱他，或者你和他有孩子，或者其他原因，离开他会很困难，所以，他最终做出的小小让步可能会让你充满希望。如果他5年或20年都没有改变，然后终于改变了一点，心累的你就会想：嘿！改了一点了！这就是进步！你可能打心底里希望忽略掉所有表明他的态度和策略丝毫没改的迹象。当心被他骗了，当心被自己骗了。数十名受虐女性曾伤心欲绝地对我说："我多希望能收回那些浪费在他身上、等他解决自身问题的时间。"别再让这样的悲剧发生在你身上，而最好的做法就是坚持要他完完全全地尊重你。

进行伴侣治疗的家暴者

试图通过伴侣共同治疗的方法来解决家暴问题，就像用错误的方式拧开螺母，只会越拧越紧。伴侣治疗的目的是解决共同的问题。它可以有效地克服沟通障碍，解决影响双方关系的童年问题，或者建立亲密关系。但在有家暴行为的情况下，就无法实现这些目标。如果一方不尊重另一方，极力避免平等，就不可能有积极的沟通。当你在感情上没有安全感时，就跳不出之前在感情上受到的伤害——因为你在感情上没有安全感。如果你成功地与虐待你的伴侣建立了更亲密的关系，你很快就会受到比以前更严重的伤害，因为你们的关系越亲密就意味着你越脆弱。

伴侣治疗给家暴者和受虐女性都传递了错误的信息。家暴者认为他的伴侣是在"触碰他的底线"和"激怒他"，她需要调整自己的行为，避免给他造成困扰。他一直以来都是这么以为的。但其实,家暴者的改变过程正好相反,他们必须完全摆脱这种想法——他们的家暴是伴侣导致的。家暴者也必须停止关注自己的感觉和伴侣的行为,而要关注伴侣的感觉和自己的行为。伴侣咨询会让他们停留在前一种方式。事实上,对一些治疗师来说,感觉才是最重要的,而事实无关紧要。在这种情况下,治疗师可能会对你说:"可他也觉得被你虐待了。"不幸的是,一个家暴者越确信自己受的委屈和你的差不多,他克服这种态度的概率就越小。

伴侣咨询传递给你的信息是:"你可以通过改变你对家暴者的行为来改善他对你的行为。"坦率地说,这样的信息是骗人的。家暴不是因为你们的行为互动不好引起的。你无法通过改变自己的行为来控制伴侣的家暴行为,但他希望你认为是这样。他对你说,或者引导你认为,"如果你不再做那些让我心烦的事情,更好地照顾我的需求,我就不会家暴"。这根本无法实现。即使这个方法有效,即便你可以通过满足他的要求来阻止他家暴,这是一种健康的生活方式吗?如果在一段关系中,你总是在努力避免他家暴你,你还愿意维持这段关系吗?如果你们真的存在一些问题,需要进行共同治疗,那就等着,等他彻底停止家暴后两年。这样才能真正解决你们的共同问题。

我最近读到一本专业书籍,强有力地证明了伴侣共同治疗是如何助长家暴者的不良行为的。治疗师让双方达成协议,男方停止家暴行为,作为回报,女方不能再把朋友看得那么重要,"因为她的友谊让婚姻陷入危机"。实际上,治疗师帮助这名男子利用暴力威胁达到了目的,切断了他伴侣的社会关系,切断了对她来说很重要的支持。治疗师所描述的自愿协议实际上是强制的,尽管这本书的作者并没有意识到这一点。

对受虐女性来说,伴侣治疗可能最终会是一次惨败。她越是坚持解决伴侣的家暴问题,就越可能发现治疗师蔑视地对她说:"看起来你决心要把所有的责任都推到他身上,并且拒绝反思自己的问题。"因此,治疗师无意中支持了家暴者的态度,受虐女性被迫面对另一种必须为自己辩护的情况,而她其实最不需要这样做。我遇到过很多这样的案例,治疗师和家暴者最终站成一队，受虐女性又遭到一次心理打击。在这种情况下，大多数治疗师本意是好的，但不明白家暴的情况，让家暴者左右了他们的认识。

治疗师在场，你便有勇气向你的伴侣敞开心扉，说一些你平常不敢说的话。但这并不一定有用，家暴者可能会报复你。之后，他可能会对你大喊："你在治疗师面前羞辱我，让我看起来像个坏人，那么隐私的事情你也往外说！"然后不停地责备你，你可能会后悔把那些话说出来。

一个叫艾琳的受虐女性公开讲述了自己的故事：她和丈夫昆汀进行夫妻治疗已经有六个月了。有一天，治疗师对他们说："治疗好像进行不下去了，我想我知道为什么。艾琳，我觉得你应该放开一点。"艾琳觉得治疗师说得对，她每周过来都没有说什么。所以，她决定冒险一试。她向治疗师讲述了昆汀对她的虐待，其中包括多次身体暴力，她也因此变得情绪低落。昆汀看起来很触动，他很震惊，两眼发红，好像随时都能哭出来。"我确实一直在否认自己的暴力行为，"他告诉治疗师，"而且我还没有正视它们对艾琳的严重影响。"这时候，治疗师认为重要的障碍已经克服了。他说："我认为我们的治疗开始有效果了。"

治疗结束后，在回家的路上，昆汀一只手握着方向盘，另一只抓着艾琳的头发，不停地将她的头往仪表盘上撞，还大声吼道："我告诉过你他妈的不要跟任何人说这件事，你这个贱人！你答应过我的！你他妈的是个骗子！"还有类似骂人的话。听了艾琳的讲述后，我再也不敢低估共同治疗对受虐女性的伤害。

如果你的伴侣只愿意参加共同治疗——因为他要确保自己可以把问题归咎于你——你可能会想，好吧，这总比不治疗要好，也许治疗师会看到他所做的事情，并说服他去寻求帮助。但即便治疗师认为他有问题——这种情况并不常见——他也会说："是你伙同治疗师和我作对的。"任何人指责他，他都是这种态度。

一些治疗伴侣关系的专家曾对我说："我在治疗一些存在家暴关系的夫妻之前，会坚持要求双方达成明确的协议，即他们在我这里接受治疗期间不会出现任何家暴行为，而且无论一方说什么，另一方都不能报复。"不幸的是，这些协议毫无意义，因为家暴者认为自己没有义务遵守它们。事实上，我接触过的每一个家暴者都会觉得，如果有"足够好的理由"，他们就有权食言，比如伴侣把他们惹恼了。在美国和加拿大，越来越多的治疗师拒绝对家暴者进行伴侣治疗，这是负责任的行为。

进行个人治疗的家暴者

我的客户参加的心理治疗越多，他的工作就越难做。被过度"治疗"的家暴者往往圆滑、居高临下、操纵性强。他会用他学到的心理学概念来剖析伴侣的缺点，并无视她对于家暴的看法。他对自己所做的事丝毫不负责任。在他的世界里，只有互动不够、误解和象征性行为。他希望自己在情感上的开放态度能得到回报；希望伴侣小心翼翼地对待他，因为他很"脆弱"；希望有人能与他共谋，好让他逃避对伴侣造成的伤害，并对自己的观点感到自满。许多年前，在我的课上，一个家暴者对我们讲述道："通过治疗我对母亲动怒的问题，我意识到，当我打我的妻子时，我打的并不是她，而是我的妈妈！"他往后一靠，准备让我们对他的这种意识表示赞许。我的同事透过眼镜看了看那个人，无动于衷地说："不，你打的是你的妻子。"

我至今没见过哪个家暴者通过心理治疗后，对待女性伴侣的行为发生了任何有意义和持久的变化，无论他获得了多少"观点"——大部分是错误的。事实是，如果家暴者找了一个特别有经验的治疗师，如果治疗特别成功，他会变成一个快乐的、适应良好的家暴者——这对他来说也许是好消息，但对他的伴侣来说就不是好消息了。心理治疗对于它针对的问题来说很有用，但是对家暴来说并非如此。我们会发现，家暴者需要进行专门的治疗。

家暴者课程

改变家暴者通常需要四个要素：(1) 后果；(2) 教育；(3) 对抗；(4) 问责。第一项：后果，主要通过家暴者失去一段感情（如果不是永久的，至少也是暂时的），或者通过法律制度体现出来——如果他犯下了任何与家暴有关的罪行，比如威胁或攻击。除此之外，他在生活中也可能会遭到其他人的批评和反对。

家暴者课程负责第二项和第三项，向家暴者提供有关家暴的教育，并直面他的态度和借口。优质的家暴者课程与治疗完全不同。关键的区别在于：

・治疗的重点在于关注男人的感觉，并给予他同情和支持，不管造成这些感觉的态度有多不合理。相反，家暴者课程则关注家暴者的思想。家暴者课程主要关注伴侣和子女的感觉，而不是家暴者的。
・治疗几乎没有规定，或者根本没有规定男人在治疗期间可以做什么。家暴者课程要求家暴者停止所有身体暴力和威胁，并减少言语攻击和其他形式的心理虐待，否则他就不能留在课上。
・家暴者的治疗师通常不会找受虐女性交谈，而优质的家暴者咨询顾问一定会找家暴受害者了解情况。
・治疗通常解决不了家暴的核心原因，包括权利感、强行控制、不尊重、优越感、自私和责备受害者的态度。一个家暴者课程应该涵盖所有这些问题，事实上也应该把它们作为主要关注点。
・家暴者课程旨在向家暴者提供有关家暴的教育，指导他如何将这些观点应用到自己的生活中，并否定他的态度和借口。很少有治疗师能做到这些。

与此同时，相比其他课程，家暴者课程并不是有什么魔法。参加家暴者课程后生活发生重大变化的人，是自己选择参与该课程的，而不是坐等该课程来"帮助"他,不是像往常一样等待别人来为他服务。那些成功的客户在参加家暴者课程的过程中既没有不停地和咨询顾问争吵,说他们无知、白痴,也没有一面说这个课程让他看到了光明,一面虚情假意地讨好他们。他每周都带着认真的目的而来,实践他学到的东西,并直面他给别人造成的伤害。

遗憾的是,大多数家暴者选择不参加这项课程。这并不是说他们不能改变(任何没有严重精神疾病的家暴者都可以改变),而是他们不愿改变。他们会在头脑中进行一种成本收益分析,结果得出继续控制伴侣的回报大于成本。于是他们认为,咨询顾问呈现给他们的观点令他们不舒服,太强人所难,并且冒犯了他们引以为傲的、对每件事的确定感——至少是有关女性伴侣的每件事。

在这一章的后面,我将提供一些建议,告诉你如何增加你的伴侣克服家暴的可能性。但请记住,最终的选择在于他。"牵马到水边,逼马饮水难",这句话放在这里再合适不过。

我怎么知道他参加的家暴者课程好不好?

对家暴者课程的第一个测试是:工作人员的主要目标是帮助你还是帮助他。负责任的课程会把受虐女性当成主要客户。他们应该提供给家暴者的唯一"帮助"就是教育他和指出他错误的家暴态度和行为。另一方面,家暴者可能还有很多其他的目标——与你复合,拥有更多探视孩子们的机会,减少抚养费,或逃避犯罪指控。但是家暴者课程不应该在这些方面帮助他。受虐女性最不需要的就是更多的人帮助家暴者来对付她。

负责的家暴者课程应该做这些事:

- 你的伴侣参加家暴者课程后,他们应该第一时间联系你,询问你有关他家暴的历史和他是否有药物滥用的情况,还会告诉你去哪里寻求对受虐女性的帮助。

- 提醒你只有少部分家暴者会做出持久的改变,有的家暴者参加了家暴者课程后情况还会变得更糟。
- 告诉你他参加家暴者课程必须遵守的规则。
- 向你描述家暴者课程中会涉及的主题,并且应你的要求向你提供尽可能多的细节。
- 根据你的要求向你提供他在家暴者课程中的参与情况、他在课程中表现出的态度,以及你想知道的他在课上的任何言论。他们不应该答应替他保守关于你的秘密。
- 课程的大部分时间要用来讨论家暴的核心态度和行为问题(如第三章所述)。

此外,你还应该获得该课程关于家暴者的所有书面报告的副本,比如法院报告。这些报告应包括:

- 全面描述你的伴侣在家暴者课程上承认的一切家暴行为,包括心理虐待、性强迫和暴力。
- 所有关于改变的失败尝试。(见本章前面方框里的内容)

你应该注意以下几点,它们是家暴者课程不起作用的标志:

- 咨询顾问没有联系你,也没有告知你家暴者课程的局限。
- 他们告诉你他真的在改,而且他在家暴者课程上的表现很好。(他们应该知道,重要的不是他们看到了什么,而是你看到了什么。许多家暴者在家暴者课程上演得很好。)
- 他们想让你参加伴侣治疗,建议你放弃限制令,鼓励你和伴侣沟通,甚至替他说话。
- 他们通过他向你传递信息。
- 他们在小组会议上似乎花太多时间教他辨认自己的感觉,教他运用冲突解决技能，教他更好地管理愤怒，或者解决一些不会影响他潜在观点的问题。
- 他们的书面报告很模糊，没有写明改变的步骤，没有写明他还需做些什么，过度乐观地认为他有望改变。

我知道一个女人让她的伴侣参加家暴者课程有多难。我多希望在她完成这一步后，我能告诉她，一定有办法让他变好，但事实并非如此。很大一部分家暴者宁愿固步自封。我认为自己是一个家暴方面的优秀顾问，我对家暴者很有耐心，我是以教育者而非严厉的批评者的身份来对待他们的。同时，我能认出他们的操纵手段，我知道他们的问题在哪里，我不允许他们愚弄我。我曾与我认为比我更有经验的同事共事，并从他们那里学到了很多东西。但即使是最优秀的咨询师也会说同样的话：家暴者更多的是保持不变或变得更糟，而不是发生质的改变。一个负责任的家暴者课程鼓励的是那些想要认真改变、乐观中带着谨慎的人。

如果你的伴侣或前任加入了家暴者课程，我建议你仔细查阅该课程的资料，多问问题，提出自己的主张，以确保家暴者课程提供必要的帮助。与此同时，继续向前生活，专注于你自己的治愈过程，而不是家暴者的改变过程。等待他尊重你可能会阻碍你的成长和发展。不要丢了自己。

创造改变的环境

家暴者不会因为感到内疚、突然清醒或找到上帝而改变，也不会因为看到孩子们眼中的恐惧或感觉到他们渐渐离他远去而改变。他不会突然明白他的伴侣应该得到更好的对待。因为家暴者以自我为中心，加上他从控制你中得到了许多好处，他不会轻易改变，除非到了必要的时候。因此，创造改变的环境，最重要的就是要让他别无选择。否则，他几乎不可能改变家暴行为。

一旦家暴者取得了实质性的进步，他维持这些变化的动机往往是内在的。但其最初的动力一般是外在的。要么是伴侣要求他改，不然就离开他；要么是法庭要求他改，不然就逮捕他。我从没见过哪个家暴者主动地认真面对自己的家暴问题。那些没有人逼他们、自愿参加咨询课程的家暴者，上了几次课也就放弃了，除非他们找到一个可以操纵的咨询顾问。

> **问题 20：**
> **我如何帮助我的家暴者伴侣改变？**

创造改变的环境还包括以下因素：

1. 让他看到继续家暴的后果。如果你伴侣的家暴类型是身体暴力、威胁或性侵，你可以运用法律对他实施制裁。有时候，离开他或许比运用法律手段更有用，这取决于他是什么样的人，以及你所在地区的法庭和警察是否尽职尽责。要让家暴者改变，你要么准备好离开他——在确保安全的情况下——要么寻求警察和法庭的帮助。
2. 让他清楚地知道你希望他如何对你，特别告诉他什么需要做，什么不能做。
3. 把重点放在治愈自己、提高自己的能力上，让他感觉到如果他不改变，你就打算向前生活。

我很遗憾地告诉你，你是无法通过恳求、安慰、温和地引导、让朋友劝说或运用其他非对抗性的手段让一个家暴者改变的。我见过成千上万的女人运用这些手段，都以失败告终。你唯一能帮助他改变的方法就是要求他这么做，没有任何条件可讲。

告诉家暴者改变对他有好处，以此说服家暴者去改是不可能的，因为他认为控制伴侣的利远大于弊。这就是为什么许多家暴者一开始会着手改变，但后来又被打回原形了。还有一个原因：家暴者的核心问题在于他认为自己的需求应该高于伴侣的需求。因此，无论是谁告诉家暴者，他应该为了自己而改变，其实都是在无意中助长他对自己的关注。你不可能在促成一个问题的同时解决它。那些能做出持久改变的家暴者之所以能持久改变，是因为他们意识到自己对伴侣和孩子造成了严重的伤害——换句话说，是因为他们学会了关心对他人有益的事，学会了共情，而不是只关心自己。

把离开家暴者作为一种促进他改变的方式

像我在第九章"安全地离开家暴者"中所说，和一个家暴者分手，或是决定分开一段时间，都需要谨慎行事。如果你觉得自己可以离开，你的离开会给你的伴侣提供动力，让他审视自己的行为。如果你们分手后还希望能够复合，可以考虑以下建议：

- 如果分手后还打算联系，那么你要想清楚，你希望如何进行联系。最好是不要联系。如果你经常和他说话，经常看见他，你会发现自己很难保持清晰的思维，因为你会更加想念他、同情他，被他的承诺和魅力所吸引。偶尔的接触不仅对你不好，对他也不好。这会助长他对自己问题的否认，让他以为可以运用惯用手段来逃避自身的问题。

  如果你觉得确实想保持一定的联系，要把具体的情况考虑清楚。他可以给你打电话吗？还是只能你主动联系他？他可以给你写信吗？如果你们要见面，在哪里，什么时候，多久见一次？

- 一旦你对上述问题有了决定，就明确地告诉你的伴侣你希望以怎样的方式联系，让他知道**你希望他尊重你的意愿**。告诉他，如果他真的想改变，那么他向你证明的第一步就是给你想要的空间。
- 尽可能久地远离他。在这段时间里，从朋友、亲戚、宗教团体或任何你可以信任的人那里获得支持，在他们的帮助下保持坚强。如果你所在的地区有受虐女性帮助计划，就去参加，即使你的伴侣从未有过暴力倾向。给自己尽可能多的时间来治愈情感上受到的伤害，理清头脑。

　　分开的时间要长到足以让他感觉不舒服，从而促使他做出改变。他之所以不舒服，是因为开始意识到，也许没有他你真的可以活下去。另一方面，如果分离时间太短，他会认为你离不开他，所以他就不用受到任何惩罚。你要做好分开期间他可能和别人约会的准备。这种情况很常见，他以此来测试你的勇气，动摇你的决心，让你与他复合。他的新恋情不太可能长久，所以你还是忍着点吧。

- 如果你决定和他复合，你自己要清楚，也要让他明白他得遵守哪些行为规则。当他第一次违反某一条规则时——他大概率会违反的——必须再分开一段时间。你的伴侣不相信你会对他的行为设限，你得证明他错了。他可能会在你们搬回去一起住的第一天就考验你，或者会等上两年。但这一天终会到来，所以你要准备好应对。

- 下次分开的时间应比第一次长，以便给你的伴侣一个明确的信息，激励他做出改变。如果在第一次分开期间，你偶尔会和他联系，那么这一次，你可以几个月不联系他。和往常一样，努力让自己变强大。结交新朋友、锻炼身体、做些艺术工作，或者做其他你喜欢的事，这些都能让你感觉生活在向前。如果你出现了酗酒或其他问题，去寻求该有的帮助。你拥有的空间越多，就越不能忍受家暴，你的（前）伴侣也就越难欺骗你。

　　你是否注意到有些人在休假回来后不久就辞职了？我们每个人都曾在不愉快的环境中长时间忍耐着，但当我们离开了一小会儿再回来，自由的味道就会改变我们的观点。原来的小痛就变成了无法忍受的大痛。这同样适用于家暴受害者。如果你给自己足够长的时间来品味生活，而不是一直被打击，你可能会想，**还回去吗？为什么要回去？也许我永远不会停止爱他，但至少我可以在一个他不会伤害到我的距离上爱他。**

- 如果他没有认真打算结束对你的家暴，那么终有一天你会准备好结束这段关系。也许现在看来,你想象不到会有那么一天。所以,继续向前生活就好了。尽可能专注于自己,追求自己的目标,做自己喜欢的事。太过努力地让你的伴侣改变是行不通的。这样做会让你沉浸在家暴中,因为家暴者巴不得你把心思都放在他身上。把大部分的时间和空间留给自己,分一小部分给家暴者就好了。

只有当你向他或自己证明了没有他你也能活下去的时候,家暴者才会处理自己的问题,你才能和他在一起。一旦你成功地做到了这一点,你可能还会发现,自己宁愿不和他在一起。保持开放的心态,确保你没有在他修剪的基础之上再剪掉自己的翅膀。我曾遇到过一位幸运的女性,她的伴侣确实做出了深刻的改变。她却发现他的改变已经不重要了,因为她自己成长了,不再需要他了。所以,最基本的原则就是做对自己最有利的事。

哪一类家暴男最有可能改变?

要预测这点很难。我有一些客户,他们一开始很积极、表现很好,但随后几个月就被打回原形了。还有一些人,他们一开始脾气暴躁、接受很慢、比较固执,几个月后却脱颖而出。

我发现那些能做出深刻而持久改变的家暴者身上有这些特点:

- 他的亲朋好友知道他有家暴方面的问题,并要求他解决这些问题。他们支持受虐女性,而不是他。我遇到过很多家暴者的亲朋好友认可他的借口,鼓励他不尊重女性的情况,这让我的工作很难做。
- 相比其他家暴者,他没那么以自我为中心。对于自己给伴侣带来的痛苦,他在早期往往会表现出比其他家暴者更多的同情心,而且他的同情很真诚、不做作。另一方面,那些高度以自我为中心的家暴者认为自己无可指责,认为自己的意见和观点是最权威的。那么,谁还能说服他,让他相信自己的行为残忍而自私呢?

- 他的伴侣得到了亲朋好友、宗教团体或法律制度的明确支持。被家暴不是她的错，她所在的社群会百分之百支持她——她接收到的这样的信息越多，就越有安全感，会越强烈地去争取家暴者的完全尊重。
- 他参加了一个优质的家暴者课程，并坚持了很长时间——大约两年。

但是，即便在所有这些条件都满足的情况下，他是否能取得进步，还取决于他是否愿意认真而严肃地作出每一步改变。

记住重要的几点：

- 你无法让一个家暴者改变，也无法帮他改变。你能做的，只是创造改变的环境，剩下的在于他。
- 只有你才能最好地判断他是否真的开始尊重你和你的权利。不要让别人的意见高于你的意见。
- 家暴者的变化一点都不模糊，它非常清楚。运用本章的信息判断他是真的有所改变，还是只是做样子。
- 家暴者的改变不只是"管理好愤怒"，他还需要完成更困难的任务，那就是改变他的"权利感"态度。
- 你首先要做的事就是让自己痊愈，让孩子们痊愈。
- 家暴就像一根毒漆藤，蔓延广、根系深。拔去表面的东西并不能根除它。还得从根上下手。这里的根就是指家暴者关于伴侣关系的态度和观点。

第十五章　创造一个没有家暴的世界

> 我加入了一个帮助小组。和能懂我的人聊天感觉太好了。
> 我在工作中遇到一个男人,他说我伴侣的行为是家暴。
> 我真的很感谢我的朋友和家人。他们给了我很多帮助。
> 我对我的儿子说,如果他再骂女孩"贱人",我就不许他出门。
> 我女儿的老师问我家里一切都好吗。我骗她说:"都好。"
> 终于有人发现了什么,这种感觉真好。

家暴就像一场旋风,从女人和孩子们头顶刮过,留下满地狼藉:自信被摧毁、失去了自由、发展停滞不前、恐惧、痛苦、经济破坏、羞辱、伤心、身体伤害、丑陋的监护权之争、妻离子散、母亲和孩子之间有了隔阂、困惑、兄弟姐妹之间互不信任、秘密和谎言。

没有哪个女人应该过这样的生活。她的孩子们也不应该。而且受影响的不只是妇女和孩子,每一个家暴受害者的亲人和朋友看着他们痛苦也会感同身受。跑来找我诉苦的不乏一些男性,他们不忍心看着他们的女儿、姐妹和母亲深陷痛苦之中,迫切地想找到帮助她们的办法。事实上,来找我的人,无论男女,他们的生活或多或少都曾受到家暴的影响。

近年来,我在公开演讲中越来越多地谈到家暴对儿童造成的影响。写这本书时,我正在给一群警察上培训课。休息期间,一个身宽体胖的年轻警察私下来找我说:"你说的这些事就发生在我成长的家庭里。我老爸就像你描述的那样,控制欲很强,每个人都怕他。就像你说的,他把我和妈妈分开了。但是随着年龄的增长,我们都看透了他,现在我和妈妈关系很好。"我告诉他,我很高兴他成了一名警察。这样,当某个家庭需要帮助时,他们就可以派一个能站在孩子们的立场、明白他们也是受害者的警察过去。

杜绝家暴，人人有责，就算不是为了我们自己，也要为了我们所爱的人。他们可能是家暴的目标、旁观者，也可能有朝一日他们发现自己陷入了一段家暴关系中。任何人，只要愿意，就能发挥重要作用，将家暴这个祸害赶出我们的家、我们的社区和我们的国家。

家暴是一个可以解决的问题。我们知道它从何而来，知道为什么家暴者不愿改变，知道怎样让家暴停止。家暴者擅长制造各种谜团和阴谋，当我们清除了烟雾，就会一目了然，就能明白什么是不道德的，需要如何改正。只需要我们头脑清醒、意志坚定。

本书中，我自始至终都在向受虐女性提出我的建议，教她们应对正在发生的事情，教她们找到安全感、治愈自己。我还有几句话要对她们说，但这一章的大部分内容都是针对所有愿为终结家暴尽一份力的人——无论男女老少，无论是否经历过家暴。

受虐女性可以做些什么

我向大家传递的主要信息是：家暴者扭曲了受虐伴侣的生活和思想，让她把注意力集中在他身上。因此，摆脱家暴旋风的主要方法是调整你的思想，把注意力放在自己和孩子身上。我希望这本书能帮你解惑，让你明白伴侣的心里到底在想些什么。现在来看看，你是否不再对他感到困惑，是否可以把精力转到走自己选择的路上。

本章的大部分内容都在讨论人们如何转变对社区中普遍存在的家暴行为的态度。如果没有做好准备，请忽略这些建议。如果你自己还深陷家暴关系中就去关心另一个遭遇家暴的女人，你可能会忘记自己也需要关心。那些事交给其他人去做吧，就如一本书中所说，你只需做"你自己生活中的英雄"就好了。在你所属的社区里将反家暴诉诸行动，对你来说可能是一种被赋予权利的、治愈性的活动。但如果开始得太早了也不行。当你准备好的时候自然就知道了。

在之前的章节中，我已经提出了一些实际的观点。这里，我还要补充一些想法：

- 不管用什么方式，都要寻求帮助。找到一个能理解你当前经历的人，一个可以信任、能帮你保持现实感的人。伸出你的手。
- 写日记将你的经历记录下来，当你的伴侣和你玩心理游戏或突然变"好"的时候，掏出日记来看，你就不会被迷惑。
- 远离那些对你没有好处的人，他们不理解你，只会说一些让你自责的话。
- 做一切你认为对你有好处、让你舒心的事。即便是那些伴侣控制欲非常强的人，也能抽出足够的时间去工作、上课、散步，或者只是思考。
- 尽可能不要去想你的家暴者伴侣。利用这本书来了解他当前的状况。你能说出并且了解他的套路就是一种力量。如果你知道他是怎么想的，就不会吸收他的想法，就能阻止它们爬进你的脑海。
- 如果没有立刻实现目标也不要责怪自己，比如，你又和他复合了。重新振作起来，再尝试。你最后一定会成功，也许下一次就成了。

如何帮助受虐女性

> **问题 21：**
> 我如何帮助正在遭受家暴的女儿、姐妹或朋友？

如果你想帮助那个正在遭受家暴的、你关心的女人，记住这个原则：**你的目标与家暴者的目标要完全相反。**

家暴者：向她施加巨大的压力。
你应该：多一点耐心。要知道，受虐女性需要时间来搞清楚状况。

关于什么时候该反抗他、离开他、报警或采取其他措施，要根据她的节奏来，你的节奏对她并无帮助。在什么时候采取行动这个问题上，你要尊重她的判断——家暴者就从来不会这样。

家暴者：用居高临下的语气和她说话。

你应该：和她平起平坐。避免语气中流露出任何傲慢或高人一等的感觉。其他专业人员也应该注意这一点。如果你和受虐女性说话时，表现得好像你比她聪明睿智，或者她所经历的事永远不会发生在你身上，那么你就无意中证实了家暴者的观点——她比他低一等。记住，行动胜于言语。

家暴者：觉得他比她自己更清楚什么是对她好的。

你应该：让她做自己生活的专家。别以为你知道她需要做什么。有时候，我会给受虐女性一些我认为完全正确的建议，可事实证明，在那种特定的情形下，我的建议非常糟糕。你要问她她觉得什么方法有效，不要给她施加压力，提供一些建议就好了，至于为什么有些方法不管用，你要尊重她的解释。不要告诉她该做什么。

家暴者：主导谈话。

你应该：多听少说。让她相信他是个"浑蛋"，分析他的动机，把本书中的话说给她听，这些都可以。但是说太多会无意中让她觉得你的想法比她的更重要，家暴者就是这么对她的。如果你想让她重视她自己的感觉和观点，那么你必须让她看到你很重视它们。

家暴者：认为他有权控制她的生活。

你应该：尊重她的自决权。她有权做出与你完全不同的决定，有权决定是继续和家暴者在一起，还是分开一段时间又回到他身边。如果你表现得好像她的生活是属于你的，你就无法让她相信生活是属于她的。即便你不喜欢她的选择，也要留在她身边。

家暴者：认为他比她更了解孩子们和他们的需求。

你应该：假设她是一个能干的母亲，她很关心她的孩子。请记住，对受虐女性的孩子们而言，没有简单的方法可以判断什么是对他们最好的。即使她离开了家暴者，孩子们的问题也未必结束。有时候，家暴者在分手后反而给孩子们制造了比以前更严重的困难。除非你对她面临的复杂情况有比较实际的了解，否则你无法帮助她为孩子们找到最好的路。

家暴者：替她想。

你应该：和她一起想。不要把自己当成老师或拯救者，而是和她组成一个相互尊重的、平等的团队。

注意，站在家暴者的对立面，并不仅仅意味着说和他相反的话。如果他求她"别离开我，别离开我"，而你站在另一边纠缠着她说"离开他，离开他"，她会觉得你和他没什么两样。你们都在强迫她接受你们的判断，谁都没有问过她"你想怎么样？"。

消除自己的挫败感

因为受虐女性获得权利和痊愈是一个漫长的过程，那些陪伴她的人可能会经历一些慢慢失去耐心的时期。他们会把自己的挫败感发泄在这个家暴受害者身上，"好吧，如果你这么看轻自己，选择继续被家暴，那我也不用陪着你了"或者"如果你关心他比关心你的孩子多，你和他一样有病"。我理解你为什么会生气，但也不能因此不管她了。你发飙所传递的信息是，你觉得被家暴是她自找的，而这正是家暴者想要告诉她的。你最不该支持他的观点。

那些希望帮助家暴受害者的人所犯的最大错误之一，就是以其是否离开家暴者伴侣来衡量他们是否成功。如果这个遭遇家暴的人觉得不能或还没准备好结束这段关系，或者她在分开一段时间后又回到他身边，那些试图帮助她的人往往会觉得他们的努力白费了，并把这种挫败感归咎给受虐女性。衡量他们是否成功的一个更好的标准是，你是否尊重这个受虐女性管理自己生活的权利——家暴者就没有做到这一点——以及你是否帮她找到了增加安全感的办法。如果你专注于这些目标，就不会那么沮丧，还会成为她更有价值的资源。

你感觉快失去耐心时，可以试一下这个心理练习。想想你自己的生活，想一些你难以解决的问题。也许你很难找到自己真正喜欢的工作，也许你有体重问题或其他健康问题，也许你想戒烟，也许你对目前的恋爱关系不满意，或者不想单身。再想想，这个时候，你的朋友或亲戚突然跳出来告诉你面对困难时应该怎么做，这有多大帮助？他们是否不了解当中的复杂性，提出了一些看似简单的办法？当你不愿意采取他们的建议时，他们是否变得不耐烦了？你对他们的不耐烦是什么感觉？

别人的问题似乎总比我们自己的问题简单。以"如果我是你，我会……"开头的话很少会有帮助。比如，当人们开始把他们的办法强加给我时，我就想说："如果你是生活专家，能教我如何克服生活中的困难，那为什么你的生活中还有那么多不快乐的事呢？你为什么不把每件事都做得完美无缺呢？"生活中的任何一种情形，都不是表面看着那般简单。

当你被挫败感包围的时候，要向别人寻求帮助。和你在乎的人聊一聊。你可以和他分享你无法立即将深陷家暴泥沼中的她拉出来的痛苦。当然，你希望你能做到，我也一样。对他讲一讲你对家暴者的愤怒。调整好自己，再回到她身边，给予她耐心和爱心。受虐女性一次又一次地告诉我，在她们走向安全和痊愈的道路上，没有什么比朋友、亲人和尊重她们的专业人士的爱与支持更重要的了。

容我再提醒一句：我注意到，许多人甚至迫切地想找出受虐女性的问题，因为如果他们找不到，就会面对这样一个令人不安的现实：所有女人都可能被家暴。想找出错误的冲动妨碍了你帮助她的能力——让你最终变成家暴者的共谋者。

她不相信自己正在遭受家暴怎么办？

有时候，会有某个受虐女性的家人和朋友跑来问我，他们如何才能让她意识到她的伴侣是家暴者。他们说："她总是为他找借口。关于如何让他变好，她有一些自己的想法，比如帮他找一份压力小点的工作，这很明显行不通。她还责怪自己，说是自己经常惹他生气。她总是在否认。"

事实上，她也可能意识到了家暴，只是不愿意说而已。她难以启齿，害怕别人会给她压力或批评她，可能会让她睁一只眼闭一只眼。如果她和伴侣在一起的时间长了，或者他的行为特别疯狂、可怕，那么她可能产生了创伤情结（见第九章）。又或者，她也许相信伴侣是对的——问题的根源在于她而不是他。在任何情况下，你都无法"让她"看到她伴侣的家暴行为，就像她无法"让他"看到一样。我也希望我可以说不是这样。因为我知道，受虐女性的亲人们很难接受这点——他们能做的有限。

但是，他们仍然可以做一些事，比如：

- 告诉她你不喜欢他那么对她，你觉得她不应该被那么对待。
- 告诉她你爱她，你觉得她是个很好的人。
- 让她看这本书。
- 问她是否愿意和你一起计划，如果出现某种家暴情况，应该如何应对。比如，问她下一次她的伴侣对她大吼大叫时，她是否愿意打电话给你。告诉她，如果她的伴侣再有可怕的行为，你会请她去住宾馆。问她夏天的时候能不能找借口独自去你那里待上一星期，这样她才有机会想清楚一些事。你自己还可以想想其他方法。
- 如果你觉得她某个时候有危险，比如她在遭遇暴力和威胁的时候打电话给你，立马报警。
- 经常给她打电话或者写信，即便她从来不给你回电，除非她让你别这样做（这就表明如果她和别人联系，就会遭到他的惩罚）。
- 要始终如一地对她好。她会察觉出你和家暴者之间的差别。

・鼓励她打电话给受虐女性计划"聊一聊"。她不用告诉他们名字和电话号码，也不用相信自己正在遭受家暴。她可以打电话去寻求帮助、弄清事实，或者只是描述她在这段关系中的挣扎。她打出的第一个电话就是破冰之举，以后她就更容易向别人寻求帮助了。

你可能会想，为什么我之前说家暴是可以解决的问题，现在又说有时候不得不观察和等待。我说我们可以终结社群内的家暴，并不意味着我们能够立刻拯救每一个家暴受害者。帮助你的朋友或亲人实现没有家暴的生活可能需要一些时间。我们将会看到，要实现一个没有家暴的社会，需要在许多层面上付出很多努力。

最后，帮自己一个大忙：去读一读《成为暴风雨中的锚》。这是一本很不错的书，它专门写给受虐女性的亲人们，书中的内容充满了智慧。

接触家暴者

如果让我选一个家暴者客户的显著特征，我会选这一个：他们觉得情有可原。任何接触家暴者的尝试，都要建立在纠正他这种态度的基础之上，让他明白：家暴是不对的，你要对自己的行为负责，不能找任何借口，你造成了无法估量的损失，你的问题只能由你自己来解决。

哪些人有机会影响家暴者的想法，他们可以做些什么？

家暴者的亲人和朋友

你们在第一线。相比其他人和组织——受虐女性、治疗师、家暴者课程、法庭——你们有更好的机会改变家暴者的态度。他们最不会怀疑你们。他们不相信其他人，因为他们觉得那些人是"疯子""骗子""歇斯底里症患者"或"反男性者"。但当他们的亲人批评他时，他可能会第一次出现动摇。

可以参考以下几点：

1. 当你关心的人被控家暴时，别不相信。不幸的是，当家暴者义愤填膺地向亲戚抱怨说"我的伴侣指控我有家暴倾向"时，他们通常会盲目地站在他那边。他们会带着厌恶和愤怒摇摇头，回答说："她怎么能这么说你？真是个贱人！"除此之外，没有人会问任何问题。

    与其沦为这种下意识反应的牺牲品，不如开始寻找你想要的答案。他到底做了什么被她说成是家暴？她为什么说他影响了她？她想让他怎么做？对于这些问题，他的回答可能会让你觉得她很可笑。比如，他可能会说："她说我心情不好就是家暴。每次没有达到她的满意程度，她就说我家暴。"继续追问他，她是怎么说的，让他给出具体的例子。不要被他牵着走。让他知道你会保留自己的判断。

    然后，私下和他的伴侣聊一聊。告诉她，他和你说了她觉得他家暴的事，而你想知道她怎么说。她可能不会对你说太多，这取决于她对你的信任程度。但如果她真的敞开心扉，你可能会发现，她似乎并不像他希望你以为的那样，是一个霸道的疯子。如果一个女人说自己遭到了家暴，那么她所说的多半是真的。

2. 除非她明确允许，否则不要把她告诉你的秘密告诉他。他可能会向你保证不会报复她，但是，她才是最了解他的。问问她，哪些事是你可以在他面前提的，哪些不可以。如果她同意你提，那就劝他好好反思，并按照她的要求去改。

3. 不要忽略你亲眼看到的那些事。谈论亲人对待伴侣的行为会很尴尬，但沉默就意味着接受。分别和他们聊一聊，告诉他，他的行为让人担心。

4. 要一直关注，尤其是对她。找个时间私下问问题是否已经解决了，问问她还需要哪些帮助。

我理解并重视家庭成员对彼此的忠诚。人们本能上强烈地反对家暴，直到被放在显微镜下的那个人成了我们自己人，然后我们就改变了立场。但凡事不能两全其美。除非人们不再为自己的兄弟、儿子和朋友破例，否则家暴就不可能停止。

支持女人反对男人的家暴，并不意味着凡事都站在她那边。除了家暴之外，他们之间可能还会有一些复杂的问题，比如在财务、抚养子女或选择朋友方面的矛盾。当你指责你的亲人家暴他的伴侣时，他会说："你居然站在她那边，为了她和我对着干。"对于他的曲解，你可以回答："我反对的不是你，而是你伤害他人的行为。我并没有说她任何事都对。我的意思是，除非你先解决你的家暴问题，否则其他事就没办法解决。只要你继续欺负她，你就是头号问题。"

要结束家暴，见效最快的办法就是让家暴者的朋友和家人停止帮他。你首先要做的就是认真、尊重地倾听她的故事——家暴者从来没有这样做过。

治疗师、牧师和其他顾问

受虐女性有时会找一名顾问，直接向他描述自己的困境，而家暴者则不会那么直接。他之所以寻求帮助，不是因为他意识到自己有家暴倾向，而是因为他厌倦了家里的紧张气氛，或者害怕关系破裂。他一般不会主动承认自己骂人、诋毁伴侣，或者吓到她。如果他有身体暴力，他肯定不会主动提及这一事实。但他可能会给出各种暗示。常见的有：

> "我脾气不好，有时候会变得不冷静。"
> "我女朋友说我对待她的方式不对。"
> "我的伴侣经常对别的男人抛媚眼。"
> "我妻子对我动手，我只是自我防卫，不小心弄伤了她。"

这些话本身不能作为家暴的证据，但每一句都足以引起关注，这些话表明，咨询师需要就该男子的行为和他伴侣的观点提出许多问题。

我建议，当一个男人声称自己被误指家暴，称他的伴侣有暴力倾向、控制欲强，而他才是受害者时，咨询师应该保持非常谨慎的态度。因为你很容易在不知情的情况下成为他对伴侣进行心理或身体攻击的帮凶。在你对他的环境和态度有足够的了解前，要保持中立。

如果你担心一个人有家暴问题，请他详细谈谈他的伴侣对她自己生活各个方面的看法和感受，比如，她对他们之间的矛盾有什么看法。家暴者通常很难通过她的视角来看问题，尤其是在她对他不满的情况下。他越是嘲笑和轻视她的观点，你就越有理由相信问题出在他身上。与此同时，如果你一直追问她会怎么说，你会找到一些有关他行为和态度问题的线索。

无论你是否怀疑某个人有家暴问题，向所有的男性提供一些关于家暴的基础教育总是很有价值的。举几个家暴行为的例子，描述它们对妇女和儿童的破坏性影响，并且说明男人应该对自己的行为完全负责。如果你听到他把别人的行为当作自己的借口，或者他说自己压力大、喝了酒，立马指出他这是在为家暴找借口。如果他承认自己有家暴行为，那就鼓励他参加家暴者课程。

警察、检察官、法官和缓刑监督官

本书的第十二章为执法人员提供了各种参考。在此，我只想回顾三个要点：（1）家暴者必须现在就为其行为承担后果，而不仅仅是收到制裁警告，这对家暴者不起作用。（2）解决了其他问题并不意味着家暴问题也解决了。压力、愤怒管理、酗酒等问题对家暴几乎没有影响。（3）对于家暴者来说，来自权威人士的批评有时会产生最大的影响。另一方面，一些专业人士为家暴找借口，或将家暴行为最小化，或者把部分责任归给受害者的言语会助长家暴者的气焰。比如，一名缓刑监督官不能说："你和你的妻子真的需要好好解决你们的问题，别再互相家暴。"

社群

任何社群或机构都可以通过张贴反家暴的海报和散发小册子及其他印刷品，来接触家暴者。请记住，那些突出"家暴"或"暴力"等字眼的材料可能会吸引受虐女性的注意，但家暴者可能会想，说的又不是我。因此与之相对，应该使用简单的问题和描述，比如：

"你是否控制不好自己的脾气？"

"你的妻子或女友是否说过害怕你？"

"你有咒她、骂她的时候吗？"

"你会把自己的行为归咎给你的伴侣吗？"

那些小的印刷品里应该说明，男人没有理由侮辱、恐吓、孤立或欺骗他的伴侣，即便他觉得她也在做同样的事情。也可以提及相关的法律和潜在法律后果，这些都很有帮助，比如即便他没有打伴侣，也可能因为推搡、限制或威胁伴侣而被逮捕。很少有男性意识到这点。家暴者因为这些"低级"暴力而被捕时都感到很震惊。如果你所在的地区有优质的家暴者课程，一定要把电话号码写上。但记住，很少有家暴者会主动参加，除非别人要求他们。海报和小册子的主要目的是教育家暴者和潜在的家暴者，向他们传递社群价值观。

家暴者一开始会排斥从这些渠道得知的一切信息。但当积极的社会信息开始出现时，就另当别论了。举例来说，我偶尔会遇到一些身体家暴的客户，他们先是被逮捕他们的警官批评，然后被起诉，被法官批评——和判刑——然后被缓刑监督官批评，最后还要参加家暴者课程。他可能还会在电视上看到关于家暴的节目，或在医生办公室的候诊室里看到关于家暴的小册子。他自己的母亲或兄弟可能会告诉他，他需要停止欺负他的伴侣。如果所有这些不同的声音相互加强，都在说要他为自己的行为负责，让他不要责怪受害者，让他改变，家暴者的权利感就会开始减弱。我曾目睹这种情况的发生。改变就是这样开始的。

不要忘了孩子们

在尖叫和辱骂声中,在一连串指控和反指控的背后,我们看到一个女人反复遭受着身体和心理上的打击,便只顾惊慌,忘记了还有其他受害者。这时候,我们看不到孩子们受到的伤害。警察接到有关家暴的电话时,有时甚至会忘记询问家里是否有孩子。为了保护自己,孩子们躲到角落里,直到他们试图跳出来保护他们的母亲,才会被人注意到。

几乎每一种针对家暴的方法都是如此——我们必须从打破沉默开始。私下问问这位母亲,她觉得,家暴者的行为给孩子们造成了什么影响。他会当着他们的面家暴她吗?他们有什么反应?她担心的是什么?她觉得他们需要什么?(记住,要和她一起思考,而不是替她思考。)

也要让孩子们说出自己的感受。让他们知道,你知道发生了什么,你在乎他们的感受。问他们:

"你家里是什么情况?"

"父母吵架时,你会不会很痛苦?"

"他们把对方惹怒时发生了什么?"

"你家里有谁让谁伤心了,或者谁吓到了谁吗?"

"你愿意告诉我那些吗?"

即便孩子们对你所有的问题都是否定的回答,你也已经表明了他对你很重要,而且你知道家暴(可以不用这么说)可能会造成伤害或带来恐惧。然后你可以告诉他:"你随时可以和我聊你在家里的生活。聊这些没有关系的。当父母吵架时,孩子们有时确实会难过。"

注意,我推荐使用柔和的词汇,在你搞清楚孩子们知道多少前,既不要提到家暴,也不要划分责任。这种方式能避免孩子们注意到一些他们可能还没有意识到的、令人痛苦的东西。但是,如果孩子们直接向你揭露了家暴行为，或者他们目睹了对妈妈的言语或身体家暴，这样就会适得其反。这时候，千万不能使用中性术语。因为受虐女性的孩子已经觉得他们和母亲至少有部分过错，我们不能加强这种错误的想法。所以，一旦秘密被揭露出来，就不要说中立的话，比如"你父母之间的问题"或者"他们有时会对彼此做一些不好的事"。

孩子们需要听到以下信息：

- 如果家里有人说了不好的话，或者伤害了谁，那都不是你的错。
- 如果有人对你的妈妈非常不好，那不是她的错。
- 谁也不该责怪你、伤害你。
- 小孩子保护不了妈妈，这并不是他的责任。

家暴这个词对十岁或十二岁以下的孩子没有任何意义，但在与青少年交谈时可能有用。一般来说，描述比贴标签更有效。

如果家暴者是孩子的父亲或承担父亲形象的人，就要特别小心，不要说他的坏话，批评他的行为就好了。孩子们不希望听到别人说他们的父亲卑鄙、自私、坏。如果家暴者很危险，要把存在的危险告诉孩子们，这样既能帮助他们保护自己，也能让他们认清现实。然而，即便是暴力的、危险的家暴者也是人，孩子们会对他们熟悉的人产生强烈的人性共鸣。不要把他说得像个怪物似的。比如，你可以说："你爸爸有点小毛病，他有时候会变得危险，对吗？"这些措辞对孩子们来说很管用。

那些以专业身份为受虐女性的孩子们服务的社群成员，如教师、警察、治疗师或法院工作人员，要对家暴给家庭造成的影响保持敏感，并记住家暴者最擅长操纵，这样才能提高效率。太多受虐女性的孩子们被贴上了"多动症"或"注意力缺陷障碍"的标签，他们只能得到药物治疗，而不能得到他们真正需要的帮助。我们需要关注孩子们的困境，帮助他们学习积极的价值观，帮助他们维持母子（母女）关系。

影响你所在社群对家暴的反应

只有当广大社区团结起来，创造一种支持受害者、要求家暴者负责的环境，才能很好地解决家暴问题。你可以贡献一份力量，让你的社区成为一个没有家暴的地方，成为受虐女性们的避风港，在那里，家暴者深知自己无论找什么借口都得不到同情，深知他必须承担自己行为造成的后果。

下面是几种措施：

- 以志愿者、募资人、发言人或委员会成员的身份去受虐女性计划帮忙。因为需要援助的受虐女性很多，所以这类计划总是缺少资金和人手。许多计划还会为志愿者提供免费或低成本的培训。
- 如果你所在的地区有家暴者课程，那就加入他们。你可以经过培训成为家暴者顾问或受虐女性的支持者。运用你的影响力来指导这个项目，不断提升它为受虐女性及其子女提供帮助的能力，提高它疏导和教育家暴者的质量。
- 加入或创立一个致力于家暴相关的教育和行动的组织。这些组织可以发传单、举行抗议活动、推进更有效的法律、赞助和家暴有关的艺术项目，还可以采取许多其他形式来终结家暴。你们当地的受虐女性计划可能会有一个"社会行动"或类似名称的委员会，但推动社会变化更有效的方法，还是成立一个不提供服务的独立组织。
- 把教育学生用尊重和平等的态度对待女性的课程纳入你的学校系统，让学生认识家暴。
- 加入当地的家暴工作组，如果没有的话也可以成立一个。一个有效的工作小组（或"圆桌会议"）应包括许多社区单位的代表。应邀请治疗师、牧师、学校人员、警察、地区检察院人员、法庭人员，以及受虐女性和家暴者课程的工作人员参加。过去十年里，这样的工作小组在迅速增加,它们在协调服务、启动新计划和公共教育方面取得了许多值得称赞的成就。
- 让社区里那些针对受虐女性的孩子们的服务行之有效,特别是咨询小组的服务。让从事儿童咨询的治疗师多学习关于家暴和家暴对儿童的影响方面的知识。受虐女性和她的孩子们在抚养权和探视权诉讼的过程中会受到二次伤害,你可以参与关于这一问题的宣传教育。
- 在中学,就青少年恋爱中的虐待问题进行教育,以便将家暴扼杀在摇篮之中。
- 倡导增加受虐女性的生活福利和其他形式的公共经济支持。在过去的十年里,公共援助的削减使得受虐女性更难离开她们的伴侣,特别是在有孩子的情况下。家暴受害者如果有经济困难,就离不开家暴者。
- 坚决反对电视和印刷媒体上(包括新闻报道在内)那些美化家暴和性侵,或指责受害者的描述。
- 如果你曾遭遇家暴,现在已经离开家暴者,不妨公开讲述你的故事。社会服务机构、学校、警察局和其他组织非常需要有受虐经历的女性的加入,她们的加入能帮助人们更深入地了解家暴和它造成的严重影响。我经常看到一些专业人士和其他社区成员因为听到关于家暴的真实故事而改变了观点。
- 支持那些曾遭遇家暴的女性在你的社区发挥领导作用,并确保所有处理家暴问题的工作小组和决策团体中都有她们的代表。

改变文化

家暴是这样一种心态的产物:它为欺凌和剥削找借口、宽恕它们,助长优越感和不尊重的态度,并把责任推给被压迫者。所有终结家暴的努力最终都必须回到这个问题上:我们如何改变社会价值观,使妇女免受侮辱、侵犯、被剥夺权利和恐吓的权利得到尊重？

其中一种方法就是大声宣告，女性无条件地拥有这些权利。遗憾的是，现代社会中，还有许多人不清楚这一点。我仍然会听到："嗯，他不该叫她'贱人'，可她确实整晚都在和另一个男人跳舞。"我听到："他确实在她工作时烦扰她，即使她已经叫他走开了，但那是因为他分手了很难过。"我还听到："他确实在和她做爱时使用了一些暴力，但他真的以为那是她默许的。"你可以影响你的朋友、你的宗教团体、你的保龄球俱乐部和你的亲戚，只要你有勇气站起来说："家暴是不对的！"

其次，向那些帮助和教唆家暴的歌曲、视频、"幽默段子"及其他媒体施压。埃米纳姆获得格莱美奖后，人们怨声如潮，最后成功地迫使哥伦比亚广播公司在广播中播出了一段反家暴的公益宣传片，还让格莱美奖主席上台宣读了一份反家暴声明。西蒙与舒斯特公司（Simon & Schuster）发行了一款视频游戏，游戏的目标是让男性角色成功地强奸一名女性——一名被捆绑起来的美国土著女性。这款游戏也遭到人们源源不断的谴责。人们谴责那些教导或为家暴行为找借口的文化代理人，就是将我们的文化朝着正确的方向狠狠地推了一把。

拒绝参与侮辱和贬低妇女的玩笑。假如你是个男的，你的拒绝参与，可能会很有力量。如果有人告诉你"这只是个笑话"时，你可以这样回答："你觉得家暴者听到这个笑话会有什么反应？你认为这能帮助他认识到他对别人造成的伤害吗？你觉得他的辩护意识会不会比以前更坚定？"

鼓励你生活中的女性——你的朋友、姐妹、母亲、女儿——坚持获得尊严和尊重，相信自己，为自己骄傲。对男孩和男人寄予的希望是尊重别人、善良和负责任，并将其作为底线。我想再次强调，男性在文化变革中扮演着特别重要的角色。如果一位父亲告诉他的儿子"我不想听你说女孩的坏话"或"不，我不会让你举办一个'只有男孩'的生日聚会，这是偏见"，男孩肯定会重视。有了男性的参与，家暴男就不会说这是男人和女人之间的战争了。

最后，要意识到家暴的形式错综复杂，以便推进非家暴的行动。傲慢地定义事实,反过来就是尊重地倾听每个人的观点。将自己凌驾于他人之上,反过来就是平等地对待他人。建立一种少数人安逸,而其他人都被压得喘不过气来的制度,反过来就是共享资源。不顾一切地往上爬——不管是公司的最高领导、垒球联赛的第一名,还是家庭秩序的顶端——反过来就是建立一个合作、互助、共赢的社区。一个没有家暴的世界,会带来更多的可能性,人类有可能与彼此、与自然和谐相处。

愤怒和冲突不是问题,它们是生活的正常方面。家暴不是因人们无法解决冲突而形成的,而是源于一个人要求比另一个人拥有更高的地位。因此,虽然向小学生传授非暴力解决冲突的技能很有价值,但这对家暴没有什么帮助。教导人们平等,教导人们更深刻地尊重一切人类——这些做起来复杂,但它们才是有意义的事情。

有些人可能会觉得幻想一个没有家暴的世界太不现实。但是像不现实、幼稚、不切实际这样的词往往来自于那些有优越感的人,他们用这些词来贬低别人,让别人停止为自己考虑。家暴确确实实影响着我们所有人。即便你自己没有遇到过家暴,你关心的女人也没有遇到过家暴,你的生活质量仍然会受到影响,你的视野仍然会被家暴的存在和促成家暴的文化所限制。家暴有很多不同的声音。当一个孩子的梦想被自以为无所不知的成年人否定时,你就会听到它。任何一个曾经因为哭泣而被嘲笑过的人都会听到这个声音。此外,它还回荡在那些敢于说出自己或别人遭遇了家暴,却被人用娘娘腔、歇斯底里等尖刻字眼嘲笑的人脑海中。

如果你选择相信你的生活中可能没有家暴,或者整个世界都可能没有家暴,你会被类似的声音嘲笑,其中有一些声音甚至来自你自己的大脑。"家暴是可以解决的问题"这一概念对有些人构成了威胁。因为如果它是可以解决的,就没有理由不解决它。家暴者和他们的盟友不愿面对他们所造成的伤害,不愿弥补,也不愿换一种方式生活,所以他们可能会侮辱那些想要解决家暴问题的人。但这些嘲讽和无效化阻止不了你,也阻止不了我们,因为这个世界已经发展得太远,不能再倒退回去了。世界上有成千上万的人反抗家暴,他们现在已经不愿撤退,就像那些离开了家暴者、尝到生活滋味的女人已经没办法再在他的控制下生活了，因为自由和平等的味道太香甜了。

记住重要的几点：

- 我们一旦撕下了家暴者各种借口、扭曲和操纵的伪装，他们就很难在家暴中免责了。
- 如果说反酒驾母亲协会[1]能让人们重视酒精引发的车祸死亡人数，那么我们也能改变人们对家暴的态度。
- 终结家暴，人人都可以出一份力。
- 如果你打算帮助一名受虐女性，你自己也需要寻求帮助。
- 所有长期虐待的形式都是交织在一起的，我们解开了一部分，其他的也会松散。

1　Mothers Against Drunk Driving，成立于1980年，当时一名加利福尼亚州的少女被酒后开车的司机撞死，女孩的母亲为了制止酒后驾车，开始四处开展社会活动，提倡禁止酒后驾车，得到社会响应和赞助，成立了这个协会。

图书在版编目（ＣＩＰ）数据

他为什么打我：家庭暴力的识别与自救 /（美）伦迪·班克罗夫特著；余莉译 . — 北京：北京联合出版公司，2021.11
ISBN 978-7-5596-5375-8

Ⅰ.①他… Ⅱ.①伦…②余… Ⅲ.①家庭问题—暴力—研究 Ⅳ.① C913.11

中国版本图书馆 CIP 数据核字 (2021) 第 140269 号

他为什么打我：家庭暴力的识别与自救

作　　者：［美］伦迪·班克罗夫特
译　　者：余　莉
出 品 人：赵红仕
责任编辑：龚　将
策划编辑：魏钊凌
特约编辑：陈雅君
装帧设计：肖　雯

北京联合出版公司出版
（北京市西城区德外大街83号楼9层　100088）
北京联合天畅文化传播公司发行
山东临沂新华印刷物流集团有限责任公司印刷　新华书店经销
字数300千字　1230毫米×880毫米　1/32　11印张
2021年11月第1版　2021年11月第1次印刷
ISBN 978-7-5596-5375-8
定价：65.00元

版权所有，侵权必究
未经许可，不得以任何方式复制或抄袭本书部分或全部内容
本书若有质量问题，请与本公司图书销售中心联系调换。电话：64258472-800

WHY DOES HE DO THAT?
By Lundy Bancroft
Copyright © 2002 by Lundy Bancroft
All rights reserved including the right of reproduction in whole or in part in any form.
This edition published by arrangement with G.P. Putnam's Sons, an imprint of Penguin Publishing Group, a divisionof Penguin Random House LLC.
Simplified Chinese edition copyright 2021 Shanghai EP Books Co., Ltd.